全国中等职业学校
课程改革规划新教材

Qiche Dipan Weixiu
汽车底盘维修

（第3版）

主　　编　杨二杰　钟　声

副 主 编　伍鸿平　喻怀斌

丛书总主审　朱　军

人民交通出版社股份有限公司
China Communications Press Co.,Ltd.

内 容 提 要

本书是全国中等职业学校课程改革规划新教材之一,主要内容包括:离合器的检修、手动变速器的就车检修、手动变速驱动桥的总成检修、自动变速器的基本检查、万向传动装置的检修、悬架的检修、车轮的检修、车轮定位的检测与调整、转向系统的检修、盘式制动器的检修、鼓式制动器的检修、驻车制动器的检测与调整、制动主缸、轮缸的检修、真空助力器的检修和 ABS 的检修。

本书为中等职业学校汽车运用与维修专业的教材,也可供汽车维修及相关技术人员参考阅读。

图书在版编目(CIP)数据

汽车底盘维修/杨二杰,钟声主编.—3 版.—北京:人民交通出版社股份有限公司,2019.11
ISBN 978-7-114-15277-1

Ⅰ.①汽… Ⅱ.①杨… ②钟… Ⅲ.①汽车—底盘—车辆修理—中等专业学校—教材 Ⅳ.①U472.41

中国版本图书馆 CIP 数据核字(2019)第 204686 号

书　　名:	汽车底盘维修(第3版)
著 作 者:	杨二杰　钟　声
责任编辑:	戴慧莉
责任校对:	刘　芹
责任印制:	张　凯
出版发行:	人民交通出版社股份有限公司
地　　址:	(100011)北京市朝阳区安定门外外馆斜街3号
网　　址:	http://www.ccpress.com.cn
销售电话:	(010)59757973
总 经 销:	人民交通出版社股份有限公司发行部
经　　销:	各地新华书店
印　　刷:	北京市密东印刷有限公司
开　　本:	787×1092　1/16
印　　张:	15.5
字　　数:	355 千
版　　次:	2011 年 3 月　第 1 版
	2013 年 8 月　第 2 版
	2019 年 11 月　第 3 版
印　　次:	2019 年 11 月　第 3 版　第 1 次印刷　总第 5 次印刷
书　　号:	ISBN 978-7-114-15277-1
定　　价:	39.00 元

(有印刷、装订质量问题的图书由本公司负责调换)

全国中等职业学校汽车运用与维修专业课程改革规划新教材编委会

(排名不分先后)

主　　任：王永莲(四川交通运输职业学校)　　王德平[贵阳市交通(技工)学校]

副 主 任：韦生键(成都汽车职业技术学校)　　陈晓科(郴州工业交通学校)
　　　　　张扬群(重庆市渝北职业教育中心)　　刘高全(四川科华高级技工学校)
　　　　　蒋红梅(重庆立信职业教育中心)　　余波勇(郫县友爱职业技术学校)
　　　　　姜雪茹(成都工业职业技术学院)　　袁家武[贵阳市交通(技工)学校]
　　　　　黄　轶(重庆巴南职业教育中心)　　徐　力(成都工程职业技术学校)
　　　　　张穗宜(宜宾市工业职业技术学校)　　刘新江(四川交通运输职业学校)

委　　员：柏令勇　杨二杰　黄仕利　雷小勇　钟　声　夏宇阳　陈　瑜　袁永东
　　　　　雍朝康　黄靖淋　何陶华　胡竹娅　税发莲　张瑶瑶
　　　　　盛　夏(四川交通运输职业学校)
　　　　　谢可平　王　健　李学友　姚秀驰　王　建　汤　达
　　　　　侯　勇[贵阳市交通(技工)学校]
　　　　　王丛明　陈凯镔(成都工业职业技术学院)
　　　　　韩　超(成都工程职业技术学校)
　　　　　向　阳　秦政义　曾重荣(成都汽车职业技术学校)
　　　　　袁　亮　陈淑芬　李　磊(郴州工业交通学校)
　　　　　向朝贵　丁　全(郫县友爱职业技术学校)
　　　　　石光成　李朝东(重庆巴南职业教育中心)
　　　　　唐守均(重庆市渝北职业教育中心)
　　　　　夏　坤(重庆立信职业教育中心)
　　　　　周　健　向　平(四川科华高级技工学校)
　　　　　伍鸿平(宜宾市工业职业技术学校)

丛书总主审：朱　军

秘　　书：戴慧莉

第3版前言

本套"全国中等职业学校课程改革规划新教材",自2010年首次出版以来,多次重印,被全国多所中等职业院校选为汽车运用与维修专业教学用书,受到了广大师生的好评。2012年根据教学需求,本套教材进行了修订,使之在结构和内容上与教学内容更加吻合,更注重对学生实践能力的培养。

为了体现现代职业教育理念,贴近汽车运用与维修专业实际教学目标,促进"教、学、做"更好地结合,突出对学生技能的培养,使之成为技能型人才,2018年8月,人民交通出版社股份有限公司吸收教材使用院校的意见和建议,组织相关老师,经过充分认真研究和讨论,确定了修订方案,再次对本套教材进行了修订。

《汽车底盘维修》的修订工作,就是在本书第2版的基础上,吸收了教材使用院校教师的意见和建议,在会议确定的修订方案指导下完成的。教材内容的修订,主要体现在以下几个方面:

(1)删除第2版中学习任务五至学习任务十自动变速器相关内容;

(2)删除第2版中"学习任务十一 四轮驱动系统检修";

(3)将第2版中"学习任务十三 普通悬架的检修""学习任务十四 电动悬架的检修"合并为"学习任务六 悬架的检修";

(3)将第2版学习任务十七、十八合并为"学习任务九 转向系统的检修",同时增加电动助力转向系统实操内容;

(4)将车型进行了更新,并与中职国赛车型统一。

本书由四川交通运输职业学校的杨二杰、钟声担任主编,由宜宾市工业职业技术学校的伍鸿平、内江职业技术学院的喻怀斌担任副主编,参加编写的还有四川交通运输职业学校徐晓明、王虹、王杨、李莉。具体编写分工如下:徐晓明修订学习任务一至学习任务三,王虹修订学习任务四、学习任务五,杨二杰修订学习任务六、学习任务七、学习任务十一至学习任务十五,李莉修订学习任务八,王杨修订学习任务九、学习任务十。

限于编者水平,书中难免有疏漏和错误之处,恳请广大读者提出宝贵建议,以便进一步修改和完善。

全国中等职业学校汽车运用与维修专业
课程改革规划新教材编委会
2019年2月

目 录

学习任务一	离合器的检修	1
学习任务二	手动变速器的就车检修	17
学习任务三	手动变速驱动桥的总成检修	30
学习任务四	自动变速器的基本检查	65
学习任务五	万向传动装置的检修	77
学习任务六	悬架的检修	91
学习任务七	车轮的检修	115
学习任务八	车轮定位的检测与调整	130
学习任务九	转向系统的检修	141
学习任务十	盘式制动器的检修	161
学习任务十一	鼓式制动器的检修	174
学习任务十二	驻车制动器的检测与调整	185
学习任务十三	制动主缸、轮缸的检修	195
学习任务十四	真空助力器的检修	210
学习任务十五	ABS 的检修	220
参考文献		238

学习任务一　离合器的检修

任务要求

完成本学习任务后,你应该:
1. 掌握离合器的作用、类型、组成与工作原理;
2. 掌握离合器操纵机构的类型、构造与工作原理;
3. 掌握摩擦式离合器的检修方法;
4. 掌握机械和液压操纵机构的检修方法;
5. 能够按各车型维修手册的要求检修离合器。

建议学时:10 学时

任务描述

一辆别克威朗2015款手动进取型轿车,发动机怠速运转时,将离合器踏板踩到底,挂挡困难,行驶中换挡也困难,甚至发生发动机熄火。即便勉强挂上挡,在尚未完全放松离合器踏板时,汽车就已开始行驶或发动机熄火。在检视孔处用螺丝刀沿轴向拨动离合器从动盘,拨动困难,确定故障为离合器分离不彻底,需检查相关执行元件。

一、理论知识准备

离合器的作用使发动机与传动系平顺地接合,以保证汽车平稳起步;短时切断发动机与传动系统的动力传输,以利于发动机起动和减少换挡时对齿轮的冲击;当驱动轮阻力过大时,离合器通过打滑实现对传动系统的过载保护。

1. 摩擦式离合器的组成与工作原理

1)组成

摩擦式离合器主要由主动部分(发动机飞轮、离合器盖和压盘等)、从动部分(从动盘、从动轴)、压紧机构(压紧弹簧)和操纵机构(分离叉、分离轴承、离合器踏板及传动部件等)四部分组成,如图1-1所示。

2)工作原理

摩擦式离合器工作原理如图1-2所示,踩下离合器踏板,从动盘分离,切断动力传递;松开离合器踏板,从动盘接合,保持动力传递。

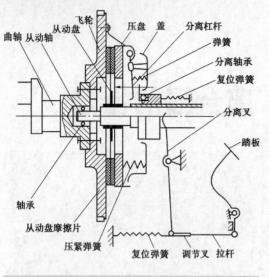
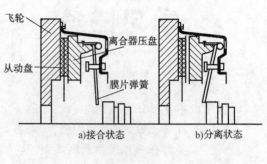

图 1-1 摩擦式离合器　　　　　　图 1-2 摩擦离合器工作原理

2. 离合器踏板的自由行程

离合器的自由间隙是指在离合器接合状态下,分离杠杆内端与分离轴承之间必须预留一定的间隙,自由间隙反映到离合器踏板上时,使踏板产生了一个空行程,称为离合器踏板的自由行程,如图 1-3 所示。

3. 离合器踏板的有效行程及踏板的总行程

由于从动盘有一定的弹性,飞轮、压盘和从动盘的接触面也会有一定的翘曲变形。要使离合器彻底分离,就必须使压盘向后移动有充分的距离(1～3mm)。这一距离通过一系列杠杆放大,反映到踏板上就是踏板的有效行程,有效行程与自由行程之和就是离合器踏板的总行程,如图 1-4 所示。

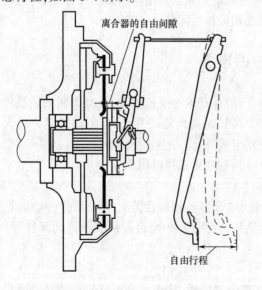
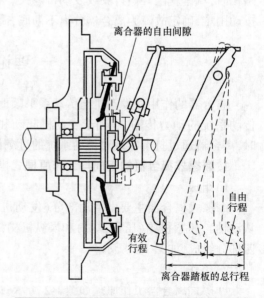

图 1-3 离合器踏板的自由行程　　　　　　图 1-4 离合器踏板的总行程

4. 常见摩擦式离合器的种类

摩擦式离合器按从动盘数量的不同,分为单片式(图1-5)和双片式(图1-6)。轿车多采用单片式,载货汽车采用双片式。

图1-5 单片式离合器

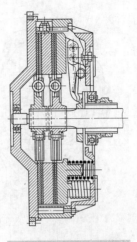

图1-6 双片式离合器

按压紧弹簧形式不同可分为膜片弹簧式离合器(图1-7)和周布弹簧式离合器(图1-8)。

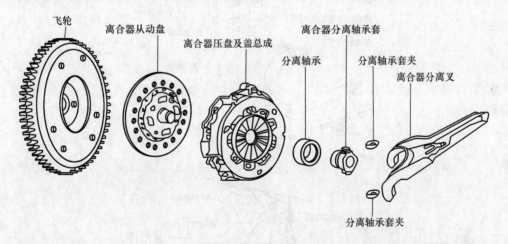

图1-7 膜片弹簧式离合器

按离合器操纵机构不同可分为机械式操纵机构和液压式操纵机构。

机械式操纵机构有杆系操纵机构(图1-9)和绳索传动操纵机构(图1-10)两种形式。

液压式操纵机构主要由离合器主缸、工作缸和管路等部分组成,如图1-11所示。科鲁兹、赛欧、凯越采用这种形式,它具有阻力小、质量小、接合柔和等优点。

别克威朗轿车离合器液压操纵系统由离合器踏板、储液罐、进油软管、离合器主缸及工作缸、油管总成、分离叉、分离轴承等组成,如图1-12所示。

离合器的控制主缸结构如图1-13所示。

离合器的工作缸由壳体、活塞、皮碗、锥形弹簧等组成,如图1-14所示。

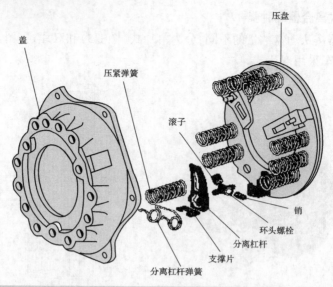

图1-8 周布弹簧式离合器

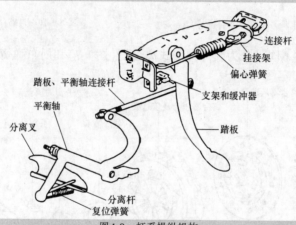

图1-9 杆系操纵机构

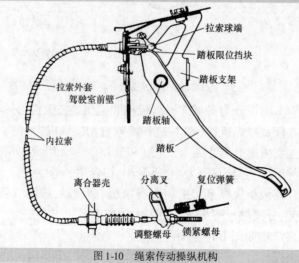

图1-10 绳索传动操纵机构

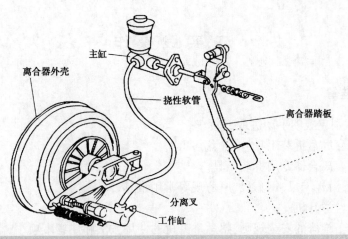

图 1-11　液压式操纵机构

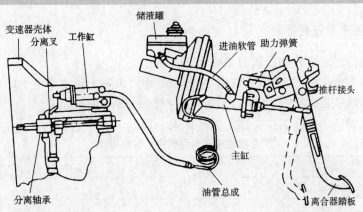

图 1-12　别克威朗轿车离合器液压操纵系统

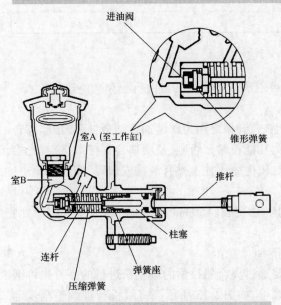

图 1-13　离合器的控制主缸结构

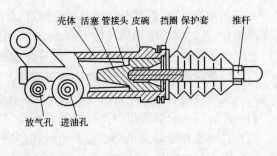

图 1-14　离合器的工作缸结构

二、实 践 操 作

（一）实践准备

（1）2015款别克威朗手动进取型轿车。
（2）每组一套底盘拆装工具、零件盆。
（3）每组一套离合器专用拆装工具。
（4）百分表、游标卡尺、钢直尺、厚薄规等常用量具。
（5）每组一台举升机。
（6）熟悉汽车维修的安全规则，熟悉举升机的使用方法和注意事项。
（7）维修手册、工单。

（二）技术要求及注意事项

（1）离合器盖固定螺栓的拧紧力矩应为25N·m。
（2）从动盘表面无油污、烧蚀及硬化龟裂现象，铆钉头埋入深度不小于0.50mm。
（3）离合器踏板自由行程为15～25mm，总行程为150mm±5mm。
（4）别克威朗轿车离合器主要性能指标见表1-1。

别克威朗轿车离合器主要性能指标　　　　　　表1-1

项　　目	参　　数
离合器主缸与推杆间隙	0～1mm
离合器踏板行程	131.8～139.1mm
离合器踏板最大踏板力	122.2N（不计复位弹簧的作用）
系统压力	0.20MPa

（三）离合器的使用与维护

新车行驶7500km以上或使用6个月后，要对离合器踏板的自由行程和功能进行检查。

1. 离合器功能的检查

起动发动机，拉紧驻车制动器操纵杆，挂上一挡，稍许用力踩踏加速踏板，慢慢抬起离合器踏板，这时如果发动机转速下降或熄火，则为功能正常。否则，说明离合器打滑，应首先检查离合器踏板自由行程，如自由行程符合标准，则为摩擦片上黏有油污或破碎，应予更换。

2. 离合器踏板自由行程的检查与调整

先检查离合器踏板自由行程（15～25mm）和总行程（150mm±5mm），若大于规定值，则表明故障是离合器踏板自由行程过大所致。

1）绳索传动操纵机构踏板自由行程的调整

绳索传动操纵机构踏板自由行程的调整是通过离合器拉索的调整来进行的。首先将钢索套管沿轴向压紧，拧松锁紧螺母，旋转调整螺母，如图1-15所示。将踏板行程调整至规定值（拧松螺母是减小行程，拧紧为增加行程），最后旋紧锁紧螺母（力矩为6N·m）。合理的踏板高度是分离轴承刚好与膜片弹簧接触时的位置,将踏板总行程调整好后,应再检验踏板自由行程,直至其符合规定。

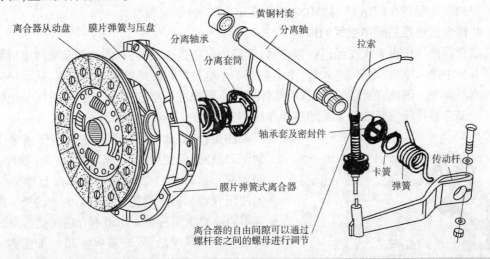

图1-15 绳索传动操纵机踏板自由行程的调整

 小提示

调整踏板自由行程时,调整前连续踏下离合器踏板至少30次,使离合器钢索活动自如,必要时应在钢索内涂上专用润滑脂。

2)液压式操纵机构踏板自由行程的调整

踏板自由行程一般是主缸活塞与推杆之间和分离杠杆内端与分离轴承之间两部分间隙之和。踏板自由行程的调整,实际上就是这两处间隙的调整。调整时先调整主缸活塞与推杆的间隙,即调节主缸推杆接头在踏板臂上的连接位置,如图1-16所示。

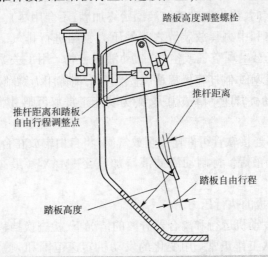

图1-16 离合器踏板自由行程的检查和调整

3. 离合器液压系统工作油液的检查和添加

离合器液压操纵系统中工作油液,更换周期为两年或 4 万 km,汽车维护时检查储液罐内工作油液应保持在"MAX"与"MIN"两个标记之间,否则应添加。

4. 离合器液压系统中空气的排出

离合器液压操纵系统在经过检修之后,管路内可能进入空气,在添加制动液时也可能使液压系统中进入空气。空气进入后,由于缩短了主缸推杆行程即踏板工作行程,从而使离合器分离不彻底。因此,液压系统检修后或怀疑液压系统进入空气时,就要排除液压系统中的空气。离合器排除空气专用工具的连接如图1-17所示。排除方法如下。

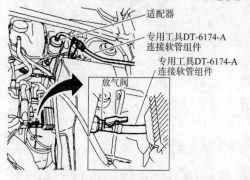

图1-17 离合器排除空气专用工具的连接

注意:向制动液储液罐或离合器储液罐中添加制动液时,仅使用清洁、密封容器中的DOT-4+制动液。这种聚乙二醇制动液吸湿且吸潮。请勿使用开口容器中可能受水污染的制动液。制动液不能被矿物油污染。使用不合适或受污染的制动液会导致系统故障、车辆失控和人身伤害。当前,液压离合器执行器仅可从"下方"放气,也就是从放气阀放气。不再允许手动放气。制动系统放气装置的工作压力必须设置在约0.2MPa。

(1)连接制动系统放气装置。将相应的制动系统放气装置适配器拧在制动液储液罐上(注意:将软管末端插入适当的制动液接液盘中)。将专用工具 DT-6174-A 连接软管组件连接至适配器。将放气阀帽从放气阀上拆下。将专用工具 DT-6174-A 连接软管组件连接至放气阀。将 DT-6174-A 连接软管组件连接至制动系统放气装置。

(2)排出离合器中的空气。打开制动系统放气装置的开关。将放气阀打开 2~3 圈。放气,直到 DT-6174-A 连接软管组件处流出的制动液没有气泡。用手关紧放气阀。

(3)拆下制动系统放气装置。将适配器从制动液储液罐上拆下。将放气阀帽盖在放气阀上,以保护放气阀(注意:以下操作阶段必须执行,才可加注变速器壳体和中央释放装置之间的压力管路。排气时,确保制动液储液罐始终加满,不会用尽)。

(4)对变速器壳体和中央释放装置之间的压力管路进行排气。踩下离合器踏板并保持住。打开放气阀,直至出现空气或空气/制动液混合物。用手关紧放气阀(注意:请勿过快关闭放气阀)。尽量以停车时的正常速度松开离合器踏板。等候约5s。重复放气过程4次。紧固放气阀。拆下 DT-6174-A 连接软管组件。将放气阀帽盖在放气阀上,以保护放气阀。

(5)将 DT-6174-A 连接软管组件连接至放气阀,将自由端放在合适的连接容器内。

(6)加满制动液储液罐。将制动液储液罐加注至"MAX"(最高)标记。安装制动液储液罐。

(7)检查离合器踏板的执行压力。

(8)在车辆静止、发动机运行和离合器分离的情况下,检查换挡移动是否顺畅。

(9)路试车辆,确认工作正常。用变化的发动机转速范围和频繁的挡位切换来进行路试,在这个过程中使车辆达到工作温度。确保制动器和离合器系统工作正常。

 小提示

举升机使用时特别要注意按照制造商的说明确定举升点,以免损坏汽车底部。

(四)膜片弹簧离合器检修

别克威朗轿车膜片弹簧离合器的维修步骤见表1-2。

别克威朗轿车离合器维修　　　　　　　表1-2

检修内容	图示	检修步骤	工作记录
离合器踏板复位弹簧的更换(复位弹簧)	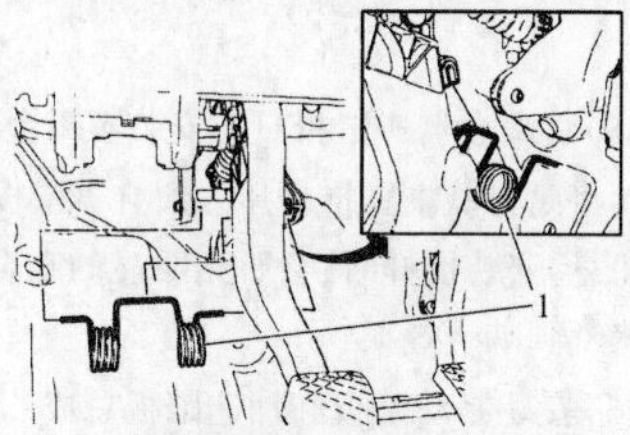	离合器踏板复位弹簧的更换(复位弹簧)	
离合器踏板复位弹簧的更换(螺旋弹簧)	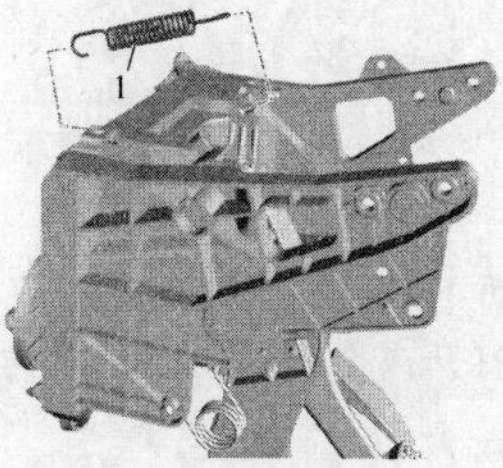	离合器踏板复位弹簧的更换(螺旋弹簧)	
离合器主缸储液罐软管的更换		(1)拆下散热器储液罐,并在不断开储液罐软管的情况下将其放置在一旁。 (2)清除储液罐内的离合器油/制动液。 (3)使用尖嘴钳拆卸离合器主缸储液罐软管。 (4)安装离合器主缸储液罐软管后,对液压离合器系统进行放气	
离合器主缸的更换		(1)拆下制动踏板和加速踏板总成。 (2)将离合器主缸推杆1从离合器踏板上拆下。按照箭头方向按压卡箍。 (3)将离合器主缸1从离合器和制动踏板支座拆下。转动离合器主缸,然后将其拉出。	

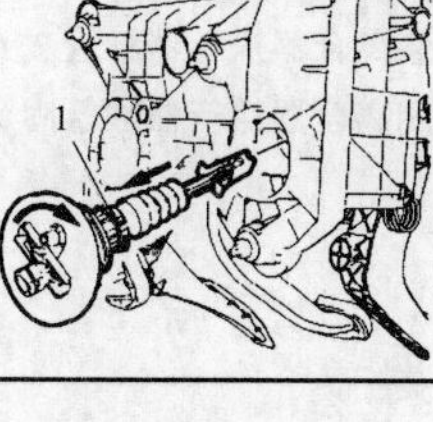

续上表

检修内容	图示	检修步骤	工作记录
离合器主缸的更换	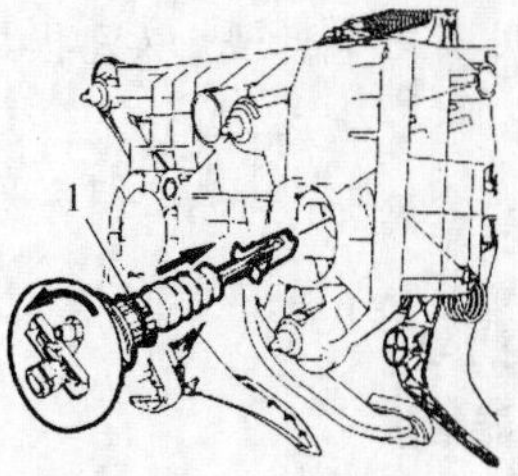	(4)更换新零件后,将离合器主缸1安装至制动器和离合器踏板支座。将主缸压入支座并转动主缸。	
	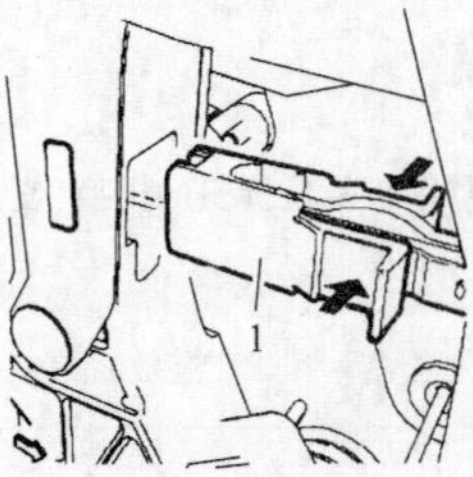	(5)将离合器主缸推杆1安装至离合器踏板。将离合器主缸推杆压入离合器踏板。 注意:安装推杆时,会听到明显的啮合声,并感觉到啮合效果。 (6)安装制动踏板和加速踏板总成	
离合器执行器缸管的更换	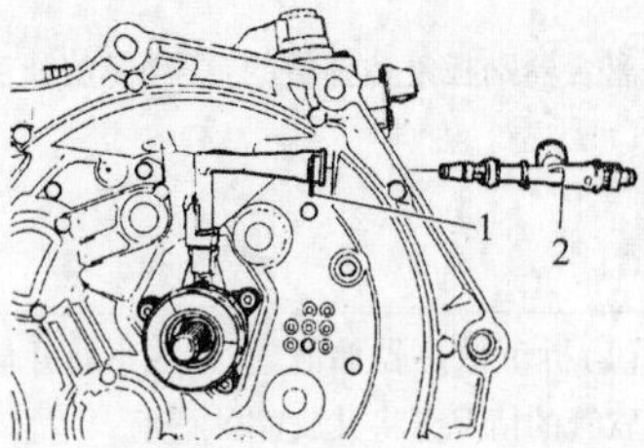	(1)拆下变速器总成。 (2)打开离合器执行器缸管弯头固定件1。 (3)拆下离合器执行器缸管弯头2。	
	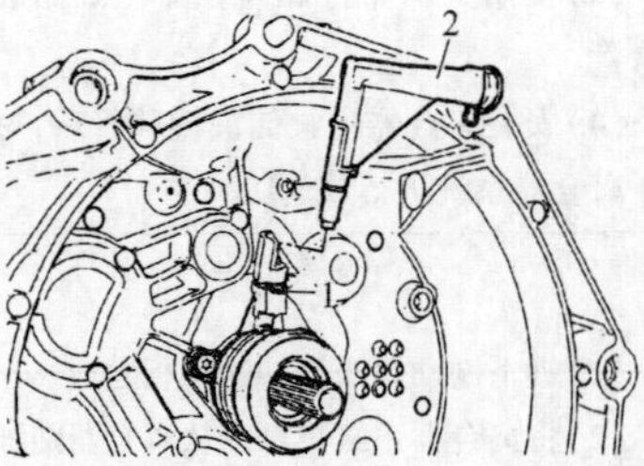	(4)打开离合器执行器缸管固定件1。 (5)拆下离合器执行器缸管2。	
	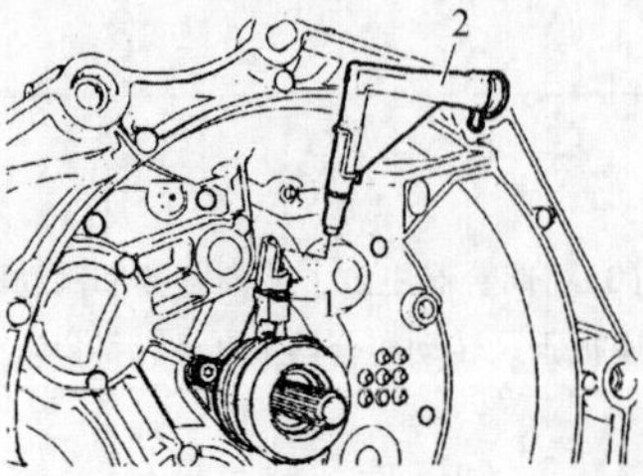	(6)安装离合器执行器缸管2。 (7)关闭离合器执行器缸管固定件1。	

续上表

检修内容	图 示	检修步骤	工作记录
离合器执行器缸管的更换	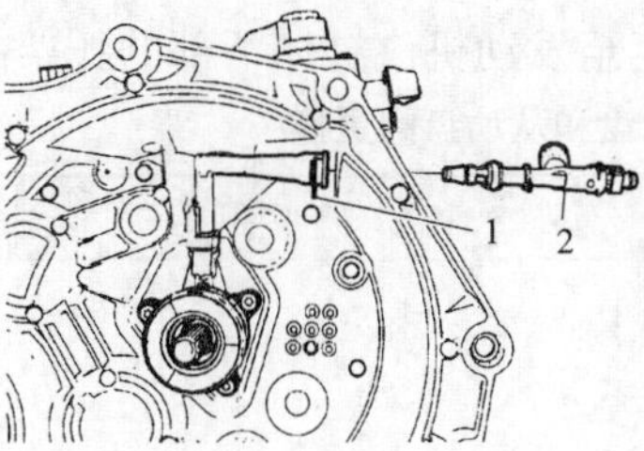	(8)安装离合器执行器缸管弯头2。 (9)关闭离合器执行器缸管弯头固定件1。 (10)安装变速器总成	
离合器执行器缸管的更换（管体）	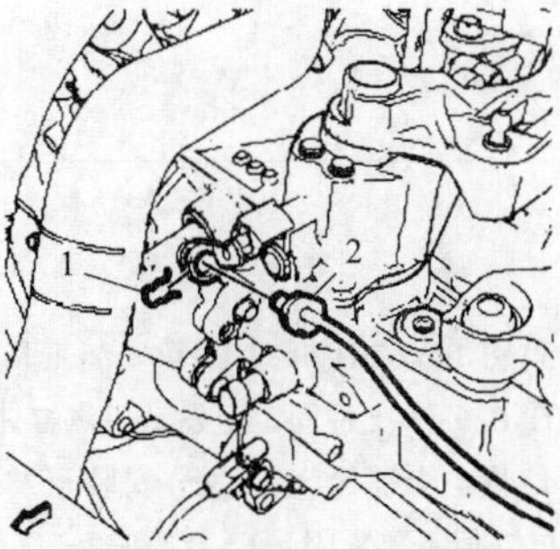	准备操作： (1)拆下发动机控制模块和电子制动控制模块托架。 (2)拆下散热器储液罐，但不要断开散热器储液罐软管，将储液罐放置在一旁。 (3)拆下制动压力调节阀托架。 注意：断开离合器执行器缸前管之前，将离合器油/制动液从储液罐中排出。 (4)拆下离合器执行器缸前管固定件1。 (5)断开离合器执行器缸前管2与离合器执行器缸管弯头连接。	
	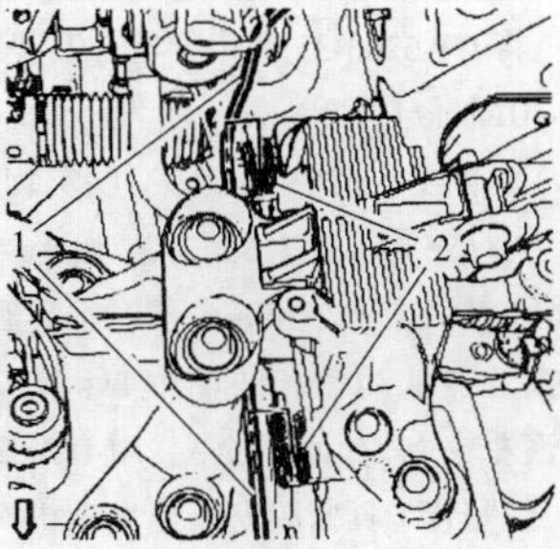	(6)从变速器支座卡扣2上拆下离合器执行器缸管1。	
	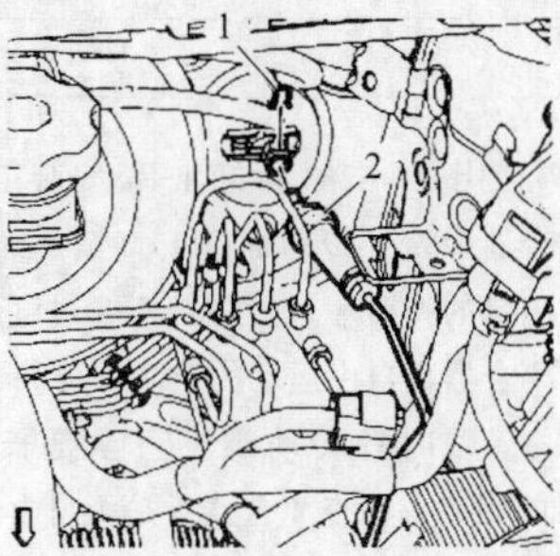	(7)拆下离合器执行器缸管固定件1。 (8)拆下离合器执行器缸管2。 (9)安装过程按拆装相反流程操作。 注意：离合器执行器缸前管必须明显接合	

别克威朗轿车离合器压盘和从动盘的更换见表1-3。

拆卸所需别克专用工具:DT-6263 拆卸工具/安装工具、DT-6263-35 离合器对中导管、EN-652 飞轮固定器。

注意:为避免损坏压盘弹簧片末端,用 DT-6263 拆卸工具/安装工具拆卸和安装离合器压盘。注意将 DT-6263 拆卸工具/安装工具固定至发动机汽缸体下部的托架的不同长度。

别克威朗轿车离合器压盘和从动盘的更换　　　　表 1-3

检修内容	图　示	检 修 步 骤	工作记录
离合器压盘和从动盘的拆卸		(1)拆下变速器。 (2)将 EN-652 飞轮固定器 1 安装至发动机汽缸体。	
		(3)将 DT-6263 拆卸工具/安装工具 1 以及 DT-6263-1 支柱固定至发动机汽缸体。 (4)将 4 个螺栓(箭头处)安装至发动机汽缸体,但不要紧固。	
		(5)将 DT-6263-35 对中导管 5 安装到 DT-6263-30 冲子 4 上。 (6)紧固 DT-6263 拆卸工具/安装工具。通过 DT-6263 拆卸工具/安装工具,将 DT-6263-30 对中冲子 2 和离合器对中导管一起插入离合器从动盘和曲轴中心(箭头处)。紧固滚花轮 1。紧固螺栓 3。用 DT-6263 拆卸工具/安装工具紧固安装至发动机汽缸体的 4 个螺栓。	
		(7)使用 DT-6263 拆卸工具/安装工具预载离合器弹簧。转动螺杆 1 直至其靠近离合器压盘的弹簧片。(注意:不要过度旋转,留出离合器盘自由运动的空间即可)。测量距离 a。顺时针转动螺杆直至延长大约 8mm 的距离。检查离合器盘是否自由运动。	

续上表

检修内容	图示	检修步骤	工作记录
离合器压盘和从动盘的拆卸	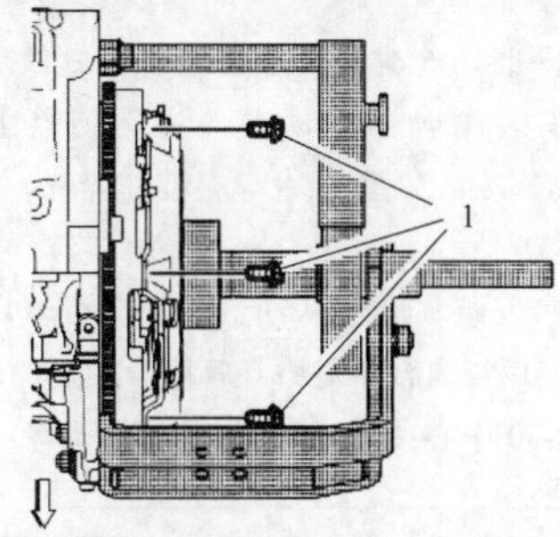	(8)拆下并报废离合器压板螺栓(注意:确认装配螺栓时是否涂抹螺纹锁止胶)。	
	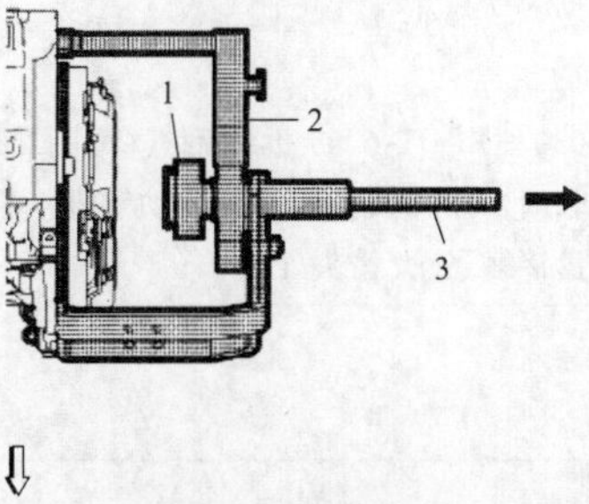	(9)松开 DT-6263 拆卸工具/安装工具2。逆时针转动 DT-6263 拆卸工具/安装工具的螺杆1直至停止。拆下 DT-6263-30 中心冲子3与离合器对中导管(箭头处)。	
	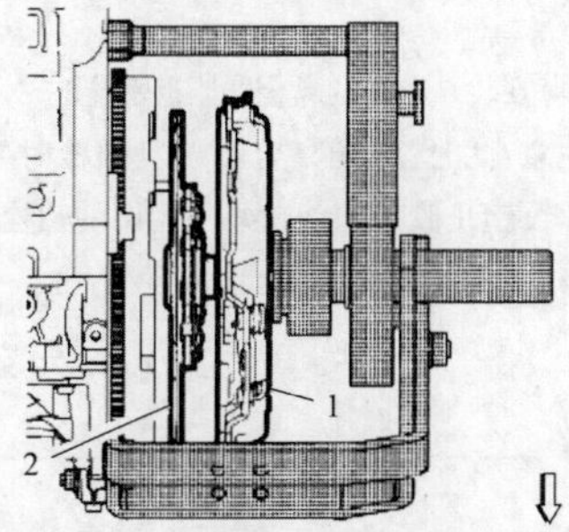	(10)拆下离合器压盘1和离合器从动盘2。	
	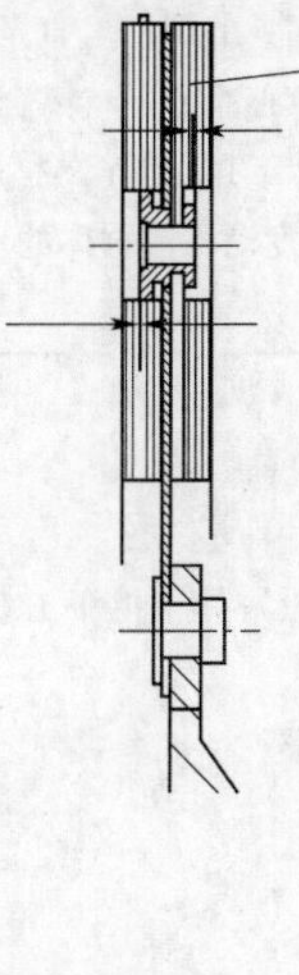	(11)检查离合器压盘和从动盘1,必要时进行更换。 检查:是否有过度磨损、摩擦面燃烧、摩擦面上有油、花键毂损坏、弹簧损坏等现象。 注意:如果衬片凸起少于0.5mm(箭头处),则必须更换离合器从动盘。 (12)检查离合器衬片铆钉上的衬片是否凸起。 (13)将离合器压盘滑至变速器输入轴并检查是否易于移动。 注意:离合器压盘和从动盘被异物(油、清洁剂等)污染,必须更换。检查离合器从动盘是否损坏和轮毂剖面是否有摩擦锈蚀,必要时进行更换。切勿用高压清洁器或部件清洗机清洗离合器压盘和从动盘	

续上表

检修内容	图示	检修步骤	工作记录
离合器压盘和从动盘的安装	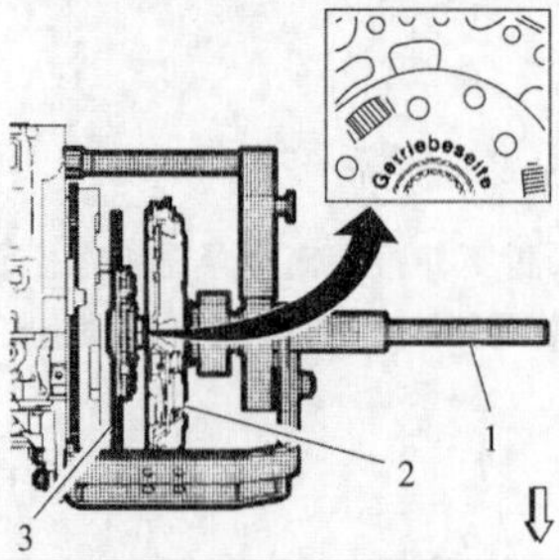	(1)磨切6个离合器压盘螺栓螺纹。注意:安装离合器从动盘时必须使盘上的"etriebeseite"(德文,意思是变速器侧)朝向变速器。 (2)安装离合器从动盘3和离合器压盘2。使用与离合器对中导管配合使用的DT-6263-30中心冲子1对中离合器从动盘。	
	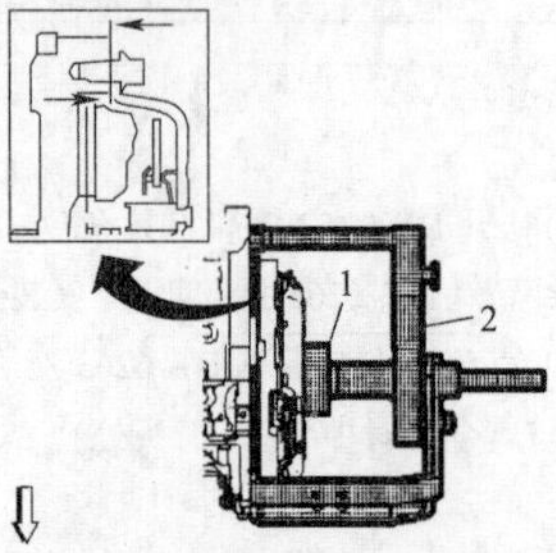	(3)使用DT-6263拆卸工具/安装工具2预载离合器弹簧。顺时针转动螺杆1直到压盘接触飞轮(箭头处)。	
	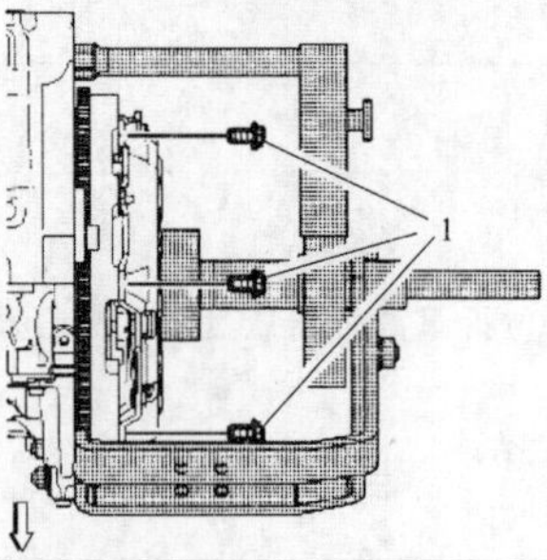	(4)安装6个新的离合器压盘螺栓1。 注意:此时,装配离合器压盘螺栓时要涂抹螺纹锁止胶。请勿重复使用旧的螺栓。 (5)将离合器压盘螺栓紧固至25N·m。	
	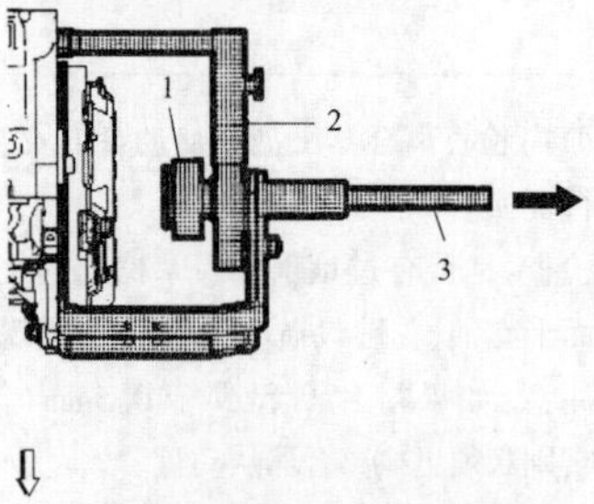	(6)从发动机汽缸体上拆下DT-6263拆卸工具/安装工具2。逆时针转动DT-6263拆卸工具/安装工具的螺杆1直至停止。拆下DT-6263-30中心冲子3与离合器对中导管(箭头处)。拆下用DT-6263拆卸工具/安装工具安装至发动机汽缸体的4个螺栓。	
	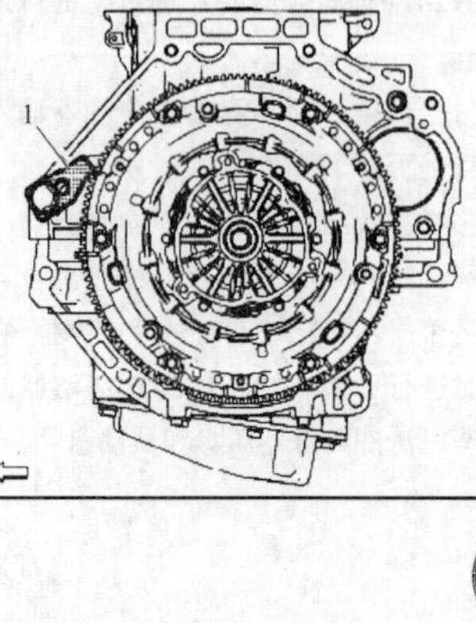	(7)从发动机汽缸体上拆下EN-652固定工具1。 (8)安装变速器	

三、学 习 拓 展

离合器常见故障的现象、原因及排除方法见表1-4。

离合器常见故障的现象、原因及排除方法　　　　　　　　表1-4

故障现象	故障原因	排除方法
离合器打滑	(1)踏板自由行程过小或没有； (2)摩擦片磨损变薄、硬化、有油； (3)压盘严重磨损； (4)膜片弹簧弯曲变形； (5)压盘与飞轮的固定螺栓松动	(1)调整踏板自由行程； (2)更换摩擦片； (3)更换压盘； (4)校正或更换； (5)紧定
离合器分离不彻底	(1)踏板自由行程过大； (2)膜片弹簧指处不在同一平面上； (3)从动盘翘曲、铆钉松脱、新换的摩擦片过厚； (4)从动盘键槽与变速器输入轴键锈蚀,使从动盘移动困难	(1)调整踏板自由行程； (2)调整； (3)更换摩擦片； (4)清洗除锈,涂油润滑
离合器发响	(1)分离轴承磨损或缺油； (2)轴承复位弹簧过软、脱落或折断； (3)从动盘花键与变速器输入轴配合松旷； (4)从动盘扭转减振弹簧折断； (5)踏板复位弹簧脱落、过软； (6)紧固件松动	(1)注油或更换轴承； (2)更换复位弹簧； (3)更换从动盘； (4)更换从动盘； (5)检修或更换； (6)紧定
离合器发抖	(1)从动盘翘曲； (2)摩擦片上有油或硬化,铆钉外露； (3)扭转减振弹簧失效； (4)膜片弹簧弯曲变形； (5)变速器与飞轮壳或离合器盖与飞轮固定螺栓松动	(1)更换从动盘； (2)更换摩擦片； (3)更换从动盘； (4)校正； (5)紧定松动的螺栓

四、评价与反馈

1. 自我评价与反馈

(1)你知道摩擦式离合器的基本组成吗？（　　　）
　　A.知道　　　　　　B.不知道
(2)你能够完成摩擦式离合器的基本检查吗？（　　　）
　　A.能够完成　　　B.在小组协作下能够完成　　　C.不能完成
(3)你能够完成离合器液压系统中空气的排出吗？（　　　）
　　A.能够完成　　　B.在小组协作下能够完成　　　C.不能完成
(4)完成了本学习任务后,你感觉困难的部分是哪些？

_____

_____

签名：_____　　_____年_____月_____日

2. 小组评价与反馈

(1)你们小组在接到任务之后分工明确吗？ _____
(2)你们小组每位组员都能轮换操作吗？ _____
(3)遇到难题时你们分工协作吗？ _____
(4)对于小组其他成员有何建议？ _____

参与评价的同学签名：_____ _____年_____月_____日

3. 教师评价及回复

_____
_____
_____

教师签名：_____ _____年_____月_____日

五、技能考核标准

技能考核标准见表1-5。

技能考核标准　　　　　　　　　　　　　　　　　表1-5

序号	项目	操作内容	规定分	评分标准	得分
1	准备	(1)清点工具、量具； (2)清理工位	5分	酌情扣分	
2	拆卸	(1)用专用工具固定飞轮； (2)按顺序分解离合器总成	5分 10分	(1)操作不当扣1~5分； (2)操作不当扣1~10分	
3	检查	(1)从动盘轴向跳动的检查； (2)从动盘摩擦片磨损程度的检查； (3)离合器压盘的检查； (4)膜片弹簧磨损的检查； (5)膜片弹簧变形的检查； (6)飞轮及飞轮上轴承的检查	5分 5分 5分 5分 5分 5分	(1)检查不当扣1~5分； (2)检查不当扣1~5分； (3)检查不当扣1~5分； (4)检查不当扣1~5分； (5)检查不当扣1~5分； (6)检查不当扣1~5分	
4	安装	(1)用专用工具将飞轮固定； (2)砂磨离合器工作表面； (3)按顺序装配离合器盖总成	5分 5分 10分	(1)操作不当扣1~5分； (2)操作不当扣1~5分； (3)操作不当扣1~10分	
5	时间	30min	10分	(1)超时1~10min扣1~10分； (2)超时10min以上扣10分	
6	安全文明	无安全隐患，无不文明操作	10分	未达标扣1~10分	
7	结束	(1)工具、量具清洁并归位； (2)工作场地清洁	5分 5分	(1)漏一项扣1分，未做扣5分； (2)清洁不彻底扣1~5分，未做扣5分	
		总分	100分		

学习任务二　手动变速器的就车检修

任务要求
完成本学习任务后,你应该:
1. 掌握手动变速器的作用、组成及分类;
2. 掌握手动变速器齿轮润滑油的检查和更换;
3. 掌握手动变速器换挡操纵机构的调整;
4. 能够选择正确的工具与量具,完成操作任务;
5. 能够查阅维修手册并规范检修。
建议学时:8学时

任务描述

一辆2015款别克威朗手动进取型轿车,在交通繁忙路段行驶时,由于换挡动作过猛,突然挂不上挡。驾驶员试过所有前进挡都不能使汽车前行,换挡杆换来换去,最终只有倒挡能行驶。根据故障发生情况分析,仅为瞬间操作过猛,五个前进挡同时损坏的可能性不大,应重点检查和调整变速器换挡操纵机构的定位装置。

一、理论知识准备

1. 变速器的作用

(1) 实现变速、变矩。为适应汽车实际行驶的要求,变速器通过不同挡位来实现变速、变矩(降速、增矩)。

(2) 实现倒车。发动机的旋转方向为顺时针方向,且不能改变,为了实现汽车的倒向行驶,变速器中设置了倒挡。

(3) 实现中断动力传递。在发动机起动、怠速运转、变速器换挡、汽车暂时停驶等情况下,都需要设置空挡来中断发动机的动力传递。

2. 手动变速器的组成

手动变速器由变速传动机构和操纵机构两大部分组成。手动变速器操纵机构是通过驾驶员用手操纵变速杆来选定挡位,并直接操纵变速器的换挡机构进行挡位变换。变速传动机构的主要作用是改变速比和旋转方向。

按工作轴的数量不同(不包括倒挡轴),变速器可分为三轴式变速器和二轴式变速器。其中三轴式变速器分三轴式五挡变速器(图2-1)和带中间隔板的三轴式五挡变速器(图2-2)。

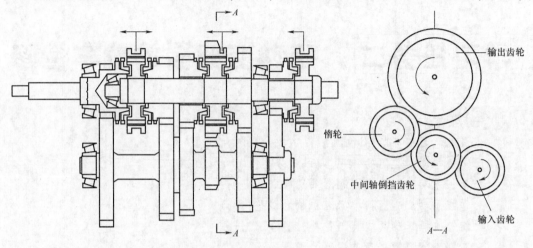

图2-1　三轴式五挡变速器

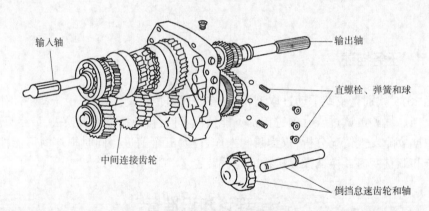

图2-2　带中间隔板的三轴式五挡变速器

二轴式变速器广泛应用于发动机前置前轮驱动或发动机后置后轮驱动的汽车,一般与驱动桥合称为手动变速驱动桥。

前置发动机有纵向布置和横向布置两种形式,配用的二轴式变速器也有两种不同的结构形式。发动机纵置时,主减速器为一对锥齿轮,如图2-3所示;发动机横置时,主减速器采用一对圆柱齿轮,如别克威朗、雪佛兰科鲁兹轿车采用,如图2-4所示。

3. 变速器操纵机构

1)功用

变速器操纵机构的功用是保证驾驶员根据使用条件,将变速器换入某个挡位。

2)类型

(1)直接操纵式操纵机构。它布置在驾驶员座椅附近,变速杆由驾驶室底板伸出,驾驶员可以直接操纵。

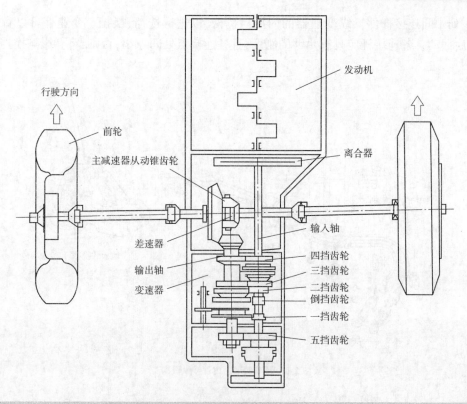

图2-3　发动机纵置的二轴式变速器的示意图

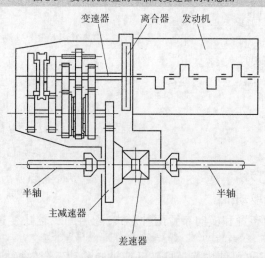

图2-4　发动机横置的二轴式变速器的示意图

(2)间接操纵式操纵机构。由于变速器离驾驶员座位较远,需要在变速杆与拨叉之间加装一些辅助杠杆或一套传动机构,构成远距离操纵机构来控制内换挡机构。这种操纵机构多用于发动机前置前轮驱动的轿车,如别克威朗、雪佛兰科鲁兹轿车的手动变速器。

远距离外操纵机构的组成如图2-5所示,内换挡机构的组成如图2-6所示。变速杆通过一系列中间连接杆件操纵变速器的内换挡机构,以进行选挡、换挡。变速杆可以直接左右、前后摆动。各连接杆应具有足够的刚度,且各连接点处间隙小,否则,将会影响换挡时的手感。

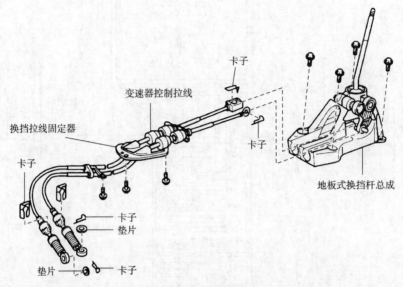

图 2-5　轿车的远距离外操纵机构

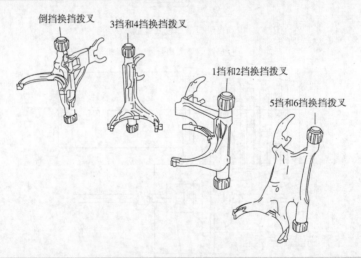

图 2-6　别克威朗轿车的内换挡机构

在外操纵机构作用下,可使内换挡杆转动或轴向移动。当内换挡杆转动时,可使换挡横轴做轴向移动,选择不同挡位的拨叉轴,实现选挡动作。当内换挡杆轴向移动时,给换挡横轴以回转力矩,从而推动所选挡位的拨叉轴做轴向移动,拨叉轴上的拨叉推动同步器接合套进行换挡。换挡横轴上有换挡拨爪,用于推动换挡拨叉轴做轴向移动,进行选挡、换挡。

另外,有些轿车和轻型载货汽车的变速器,将变速杆安装在转向柱管上,如图 2-7 所示,此时,在变速杆与变速器之间也是通过一系列的传动件进行传动,这也是远距离操纵方式。它具有变速杆占据驾驶室空间小、乘坐方便等优点。

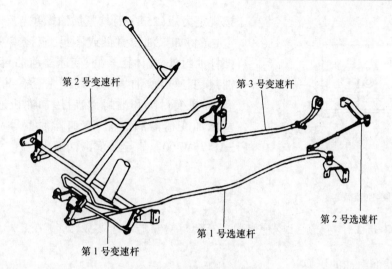

图 2-7　柱式换挡操纵机构

二、实践操作

(一)实践准备

(1)别克威朗手动进取型整车。
(2)每组一套底盘拆装工具、零部件盆。
(3)常用量具。
(4)每组一套回收桶、加油机、举升机。
(5)熟悉汽车维修的安全规则,熟悉举升机的使用方法和注意事项。
(6)维修手册、工单。

(二)技术要求及注意事项

(1)润滑油规格:SAE75W-90、BOT 303 mol 或 API/GL-5。
(2)润滑油容量:1.4L。

(三)手动变速器的使用与维护

变速器齿轮润滑油检查或更换周期按各厂家规定进行,3 万 km 检查变速器润滑油油位,变速器润滑油不需要更换。如果在使用过程中出现漏油或油品变质,则必须添加或更换。

1. 手动变速器的润滑油检查和更换

1)润滑油的检查和更换

(1)将车辆停在举升机平台的中央位置,拉紧驻车制动器操纵杆,并将变速器置于空挡。

(2)将车辆升至适当位置,并可靠锁止提升臂。

(3)如图 2-8 所示,旋出加油螺塞,若油位在加注口下边缘 0~5mm,则表示油位正常,

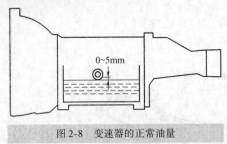

图2-8 变速器的正常油量

按规定力矩(25N·m)拧紧加油螺塞。

(4)如果油位过低或不足,应检查变速器内换挡杆油封处、壳体接合处、变速器前油封、两侧半轴油封、变速器放油螺塞孔周围是否有漏油现象,若有,需更换衬垫和油封,然后用加油机通过加油螺塞添加变速器润滑油(变速器油型号 APIGL-5 或 SAE 75W-90),直至有润滑油溢出。

 小提示

使用举升机时要特别注意按照制造商的说明确定举升点,以免损坏汽车底部。

2)变速器润滑油的更换

根据各车维修手册的更换周期,若在检查中发现润滑油的颜色变黑或闻到油液有刺鼻味,说明润滑油已变质,应予以更换。别克威朗轿车变速器润滑油的更换方法见表2-1。

变速器润滑油的更换　　　　　表2-1

检修内容	图示	检修步骤	工作记录
变速器油排放		(1)举升并顶起车辆。 注意:拆下放油螺塞前,清洁此放油螺塞的周围区域。 (2)拆下放油螺塞1,并报废。 (3)将变速器油排入废油回收机内。 (4)让变速器油排放10min,并比较变速器油量和所需的油位。如有必要,加注与排放量相同的正确的变速器油,达到正常油位。 (5)检查收集的变速器油中是否有变速器油燃烧产物、金属碎屑和其他异物。如果发现以上情况,则查找变速器造成此情况的原因。 (6)安装新的放油螺塞并紧固至50N·m	
变速器油加注		(1)降下车辆。 (2)拆下并报废加注螺塞1。 注意:拆下加注螺塞前,清洁此加注螺塞的周围区域。 (3)用适量(M1x变速器为1.4L)的正确变速器油加注变速器。 (4)安装新的加注螺塞1并紧固至30N·m 注意:不可使用油检查装置检查变速器油位。仅能在排放和加注程序检查变速器油位	

注意:当变速器处于工作温度时,在拆下加注螺塞时要采取必要的保护措施,以避免被

排放的油液烫伤。

别克威朗轿车装配的 M1x 型手动变速器未配备油位检查装置。仅可通过排放和加注程序的量来检查油位。

 **小提示**

更换润滑油要按规定牌号和油量进行,并注意按环保规定处理废油。

2. 变速器换挡时的注意事项

(1)必须在车辆静止时,才能挂入倒挡。
(2)发动机运转中,换挡时应将离合器踏板踏到底。
(3)车辆行驶过程中,不能将手放在变速杆上,以免造成零件的磨损。

(四)变速器操纵机构的检查和调整

以别克威朗轿车六挡手动变速器的操纵机构为例,如图 2-9 所示。变速器操纵机构有关零部件的拆装与调整均可参见图 2-9。

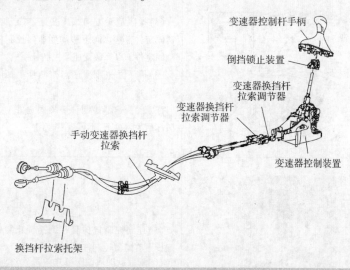

图 2-9 手动变速器操纵机构

1. 变速器操纵机构的检查

检查各挡齿轮啮合是否平稳,具体步骤如下:
(1)挂入一挡,将上换挡杆向左推至缓冲垫处慢慢松开,测量返回行程是否有 5~10mm。
(2)挂入五挡,将上换挡杆向右推至缓冲垫处慢慢松开,测量返回行程是否有 5~10mm。

 **小提示**

返回行程的测量应在换挡手柄处。

(3)再调节变速控制机构,变速质量不应再有任何改善,否则,应进行调整。

2. 变速器操纵机构的调整

如果返回行程不等或行程达不到 5~10mm,则需调整控制系统,调整方法见表2-2。

调整换挡杆,左右返回距离大致相同即可。先后挂入所有的挡位,特别要注意倒挡的锁止功能。最后装上仪表板、防尘罩和换挡手柄。

手动变速器换挡杆拉索的调整　　　　表2-2

检修内容	图　示	检修步骤	工作记录
变速器控制杆手柄的拆卸	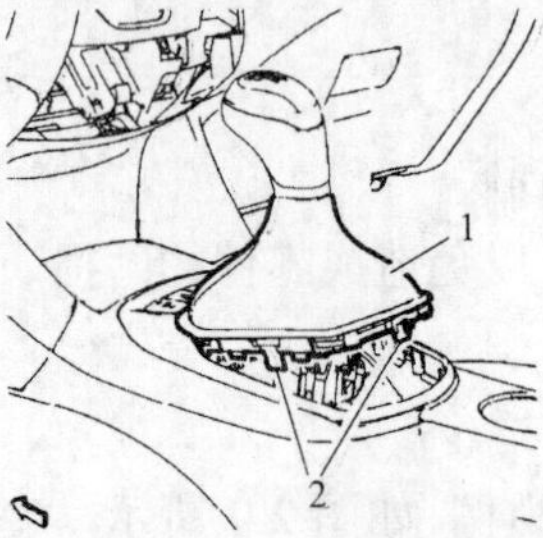	(1)轻轻松开控制杆护套嵌框后部。松开5个固定件2。 (2)将控制杆护套1从变速器控制杆手柄上拉出。	
	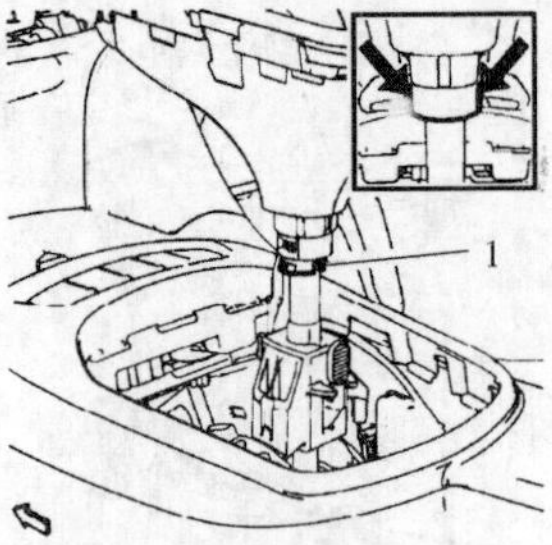	(3)按照箭头方向按压变速器控制杆手柄固定件卡箍。向下移动变速器控制杆手柄固定件1以释放变速器控制杆手柄。 (4)拆下并报废变速器控制杆手柄固定件1。 注意:变速器控制杆手柄固定件1必须破坏后才可拆下,不可重复使用	
		(5)连同控制杆护套和倒挡锁止装置一起拆下变速器控制杆手柄1。	
	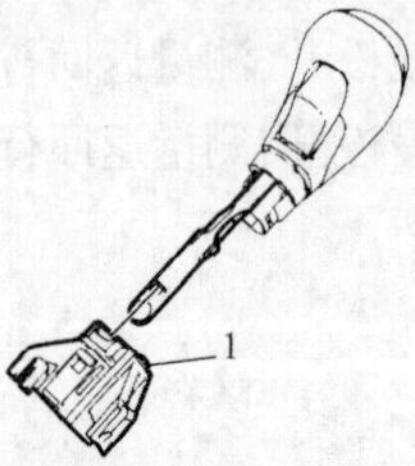	(6)将倒挡锁止装置1从变速器控制杆手柄上拆下	

学习任务二 手动变速器的就车检修

续上表

检修内容	图示	检修步骤	工作记录
手动变速器换挡杆拉索的调整	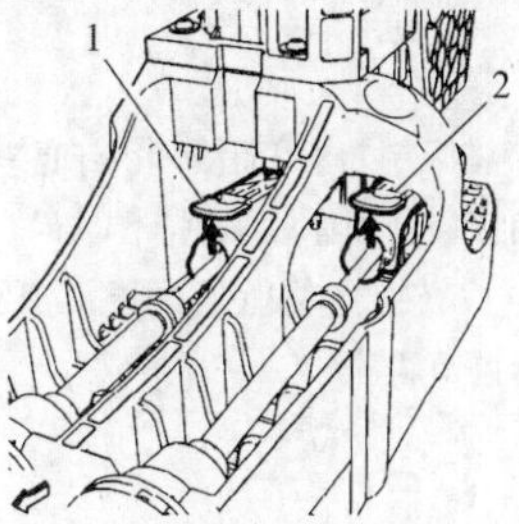	(1)拆下变速器控制杆手柄。 (2)将变速器挂入空挡。 (3)提起(箭头)换挡杆调节器卡箍1。 (4)提起(箭头)换挡杆调节器卡箍2。	
	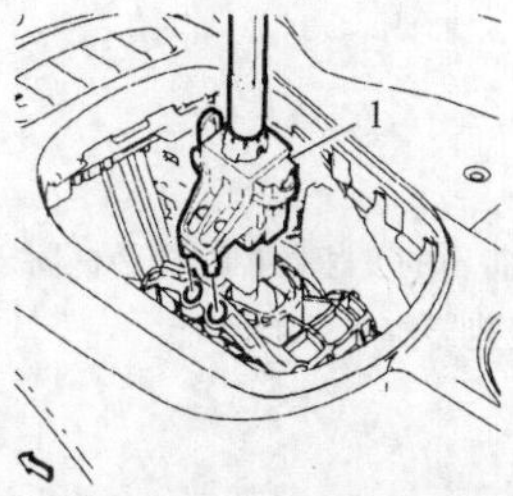	(5)将倒挡锁止装置1转动180°,并将销安装至孔内以限制变速器控制杆。	
	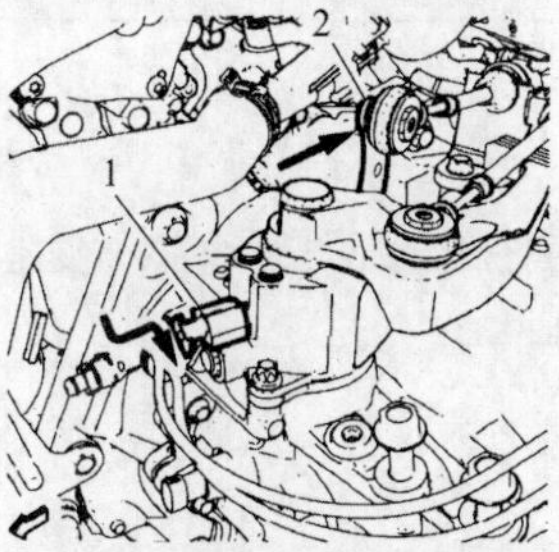	(6)向行驶方向相反的方向推换挡杆2,将限制装置1沿箭头方向移动,以限制换挡控制壳体。	
	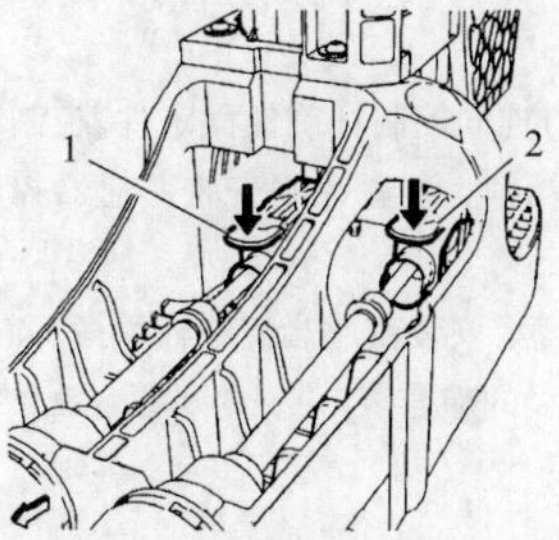	(7)向下(箭头)按压换挡杆调节器卡箍1。 (8)向下(箭头)按压换挡杆调节器卡箍2。	
	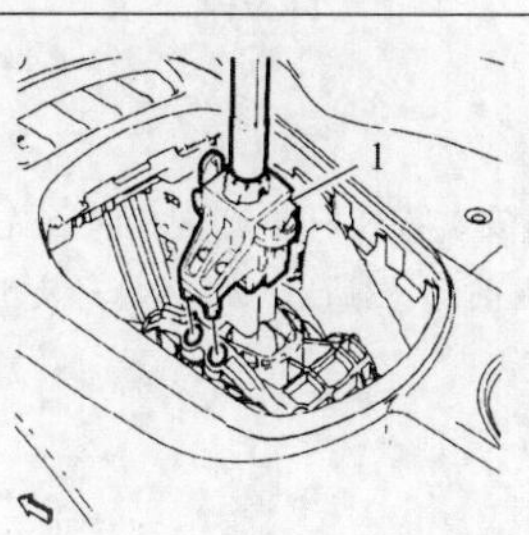	(9)解除对变速器控制杆的限制。将倒挡锁止装置1转动180°至初始位置。	

续上表

检修内容	图示	检修步骤	工作记录
手动变速器换挡杆拉索的调整	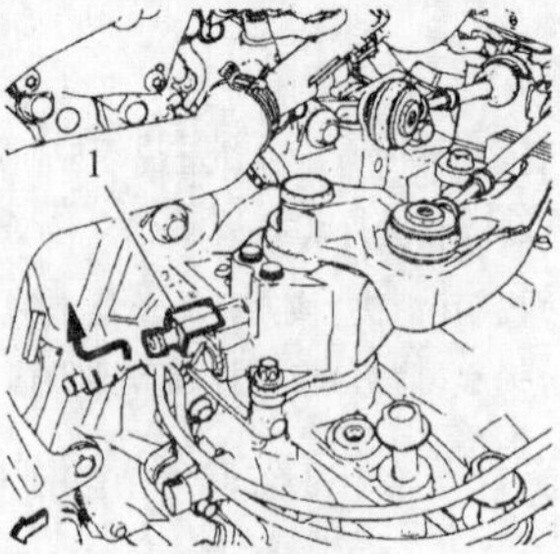	(10)将限制装置1沿箭头方向移动,以解除对换挡控制壳体的限制。 (11)检查换挡功能是否正常,必要时重复执行调节程序	
变速器控制杆手柄的安装	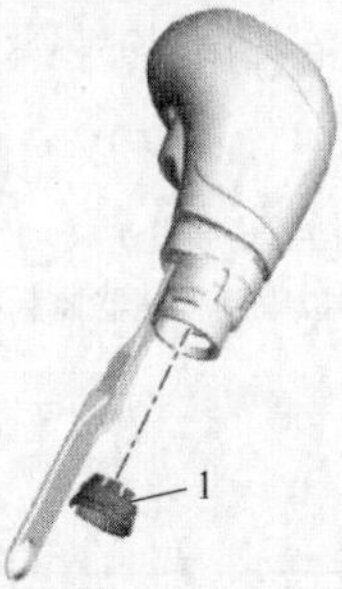	(1)将新的变速器控制杆手柄固定件1安装到变速器控制杆手柄上。	
	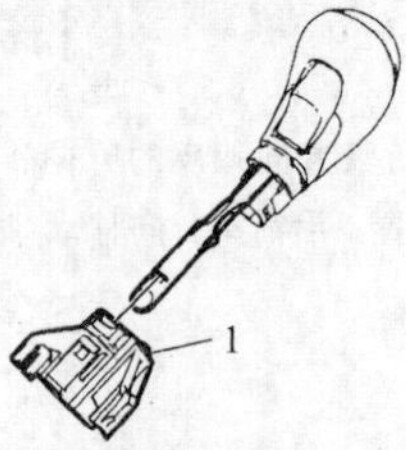	(2)将倒挡锁止装置1安装到变速器控制杆手柄上。	
	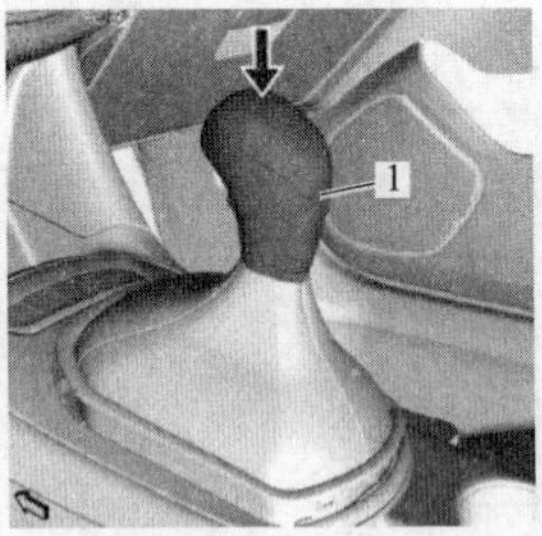	(3)连同控制杆旋钮固定件、控制杆护套和倒挡锁止装置一起安装变速器控制杆手柄1。 注意:安装变速器控制杆手柄1时,会听到明显的啮合声,并感觉到啮合效果	
	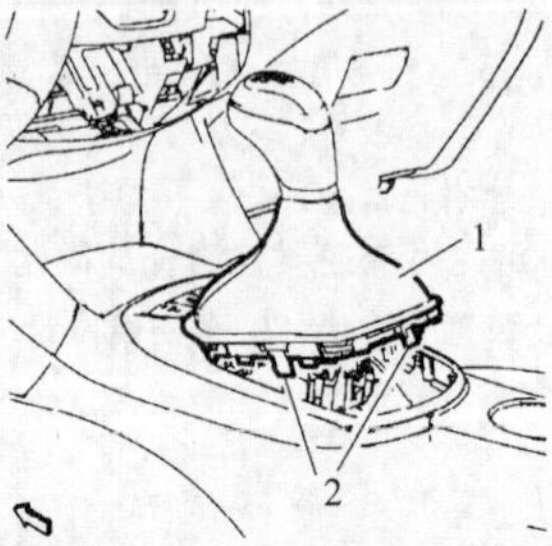	(4)安装控制杆护套嵌框。首先安装护套嵌框前部,然后卡入后部。安装5个固定件2	

三、学习拓展

在大多数汽车上,换挡通过离合器的分离与接合实现,在分离与接合之间会有动力传递暂时中断的现象发生。为了解决这个问题,早在20世纪80年代,就出现了双离合变速器,也称之为直接换挡变速器(DSG)。

1. 双离合变速器的优点

(1)传动过程中的能耗损失非常有限,大大提高了车辆的燃油经济性。

(2)反应非常灵敏,具有很好的驾驶乐趣。

(3)车辆在加速过程中不会有动力中断的感觉,使车辆的加速更加强劲、平滑,加速时间短。

2. 双离合变速器的原理与结构

它的原理如图2-10所示。这种双离合变速器是一个整体,有6个挡位,换挡离合器与变速器装配在同一机构内,两个离合器互相配合工作。这好比一辆车有两套离合器,驾驶员控制一套,副驾驶员控制另一套。驾驶员挂上一挡松开离合器踏板起步,这时副驾驶员预先挂上二挡但踩住离合踏板;待车速提高准备换挡,驾驶员踩住离合踏板的同时副驾驶员松开离合器踏板,二挡开始工作。这样可以避免挡位空置的情况出现,动力连续传递。双离合系统两套离合器传动系统,通过电控单元协调工作。

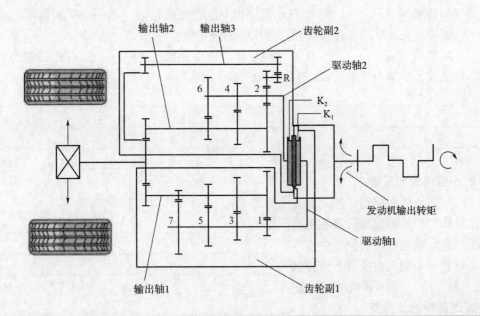

图2-10 双离合系统变速器原理图

1—一挡齿轮副;2—二挡齿轮副;3—三挡齿轮副;4—四挡齿轮副;5—五挡齿轮副;6—六挡齿轮副;7—七挡齿轮副;R—倒挡齿轮副;K_1-离合器K_1;K_2-离合器K_2

双离合变速器的结构如图2-11所示。

图 2-11　双离合变速器结构图

四、评价与反馈

1. 自我评价与反馈

(1) 你知道手动变速器的基本组成吗？（　　）
　　A. 知道　　　　　　B. 不知道
(2) 你能够完成手动变速器的油液检查吗？（　　）
　　A. 能够完成　　　　B. 在小组协作下能够完成　　　　C. 不能完成
(3) 你能够完成手动变速器换挡操纵机构的调整吗？（　　）
　　A. 能够完成　　　　B. 在小组协作下能够完成　　　　C. 不能完成
(4) 完成了本学习任务后，你感觉困难的部分是哪些？
_____
_____
　　　　　　　签名：_____　　____年____月____日

2. 小组评价与反馈

(1) 你们小组在接到任务之后分工明确吗？_____
(2) 你们小组每位组员都能轮换操作吗？_____
(3) 遇到难题时你们分工协作吗？_____
(4) 对于小组其他成员有何建议？_____
　　　　参与评价的同学签名：_____　____年____月____日

3. 教师评价及回复

_____
_____
　　　　　　教师签名：_____　____年____月____日

五、技能考核标准

技能考核标准见表2-3。

技能考核标准　　　　　　　　　　　　　表2-3

序号	项目	操作内容	规定分	评分标准	得分
1	准备	(1)清点工具、量具； (2)清理工位； (3)检查加油机、举升机	10分	酌情扣分	
2	油液检查	(1)举升机正确使用； (2)手动变速器的油液检查； (3)手动变速器油液加注或更换	10分 5分 10分	(1)举升机使用有安全隐患扣10分； (2)操作不当扣1~5分； (3)操作不当扣1~10分	
3	操纵机构的检查	变速器操纵系统的检查	10分	检查不当扣1~10分	
4	操纵机构的调整	(1)微调上换挡杆； (2)基准调整换挡杆	10分 15分	(1)操作不当扣1~10分； (2)操作不当扣1~15分	
5	时间	30min	10分	(1)超时1~10min扣1~10分； (2)超时10min以上扣10分	
6	安全文明	无安全隐患，无不文明操作	10分	未达标扣1~10分	
7	结束	(1)工具、量具清洁并归位； (2)工作场地清洁	5分 5分	(1)漏一项扣1分，未做扣5分； (2)清洁不彻底扣1~5分，未做扣5分	
		总分	100分		

学习任务三　手动变速驱动桥的总成检修

任务要求
完成本学习任务后,你应该:
1. 掌握手动变速驱动桥的结构和工作原理;
2. 掌握手动变速驱动桥的拆装方法以及各零部件的检修方法;
3. 能准确排除手动变速器的故障;
4. 掌握主减速器主、从动齿轮的检修方法;
5. 能对差速器进行检修;
6. 能够正确选择工具与仪器,完成操作任务;
7. 能够查阅维修手册并规范检修过程。
建议学时:17 学时

任务描述

一辆别克威朗手动进取型轿车在原地起步时,一挡和倒挡难挂;而一旦起步后,挂挡操作一切正常。经维修人员检查,首先排除变速器外部换挡操纵机构调整不当,离合器主缸、工作缸和离合器管路没有漏油现象,离合器压盘没有磨损异常等故障。因此,必须对手动变速驱动桥总成进行检修。

一、理论知识准备

(一)概述

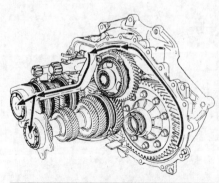

图3-1　别克威朗手动变速器的结构

手动变速驱动桥,广泛应用于发动机前置前轮驱动或发动机后置后轮驱动的汽车,包括变速器与驱动桥两大部分。手动变速驱动桥中的变速传动机构是变速器的主体,大都采用两轴式变速器。

1. 发动机纵向布置的手动变速驱动桥

发动机纵向布置时,主减速器为一对锥齿轮。别克威朗手动进取型轿车的手动变速驱动桥结构如图3-1 所示,各挡传动路线如图3-2 所示。

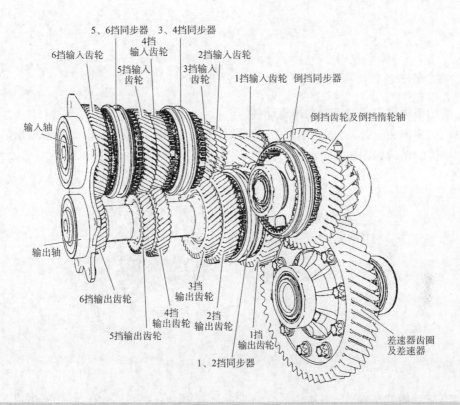

图 3-2 别克威朗手动变速器各挡传动路线

变速器通过主、从动齿轮齿数的不同,输入、输出齿轮啮合实现传动比,从而起到变速变矩作用。驾驶员操纵变速杆,驱动变速器操纵机构拨叉轴移动,拨叉带动同步器接合套的移动,实现挡位的变换。以三挡动力传动路线为例,3、4挡同步器前移,使变速器处于三挡位置,动力路线为:输入轴→3、4挡同步器→三挡输入齿轮→三挡输出齿轮→输出轴(主轴)→差速器齿圈及差速器→输出,如图 3-3 所示。

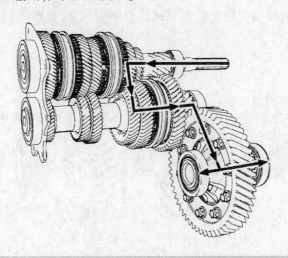

图 3-3 别克威朗轿车三挡动力传递路线图

想一想

其余各挡的传动路线是怎样的？

2. 发动机横向布置的手动变速驱动桥

发动机横向布置时，主减速器采用一对圆柱齿轮，如别克威朗轿车。别克威朗轿车手动变速驱动桥的结构如图3-4所示。

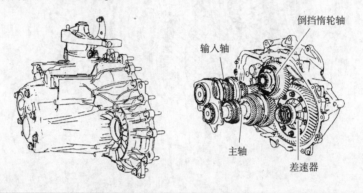

图3-4　威朗轿车手动变速驱动桥(M1x)的结构

(二)驱动桥的结构

驱动桥由主减速器和差速器组成，主减速器的功用是将变速器传来的转矩增大、转速降低；差速器的功用就是将主减速器传来的动力传给左、右两半轴，并在转弯行驶时允许左、右半轴以不同的转速旋转(差速)。

两轴式变速器输出轴上的锥齿轮即为主减速器的主动锥齿轮，如别克威朗轿车，主减速器为单级式，主减速齿轮是一对曲线锥齿轮，齿面为准双曲面。主减速器传动比为4.3。差速器为行星齿轮式，车速表驱动齿轮安装于差速器壳体上，主减速器和差速器的结构如图3-5所示。

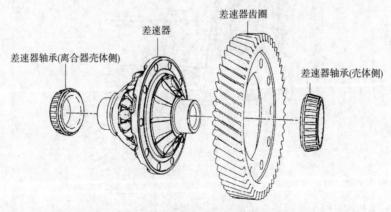

图3-5　别克威朗轿车主减速差速器总成

(三)变速器齿轮传动组的主要零件

变速器齿轮传动组由一系列的轴、齿轮、轴承、接合套、同步器等组成。

1. 轴

轴(图3-6)和齿轮的连接方式主要为花键连接(齿轮随轴旋转且可以沿轴向滑动)、键连接或固定在轴上(齿轮随轴转,不可滑动)、齿轮通过轴承空套在轴上(齿轮不随轴转)三种形式。

2. 齿轮

变速器上常用的齿轮有斜齿轮(常啮合)和直齿轮(非常啮合)两种,如图3-7所示。

图3-6 轴　　　　　　　　　　图3-7 齿轮

3. 轴承

变速器齿轮传动组常使用滚针轴承支承齿轮,用圆锥滚子轴承支承轴,如图3-8所示。

4. 接合套和花键毂

空套在轴上的齿轮可通过接合套和花键毂与轴同步旋转,如图3-9所示。齿轮一端加工有齿圈,花键毂与轴固定在一起,接合套空套在花键毂上。在空挡位置时,接合套的内齿仅与花键毂接合,齿圈(齿轮)不通过接合套带动花键毂。在挂入挡位时,接合套的内齿不仅与花键毂接合,而且与齿圈接合,动力通过齿圈带动接合套,接合套再带动花键毂传到轴上。

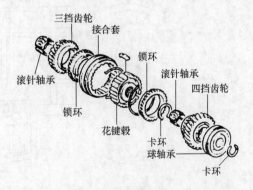

图3-8 圆锥滚子轴承　　　　　图3-9 接合套和花键毂

5. 惯性式同步器

1) 功用

利用摩擦力使接合套与待啮合的齿圈迅速同步运转,缩短换挡时间,减少换挡冲击。

2) 分类

按锁止装置不同,可分为锁环式惯性同步器和锁销式惯性同步器两种。

(1) 锁环式惯性同步器广泛应用在轿车和轻、中型载货汽车的变速器中,结构如图3-10所示。

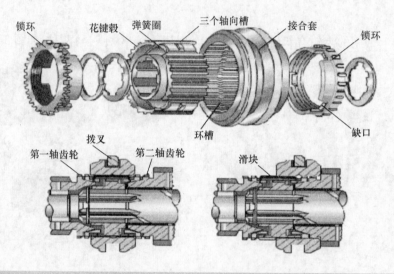

图3-10 锁环式惯性同步器

(2) 锁销式惯性同步器应用在中型及大型载货汽车的变速器中,结构如图3-11所示。

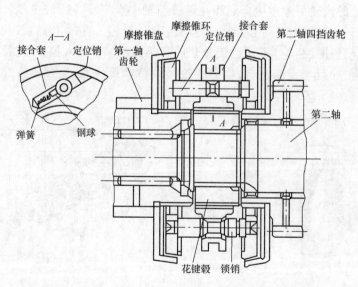

图3-11 锁销式惯性同步器

二、实 践 操 作

(一)实践准备

(1)别克威朗轿车或威朗轿车 M1x 变速驱动桥总成。
(2)每组一套底盘拆装工具、零件盆。
(3)每组一套磁力百分表。
(4)每组一台举升机。
(5)维修手册、工单。

(二)技术要求及注意事项

别克威朗轿车 M1x 六挡手动变速器的性能参数见表3-1,变速器总成相关的拧紧力矩见表3-2。

别克威朗轿车 M1x 六挡手动变速器的性能参数　　　　表3-1

挡　位	传　动　比
I	4.333
II	2.292
III	1.556
IV	1.167
V	0.976
VI	0.804
R	4.167
总成质量(kg)	36

变速器总成有关的拧紧力矩表　　　　表3-2

部　件	拧紧力矩(N·m)
变速器固定在发动机上的螺栓	58
变速器减振垫前支架的固定螺栓	25
减振垫固定在前后支架上的螺栓	20
减振垫固定在车身上的螺栓	110
变速器支架固定在横梁上的螺栓	70
发动机中间支架固定在车身上的螺栓	30
传动轴固定在变速器上的螺栓	40
内变速杆固定螺栓	30

(三)手动变速驱动桥总成的拆卸

别克威朗轿车手动变速驱动桥总成的更换步骤见表3-3。

注意:本操作需要使用专用工具 EN-51007 发动机支撑夹具。

别克威朗轿车 M1x 型手动变速器驱动桥总成的更换　　　　　表 3-3

检修内容	图　示	检修步骤	工作记录
变速器的拆卸	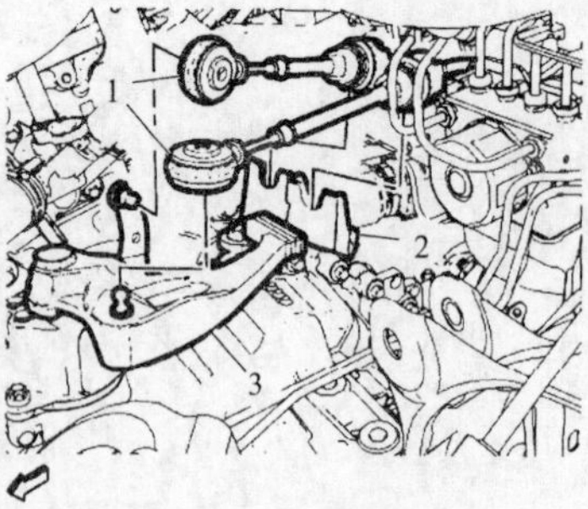	（1）拆下发动机控制模块和电子制动控制模块托架。 （2）使用合适的工具从换挡控制壳体 3 上拆下换挡杆和选挡杆拉索 1。 （3）将换挡杆和选挡杆拉索从选挡杆和换挡杆拉索托架 2 上拆下。	
		（4）断开电气连接器 1 与挡位传感器 2 的连接。	
		（5）拆下离合器执行器缸前管固定件 1。 （6）断开离合器执行器缸前管 2 与离合器执行器缸管弯头的连接。 注意:断开离合器执行器缸前管之前,将离合器油/制动液从储液罐中排出。	
		（7）断开电气连接器 1 与倒车灯开关连接。 （8）拆下线束托架螺栓 3。 （9）拆下线束托架 2 与变速器连接螺栓。	

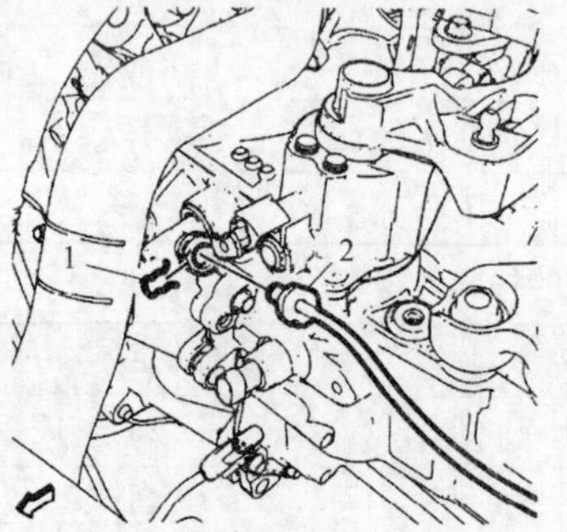

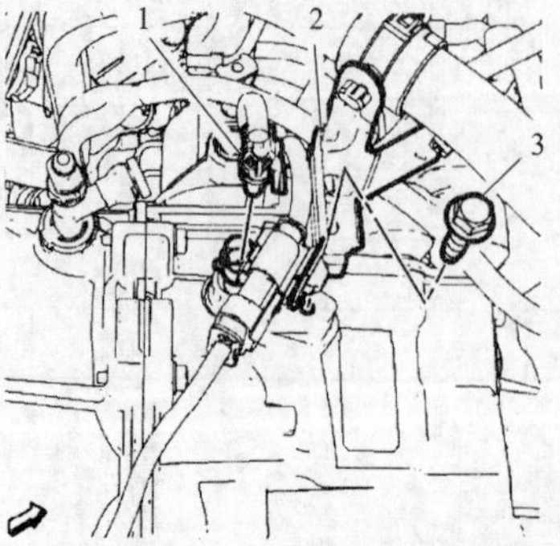

续上表

检修内容	图示	检修步骤	工作记录
变速器的拆卸	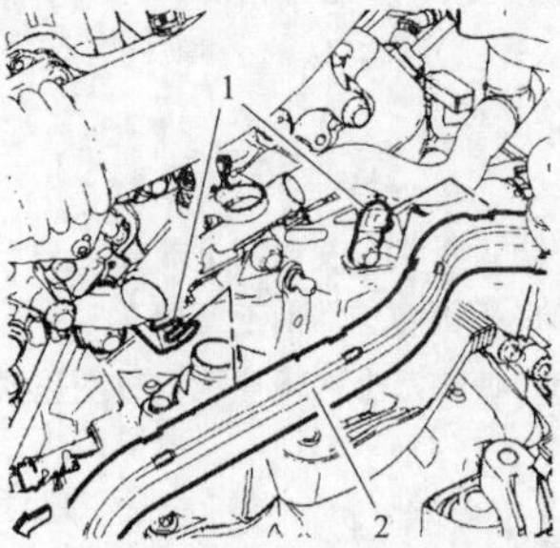	(10)拆下发动机线束电缆套管2。压按凹口(箭头)并向行驶方向的反方向推动电缆套管,以将电缆套管从固定件1上分离。	
	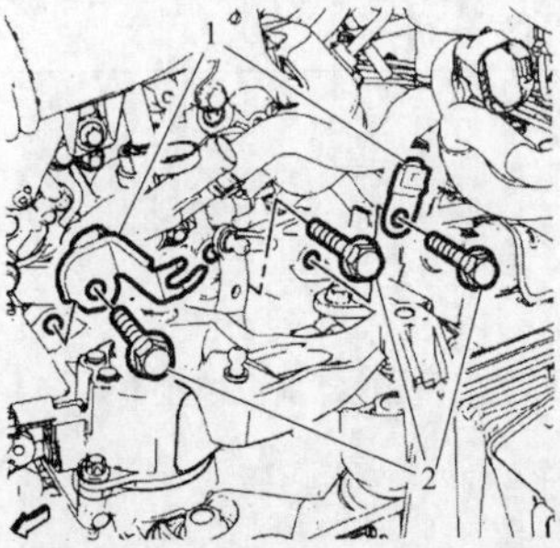	(11)拆下变速器上的3个螺栓2。 (12)拆下2个发动机线束电缆套管托架1。	
	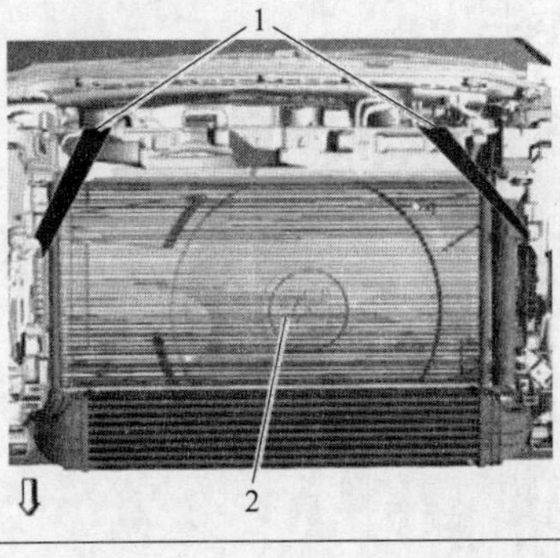	(13)使用2根捆绑带1将散热器2固定到前端上横梁。 (14)举升并顶起车辆。 (15)将传动系统和前悬架支架以及传动系统和前悬架横梁加长件作为总成拆下。 (16)拆下前排气管。 (17)排放变速器油。 (18)将右前轮驱动轴从变速器上断开,将驱动轴仍留在轮毂上。	
	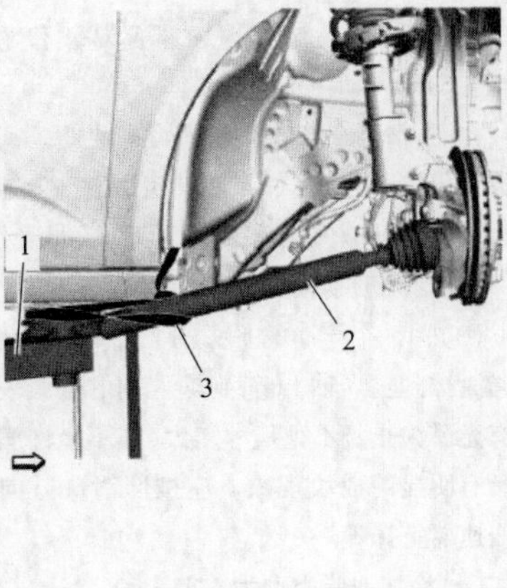	(19)使用捆绑带3将右驱动轴2固定到举升机1上。 (20)将左前轮驱动轴从变速器上断开。将驱动轴仍留在轮毂上。 (21)使用捆绑带将左驱动轴固定到举升机上。 (22)拆下变速器支座柱托架。 (23)拆下催化转换器撑杆托架。 (24)降下车辆。 (25)拆下发动机舱盖。 (26)安装发动机支撑夹具。 (27)拆下变速器支座变速器侧托架。 (28)用EN-51007支撑夹具在左侧将发动机和变速器降下大约5cm。 (29)举升车辆。	

续上表

检修内容	图示	检修步骤	工作记录
变速器的拆卸	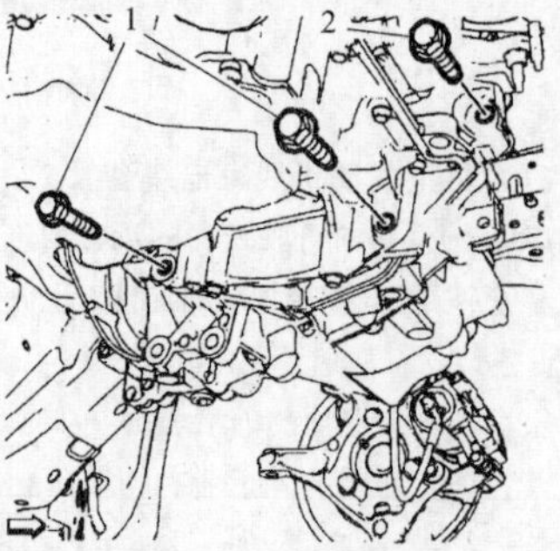	(30)拆下2个变速器下螺栓1。 (31)拆下变速器前下螺栓2。 (32)使用适合的千斤顶支撑变速器。	
	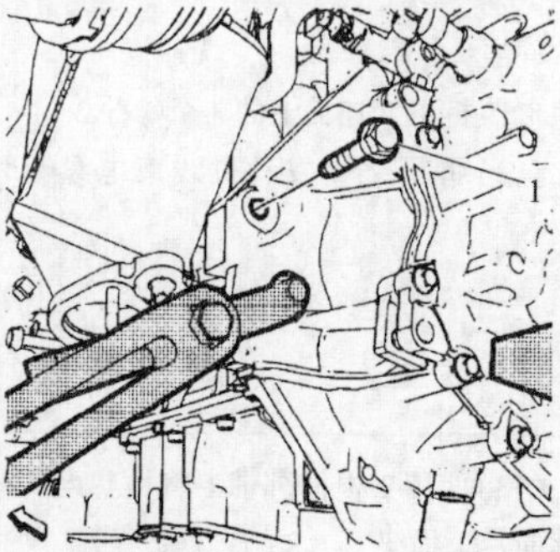	(33)拆下变速器前上螺栓1。	
	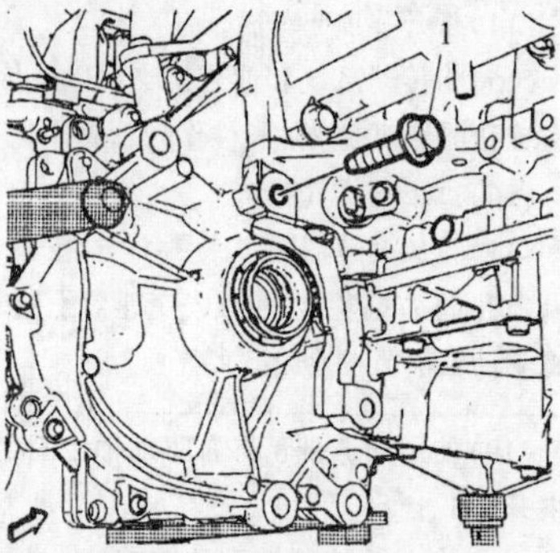	(34)拆下变速器后螺栓1。 (35)拆下变速器与发动机连接螺栓。 (36)用变速器千斤顶降下变速器,直到足以拆下变速器	
变速器的安装	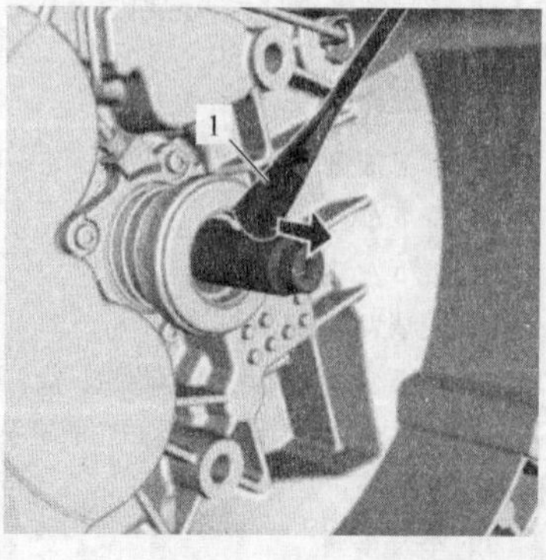	(1)使用无毛绒布擦净离合器毂和输入轴上的碎屑和污染物。 注意:清洁离合器毂时应特别小心。离合器毂可能有锐边,如果不小心接触,会导致人员受伤。应佩戴防护手套以防人员受伤 (2)必要时换用新的零件。 (3)用一个干净的平头刷1将一薄层润滑脂涂抹到输入轴上,直到输入轴的金属表面有光泽为止。不论尺寸多大,都不允许润滑脂有明显的成块现象。应按照箭头方向从变速器上抹掉。 (4)涂抹油脂类型为GNY 202。	

续上表

检修内容	图示	检修步骤	工作记录
变速器的安装	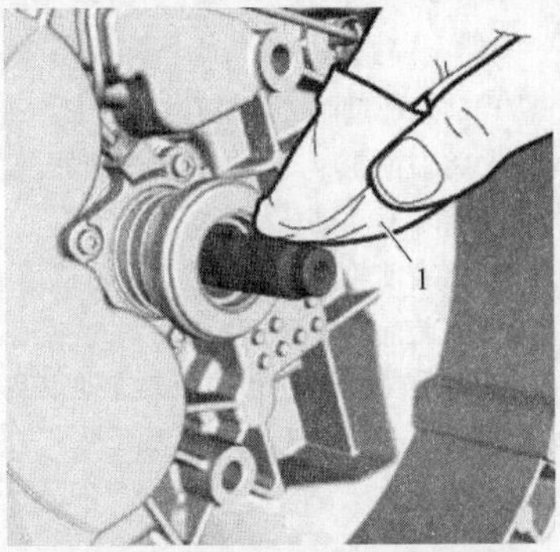	(5)使用新的无毛绒布1清洁输入轴的整个前沿表面。 (6)用变速器千斤顶举升变速器,并将变速器定位至发动机上。 注意:确保变速器输入轴的前沿表面无润滑脂残留。将变速器装配到发动机上前,应清洁变速器输入轴的前沿表面。如果表面不清洁,可能会导致离合器打滑故障	
	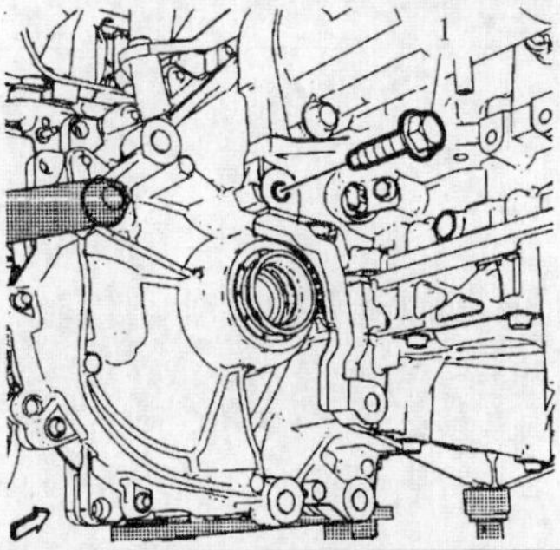	(7)安装变速器后螺栓1,并用手紧固螺栓,使发动机和变速器齐平。	
	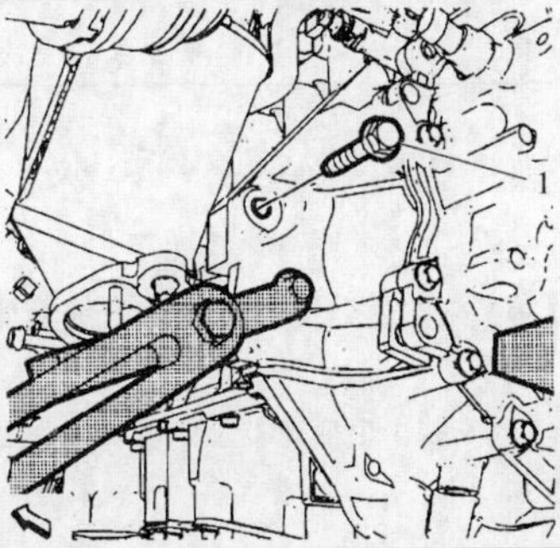	(8)安装变速器前上螺栓1并紧固至58N·m。 (9)将变速器后螺栓紧固至58N·m。 (10)拆下变速器千斤顶。	
	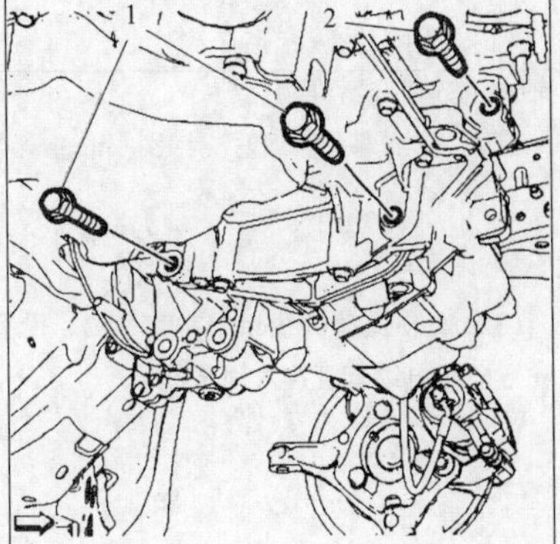	(11)安装变速器前下螺栓2并紧固至58N·m。 (12)安装2个变速器下螺栓1,并紧固至58N·m。 (13)降下车辆。 (14)用EN-51007支撑夹具在左侧将发动机和变速器举升到初始位置。 (15)安装变速器支座、变速器侧托架。 (16)拆下发动机支撑夹具。 (17)安装发动机舱盖。 (18)举升车辆。 (19)安装催化转换器撑杆托架。 (20)安装变速器支座柱托架。	

续上表

检修内容	图示	检修步骤	工作记录
变速器的安装	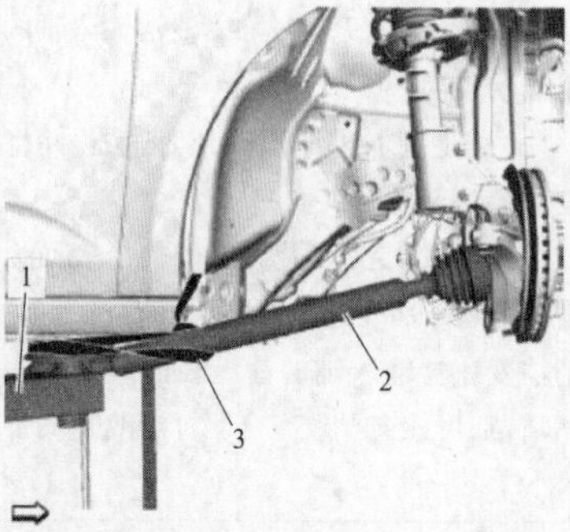	(21) 将左驱动轴2从举升机1上拆下。 (22) 将左前轮驱动轴连接至变速器。 (23) 将右驱动轴从举升机上拆下。 (24) 将右前轮驱动轴连接至变速器。 (25) 安装前排气管。 (26) 安装传动系统和前悬架支架以及传动系统和前悬架横梁加长件总成。 (27) 拆下支架并降下车辆。	
	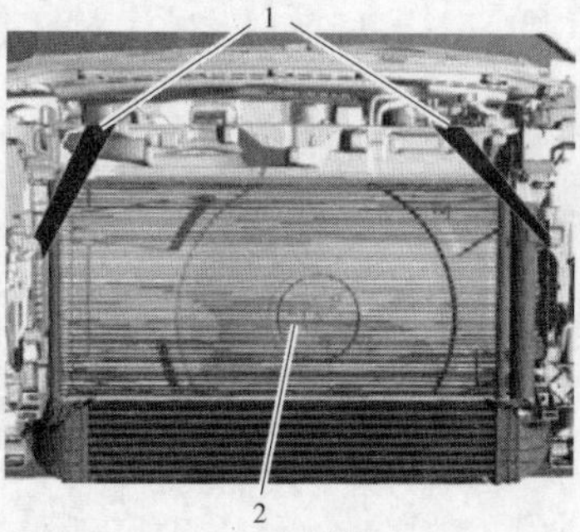	(28) 拆卸散热器2固定带1。 (29) 举升车辆。	
	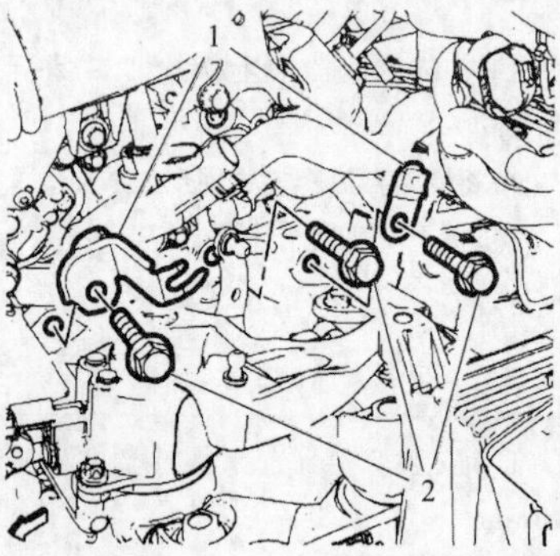	(30) 安装2个发动机线束电缆套管托架1。 (31) 安装3个变速器上螺栓2并紧固至58N·m。	
	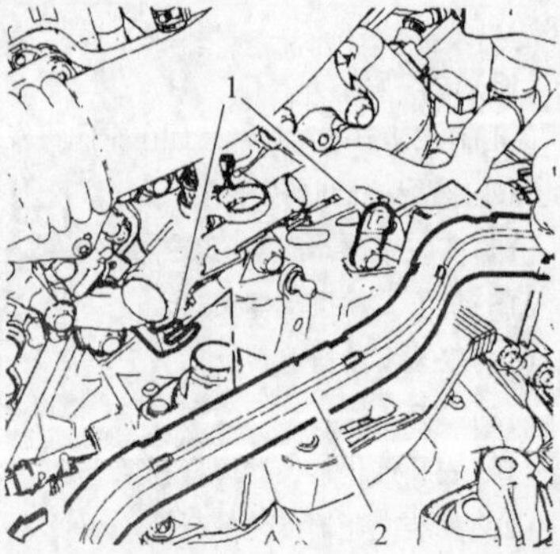	(32) 安装发动机线束电缆套管2。沿行驶方向将电缆套管拉入固定件1。	

续上表

检修内容	图示	检修步骤	工作记录
变速器的安装	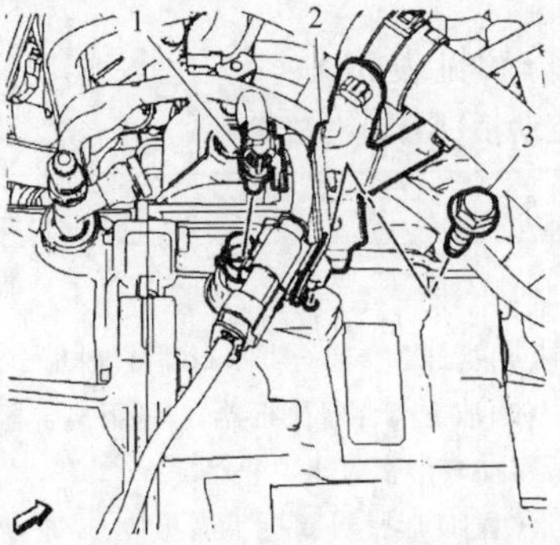	(33) 连接电气插接器与倒车灯开关插接器。 (34) 安装变速器线束托架2。 (35) 安装线束托架螺栓3并紧固至22N·m。	
	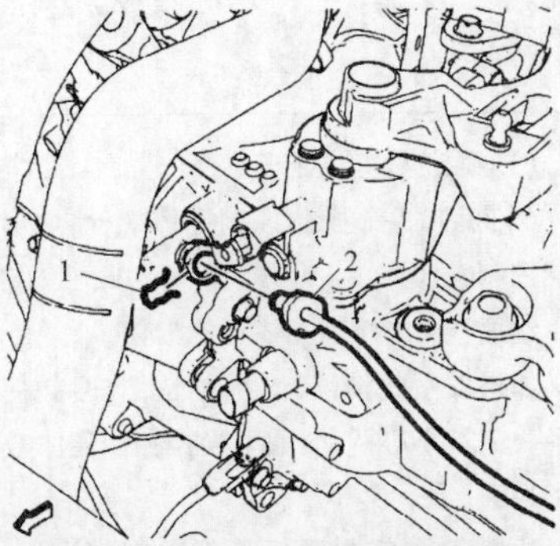	(36) 连接离合器执行器缸前管2和离合器执行器缸管。 (37) 锁紧离合器执行器缸前管固定件1。 注意：离合器执行器缸前管必须明显接合。	
		(38) 连接电气插接器1与挡位传感器2插接器。	
	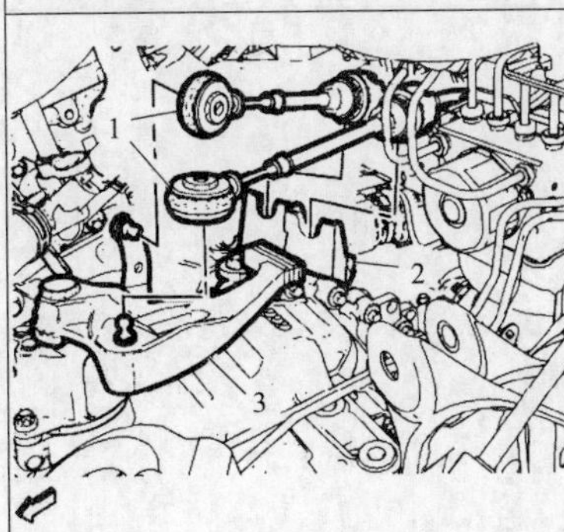	(39) 将换挡杆和选挡杆拉索1安装至换挡杆和选挡杆拉索托架2。 (40) 将换挡杆和选挡杆拉索安装至换挡控制壳体3。 (41) 调整手动变速器选换挡杆拉索。 (42) 排出液压离合器系统中的空气。 (43) 加注变速器油。 (44) 安装发动机控制模块和电子制动控制模块托架。 (45) 对车辆进行道路测试	

(四)手动变速器驱动桥总成的分解

1. 变速器总成分解

别克威朗轿车手动变速驱动桥(M1x)总成分解见表3-4。

表3-4 别克威朗轿车手动变速驱动桥(M1x)总成分解

检修内容	图示	检修步骤	工作记录
离合器执行器缸的拆卸	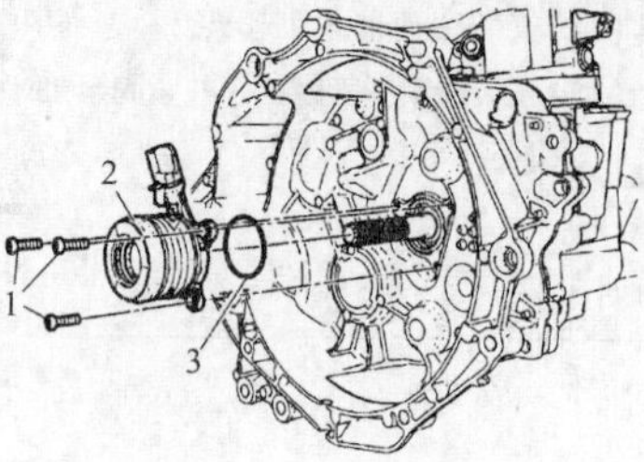	(1)拆卸3个离合器执行器缸螺栓; (2)取下离合器执行器缸;取下离合器执行器缸O形密封圈。 注意:O形密封圈拆下后报废,需重新换用新件	
换挡控制壳体的拆卸	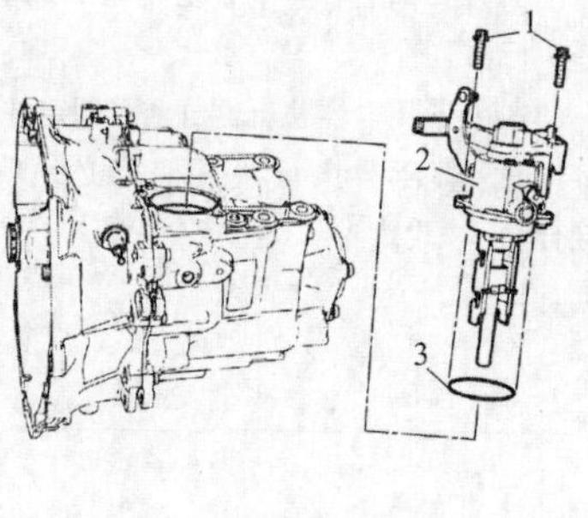	(1)确定变速器处于空挡位置; (2)拆卸2个换挡控制壳体螺栓;取出换挡控制壳体。 注意:换挡控制壳体可能卡住。如果发生此情况,则摇晃选挡杆,并使用平头工具小心撬动;取下换挡控制壳体O形密封圈。 注意:O形密封圈拆下后报废,需重新换用新件	
变速器的拆卸		(1)拆下并报废7个变速器壳体盖螺栓1。 (2)拆下并报废20个变速器壳体螺栓1、2。 注意:首先十字交叉预松变速器壳体螺栓	

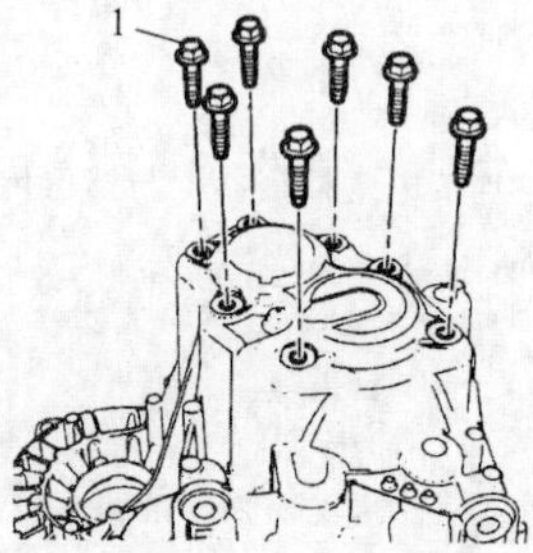

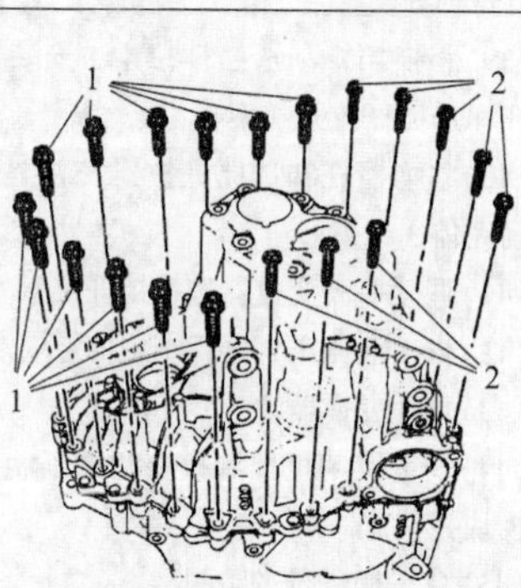

续上表

检修内容	图示	检修步骤	工作记录
变速器的拆卸	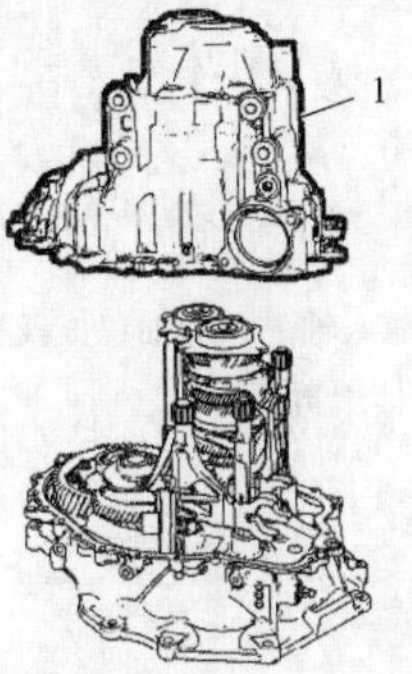	（3）拆下变速器壳体1。 注意：在合适的部位小心撬动	
	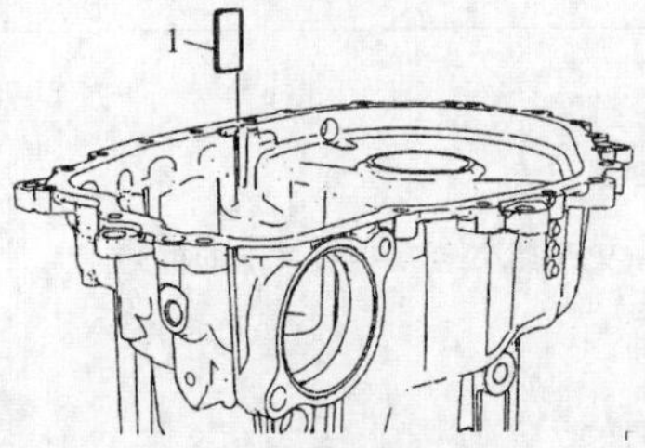	（4）拆下变速器磁铁1并清除脏污和碎屑。	
	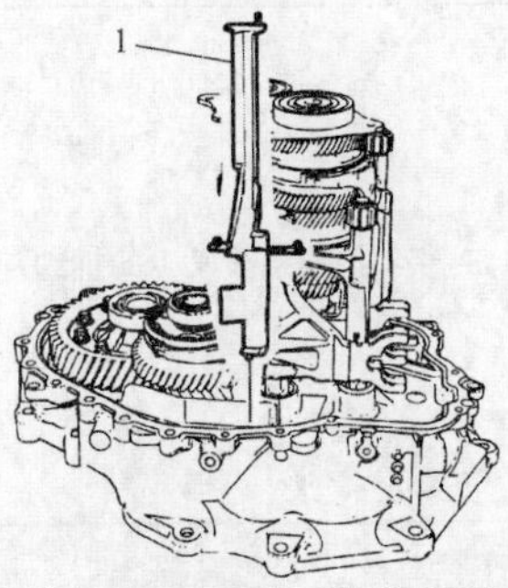	（5）变速器油槽1的拆卸。	
	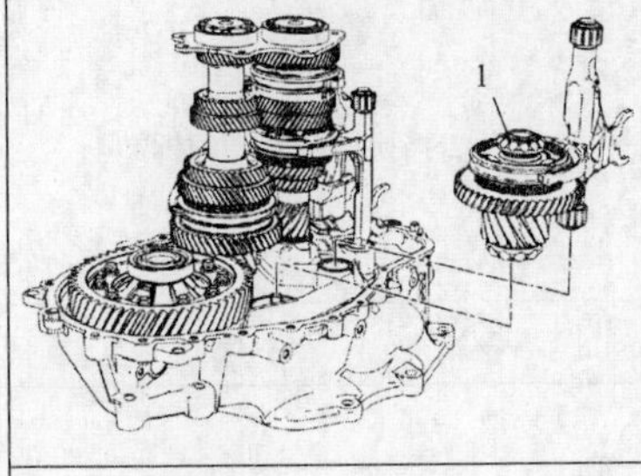	（6）取下倒挡惰轮轴和换挡拨叉总成1。 注意：倒挡惰轮轴轴承滚珠有可能从倒挡惰轮轴掉下	
	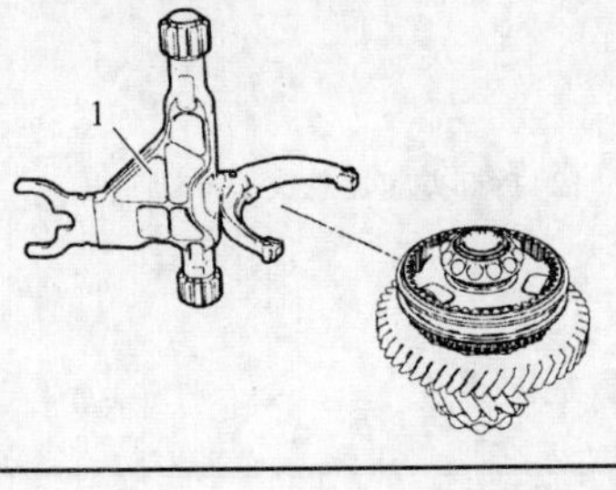	（7）倒挡换挡拨叉1的拆卸。	

续上表

检修内容	图示	检修步骤	工作记录
变速器的拆卸	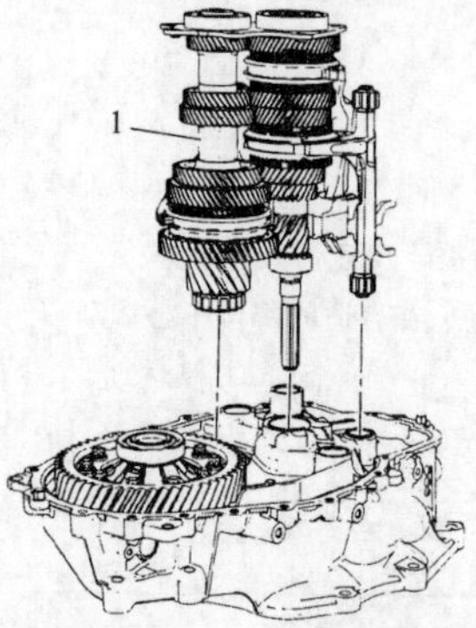	(8)将输入轴1和主轴总成及换挡拨叉从离合器壳体上拆下。	
	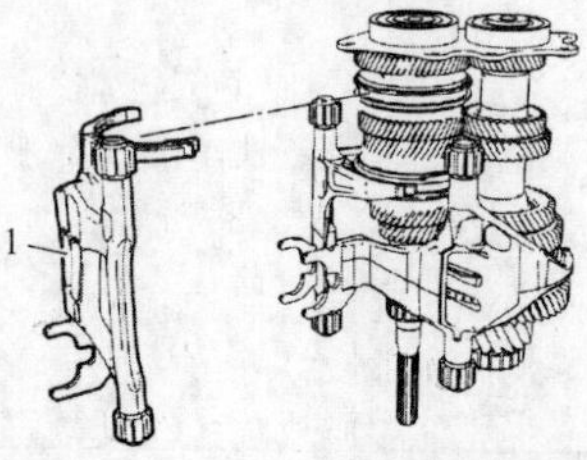	(9)5挡/6挡换挡拨叉1的拆卸。	
	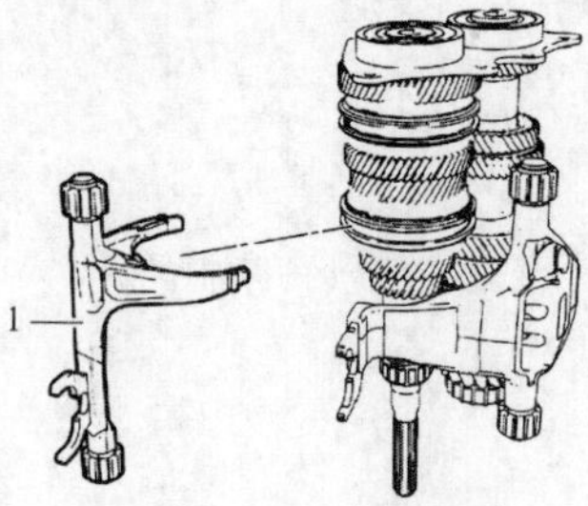	(10)3挡/4挡换挡拨叉1的拆卸。	
	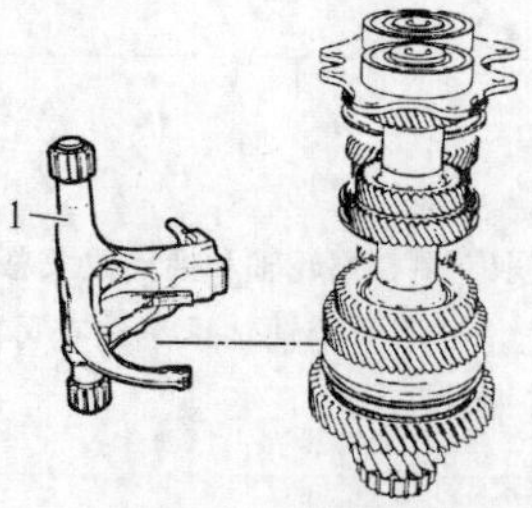	(11)1挡/2挡换挡拨叉1的拆卸。	
	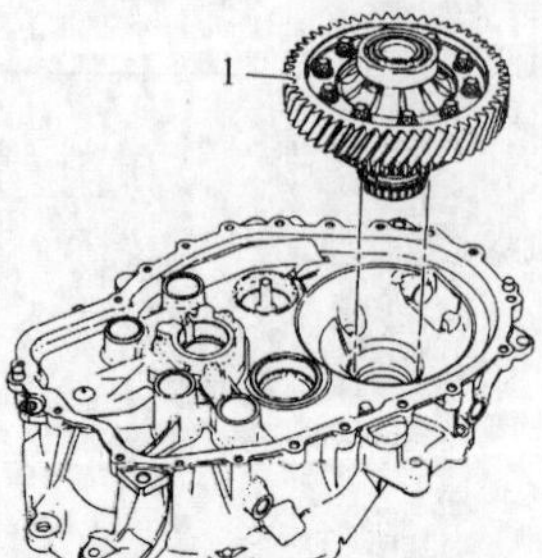	(12)拆卸差速器总成1	

续上表

检修内容	图示	检修步骤	工作记录
输入轴和主轴轴承板的拆卸	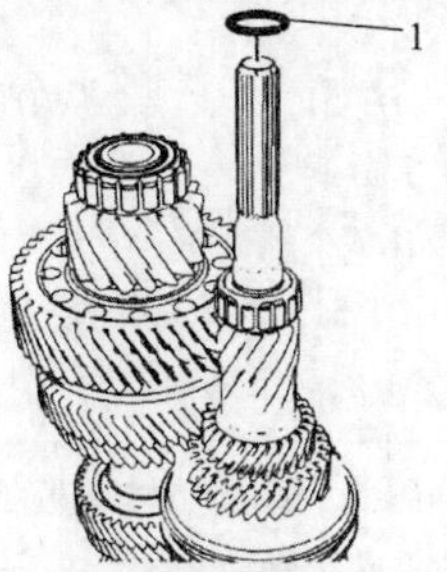	(1)清洁输入轴和主轴总成。 (2)使用卡簧钳拆下输入轴轴承固定件1。	
	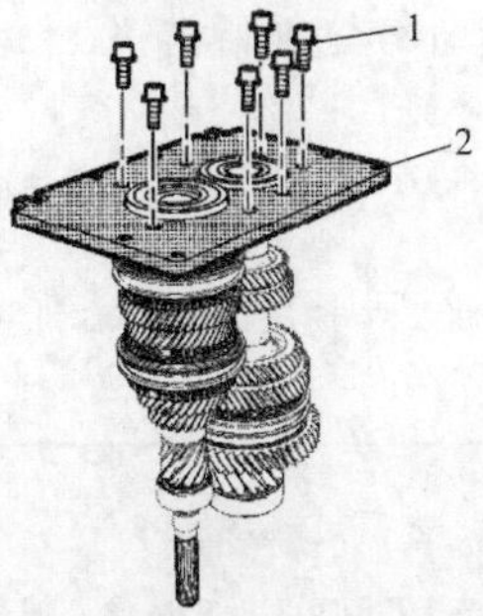	(3)将DT-51302板2安装至输入轴和主轴轴承护圈。 (4)安装并紧固7个螺栓1。	
	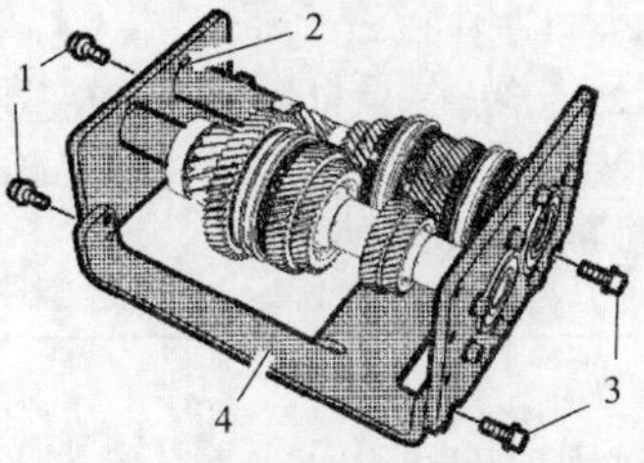	(5)将DT-51301固定工具4安装至台虎钳。 (6)将DT-51302板连同输入轴和主轴总成安装至DT-51301固定工具。紧固2个螺栓3。 (7)将DT-51303支架2安装至DT-51301板上。安装并紧固2个螺栓1。	
	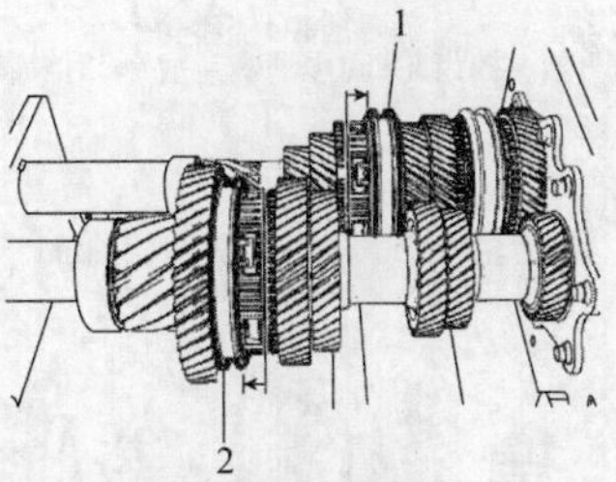	(8)同时挂入1挡2和4挡1,使轴止动。	
	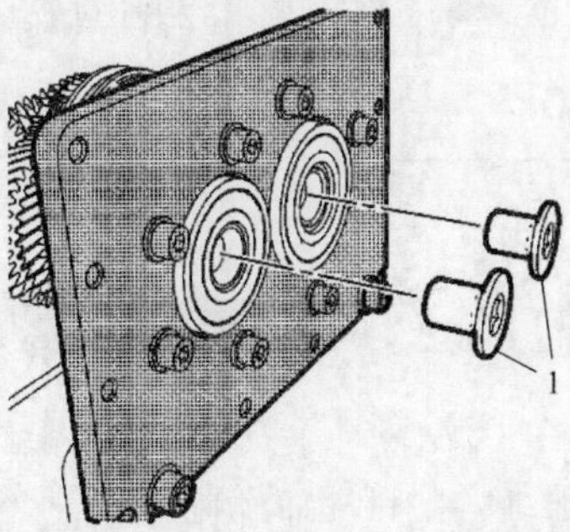	(9)拆下并报废2个输入轴和主轴轴承螺栓1。 (10)挂回空挡。	

续上表

检修内容	图　示	检修步骤	工作记录
输入轴和主轴轴承板的拆卸		(11) 松开2个螺栓1。 (12) 将DT-51303支架2从DT-51301固定工具4上拆下。 (13) 松开2个螺栓3。 (14) 将DT-51302板连同输入轴和主轴总成DT-51301固定工具上拆下。	
		(15) 如图所示将DT-51302板2连同输入轴和主轴总成安装至压具。 注意：DT-51449枢轴上的"X"标志必须与输入轴对准 (16) 将DT-51449枢轴1安装至输入轴和主轴。 (17) 将2个轴压出输入轴和主轴轴承护圈。	
		(18) 拆下7个螺栓3。 (19) 将DT-51302板2从输入轴和主轴轴承护圈1上拆下。 (20) 因为输入轴和主轴轴承护圈不可重复使用。拆下后报废，安装时需使用新的输入轴和主轴轴承护圈	

2. 输入轴和输出轴

别克威朗轿车 M1x 型手动变速器输入轴的结构如图 3-12 所示。

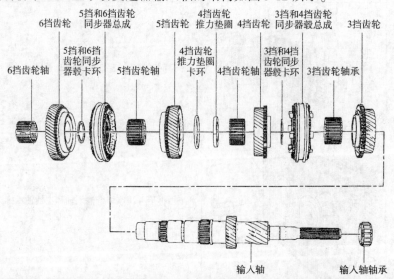

图 3-12　别克威朗轿车 M1x 型手动变速器输入轴的结构

学习任务三　手动变速驱动桥的总成检修

别克威朗轿车 M1x 型手动变速器输出轴的结构如图 3-13 所示。

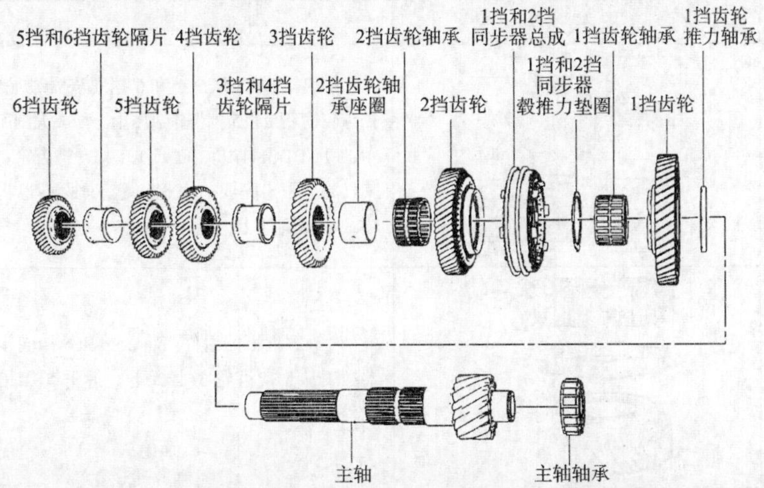

图 3-13　别克威朗轿车 M1x 型手动变速器输出轴(主轴)的结构

别克威朗轿车 M1x 型手动变速器输入轴分解见表 3-5。

别克威朗轿车 M1x 型手动变速器输入轴分解　　　　　表 3-5

检修内容	图示	检修步骤	工作记录
输入轴的拆卸	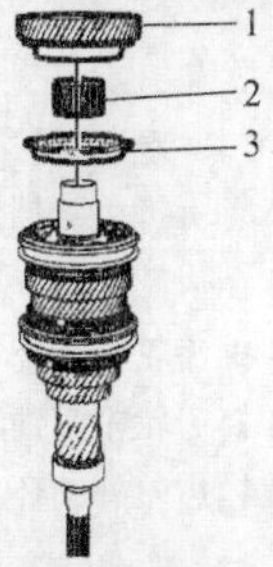	(1) 从输入轴上拆下 6 挡齿轮 1。 (2) 拆下 6 挡齿轮轴承 2。 (3) 拆下 6 挡齿轮外锁环 3。	
	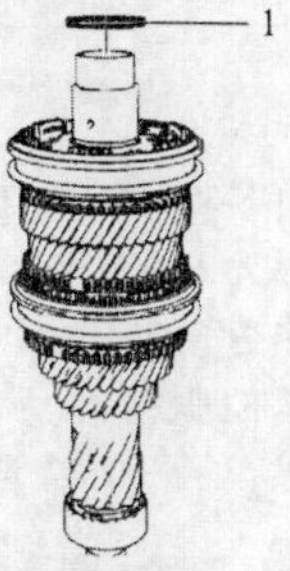	(4) 使用 GE-396 钳子将 5 挡和 6 挡同步器毂卡环 1 从输入轴上拆下并报废。 注意：为了方便卡环的拆卸，使用 DT-46759 套筒敲下同步器毂	
	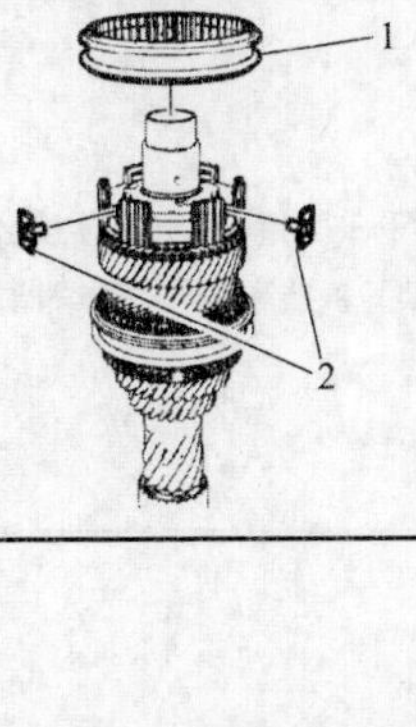	(5) 拆下 5 挡和 6 挡同步器接合套 1。 (6) 拆下 3 个 5 挡和 6 挡同步器滑块 2。	

续上表

检修内容	图　示	检修步骤	工作记录
输入轴的拆卸	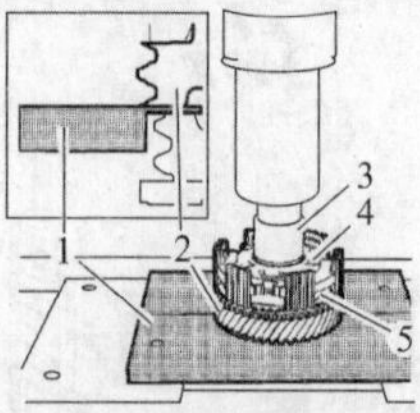	(7)将输入轴3从5挡和6挡同步器毂4、5挡齿轮锁环5和5挡齿轮2压出。如放大图所示，使用DT-51447拆卸工具1支撑5挡齿轮。 注意：压出完成前固定住输入轴，不得将输入轴掉到地上	
	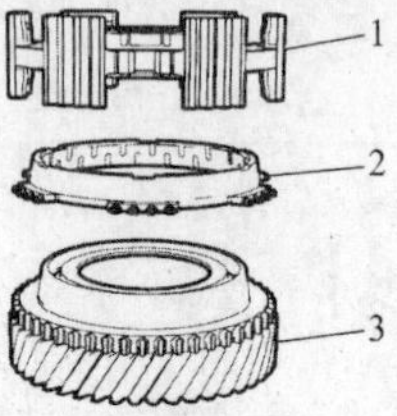	(8)拆解拆下的组件。将5挡和6挡同步器毂1从5挡齿轮3上拆下。拆下5挡齿轮外锁环2。	
	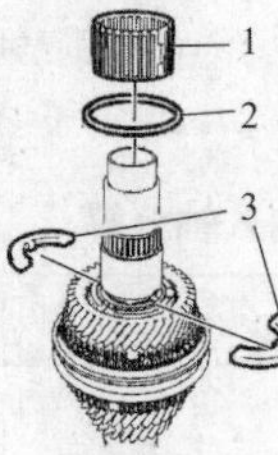	(9)从输入轴上拆下5挡齿轮轴承1。 (10)拆下4挡齿轮推力垫圈卡环2。 (11)拆下4挡齿轮推力垫圈3。	
	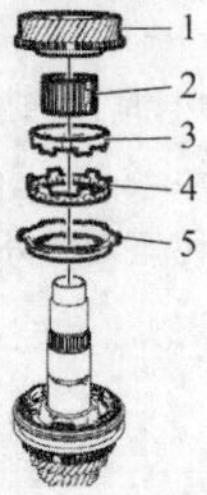	(12)从输入轴上拆下4挡齿轮1。 (13)拆下4挡齿轮轴承2。 (14)拆下4挡齿轮内锁环3。 (15)拆下4挡齿轮中间锁环4。 (16)拆下4挡齿轮外锁环5。	
	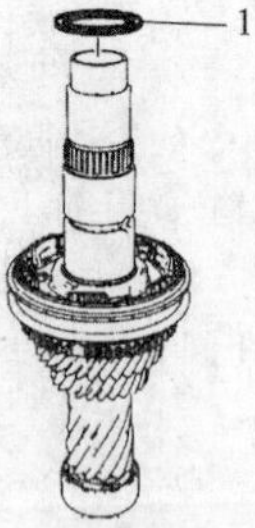	(17)使用GE-396钳子将3挡和4挡同步器毂卡环1从输入轴上拆下并报废。 注意：为了方便卡环的拆卸，使用DT-46759套筒敲下同步器毂	
	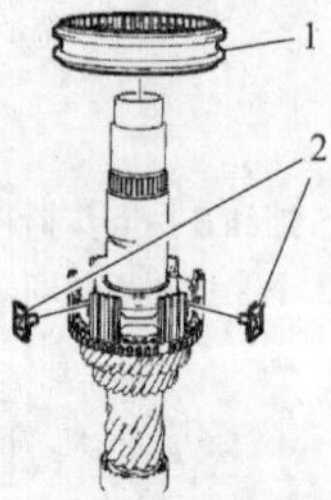	(18)拆下3挡和4挡同步器接合套1。 (19)拆下3挡和4挡同步器滑块2。	

续上表

检修内容	图示	检修步骤	工作记录
输入轴的拆卸	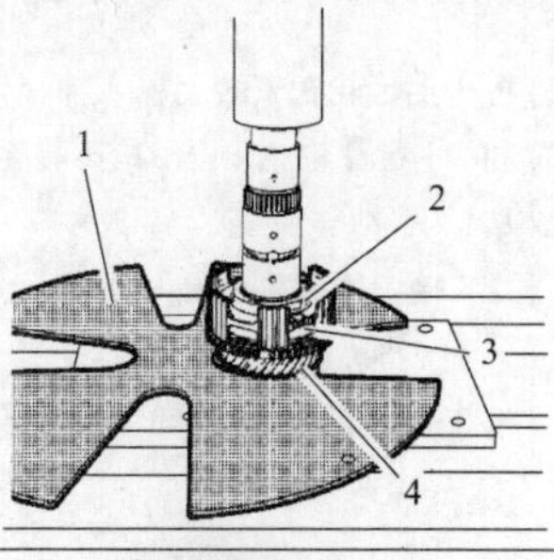	(20)将输入轴从3挡和4挡同步器毂2、3挡齿轮锁环3和3挡齿轮4压出。使用DT-307-B板1支撑3挡齿轮。 注意:压出完成前固定住输入轴,不得将输入轴掉到地上	
	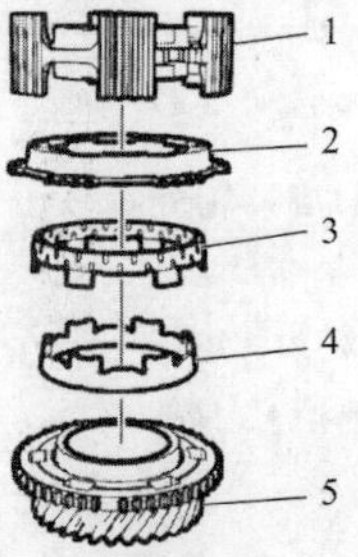	(21)拆解拆下的组件。将3挡和4挡同步器毂1从3挡齿轮5上拆下。拆下3挡齿轮外锁环2。拆下3挡齿轮中间锁环3。拆下3挡齿轮内锁环4。	
	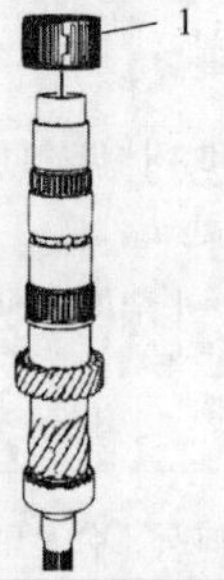	(22)拆下3挡齿轮轴承1。在凹槽处小心打开3挡齿轮轴承,足以拆下轴承即可。将3挡齿轮轴承从输入轴上拆下。	
	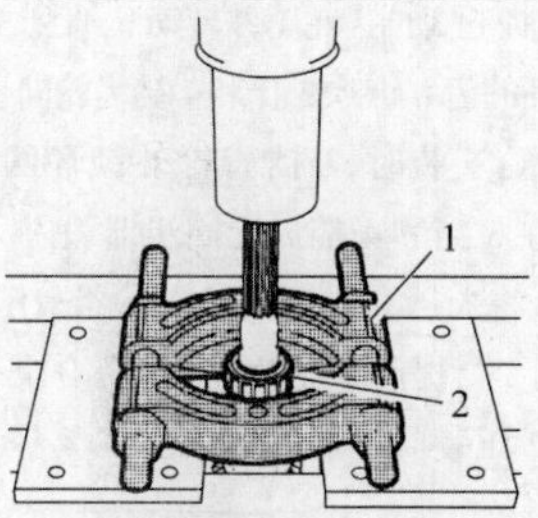	(23)使用DT-22912-B拆卸工具1支撑输入轴轴承,将输入轴从输入轴轴承2中压出。 注意:压出完成前固定住输入轴,不得将输入轴掉到地上	
输入轴的装配	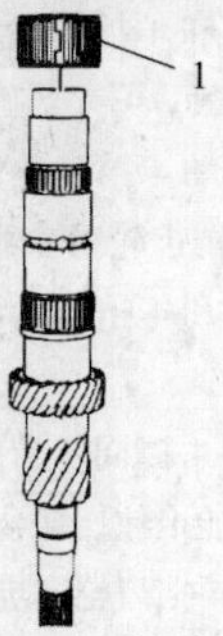	(1)将3挡齿轮轴承1安装至输入轴。	

续上表

检修内容	图示	检修步骤	工作记录
输入轴的装配	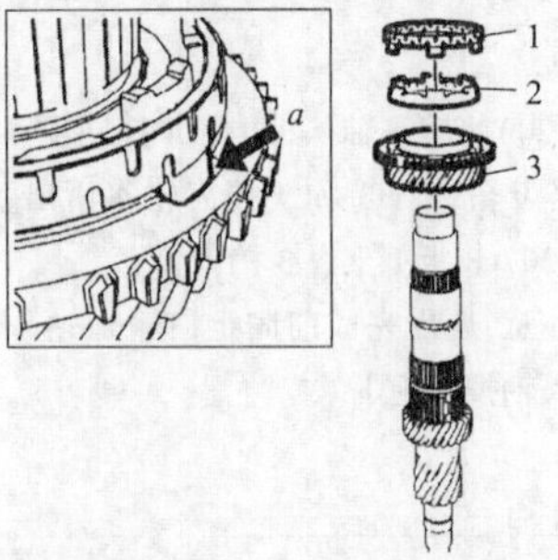	(2) 将 3 挡齿轮 3 安装至输入轴。 (3) 将 3 挡齿轮内锁环 2 安装至 3 挡齿轮。 注意：3 挡中间锁环的凸耳必须卡入 3 挡齿轮 a。 (4) 将 3 挡齿轮中间锁环 1 安装至 3 挡齿轮	
	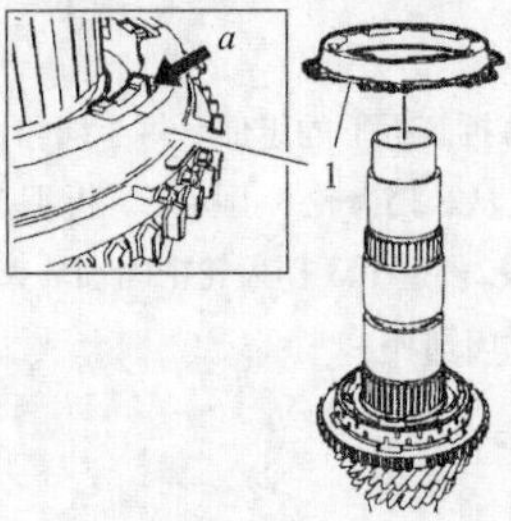	(5) 将 3 挡齿轮外锁环 1 安装至 3 挡齿轮。 注意：3 挡齿轮内锁环的凸耳必须卡入 3 挡齿轮外锁环 a。	
	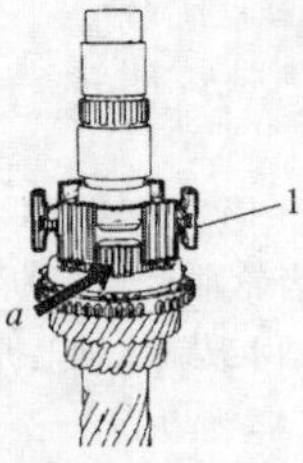	(6) 将 3 挡和 4 挡齿轮同步器毂 1 放置在输入轴的传动处 a。 注意：3 挡和 4 挡齿轮同步器毂不分上下	
	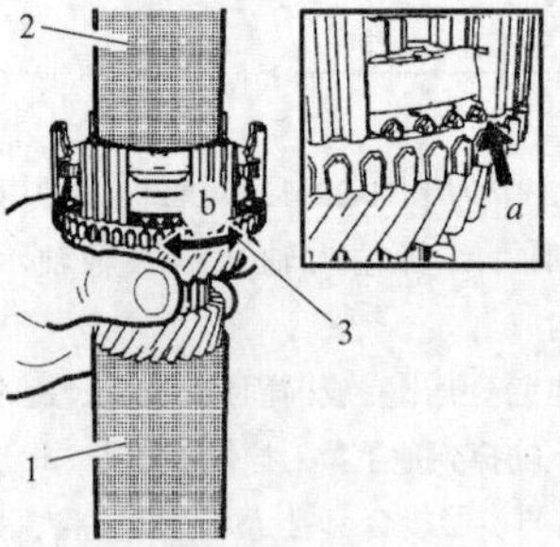	(7) 将输入轴安装至 DT-46759 套筒 1。 (8) 提起 3 挡齿轮 1 并转动 b，直到 3 挡齿轮外锁环的齿 a 卡入 3 挡和 4 挡齿轮同步器毂。 注意：安装时，3 挡齿轮外锁环的齿必须保持在 3 挡和 4 挡齿轮同步器毂内 (9) 将 3 挡和 4 挡齿轮同步器毂压装在输入轴时，提起 3 挡齿轮，使用 DT-514 安装工具 2 压装同步器毂。	
	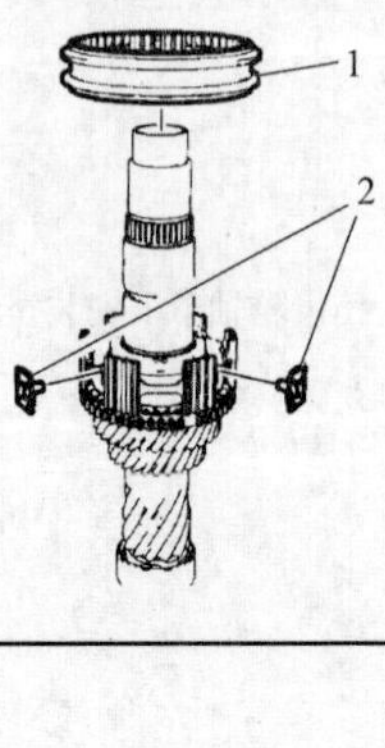	(10) 将 3 挡和 4 挡齿轮同步器接合套 1 安装至同步器毂。 (11) 将 3 挡和 4 挡齿轮同步器滑块 2 安装至 3 挡和 4 挡齿轮同步器毂。 (12) 将 3 挡和 4 挡齿轮同步器接合套挂入空挡。 注意：3 挡和 4 同步器接合套只有处于正确位置时才能卡住。接合套齿的凹面必须安装在 3 挡和 4 挡齿轮同步器滑块所在位置	

续上表

检修内容	图示	检修步骤	工作记录
输入轴的装配	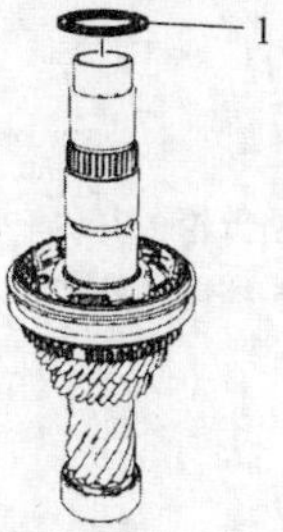	(13)使用 GE-396 钳子将 3 挡和 4 挡齿轮同步器卡环 1 安装至输入轴。	
	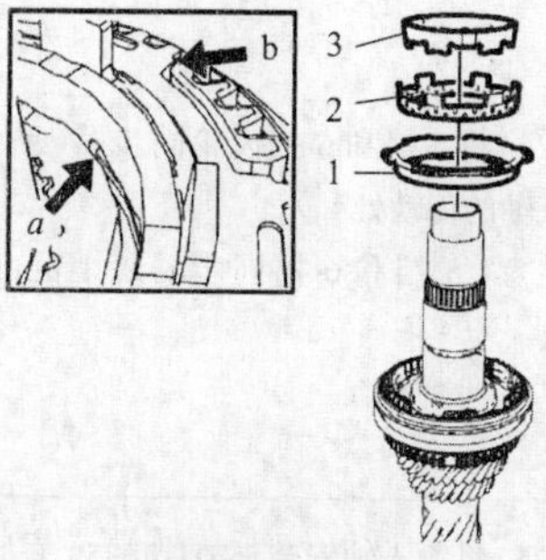	(14)安装 4 挡齿轮锁环。注意：4 挡齿轮外锁环的齿必须位于 3 挡和 4 挡齿轮同步器毂 b 内。将 4 挡齿轮外锁环 1 安装至 3 挡和 4 挡齿轮同步器毂。将 4 挡齿轮中间锁环 2 安装至 3 挡和 4 挡齿轮同步器毂。将 4 挡齿轮内锁环 3 安装至 3 挡和 4 挡齿轮同步器毂。注意:4 挡齿轮内锁环的凸耳必须卡入 4 挡齿轮外锁环 a	
	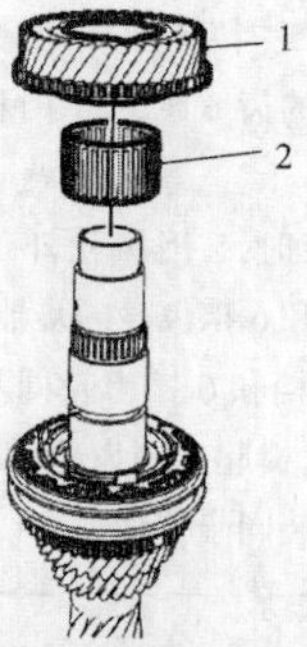	(15)将 4 挡齿轮轴承 2 安装至输入轴。 (16)将 4 挡齿轮 1 安装至输入轴。	
	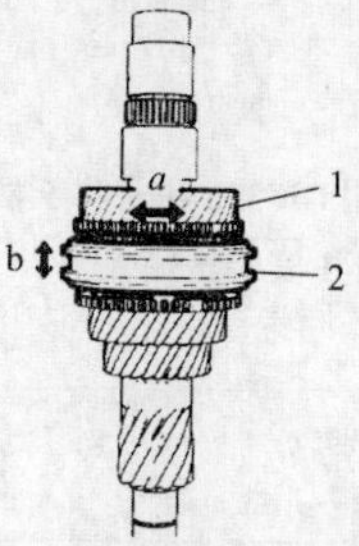	(17)转动 a,4 挡齿轮 1 以卡入锁环。 (18)检查换挡功能是否正确。将 3 挡和 4 挡同步器接合套 2 挂入 3 挡 b。将 3 挡和 4 挡同步器接合套挂入 4 挡 b。将 3 挡和 4 挡同步器接合套挂入空挡。	
	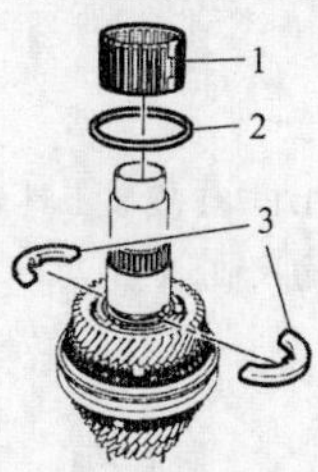	(19)将 2 个 4 挡齿轮推力垫圈 3 安装至输入轴。 (20)安装 4 挡齿轮推力垫圈卡环 2。 (21)安装 5 挡齿轮轴承 1。	

续上表

检修内容	图示	检修步骤	工作记录
输入轴的装配	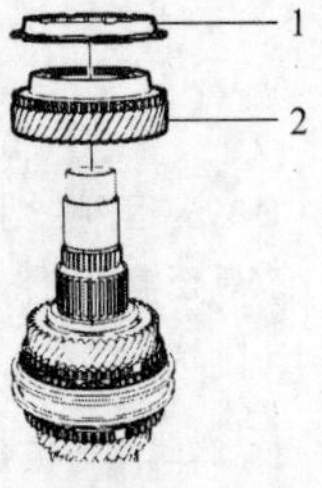	(22) 将5挡齿轮2安装至输入轴。 (23) 安装5挡齿轮外锁环。	
	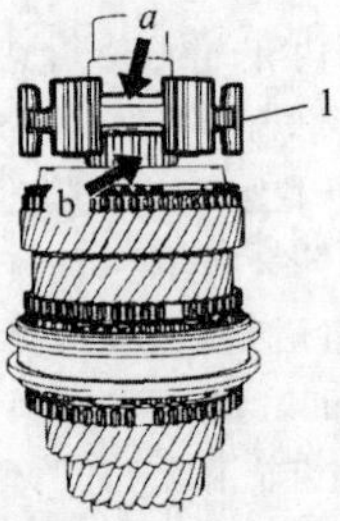	(24) 将5挡和6挡齿轮同步器毂放置在输入轴的传动处b。 注意：5挡和6挡同步器毂1的凸纹a朝上	
	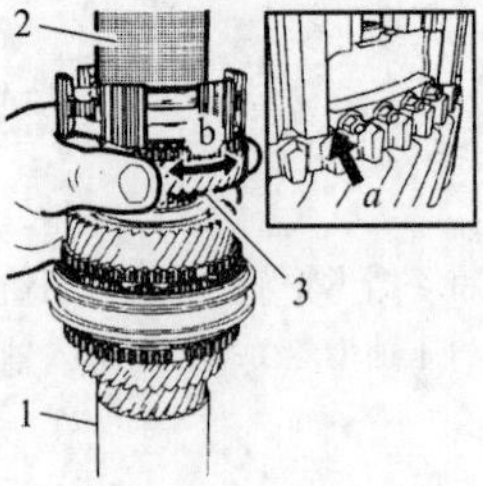	(25) 将输入轴安装至DT-46759套筒1。 (26) 提起5挡齿轮3并转动b，直到5挡齿轮外锁环的齿a卡入5挡和6挡齿轮同步器毂。 注意：安装时，5挡齿轮外锁环的齿必须保持在5挡和6挡齿轮同步器毂内 (27) 将5挡和6挡齿轮同步器毂压装在输入轴上时，提起5挡齿轮，使用DT-514安装工具2压装同步器毂。	
	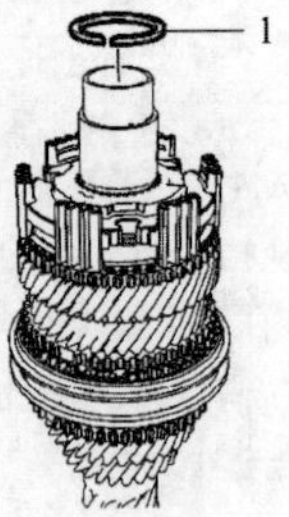	(28) 使用GE-396钳子将5挡和5挡齿轮同步器卡环1安装至输入轴。	
	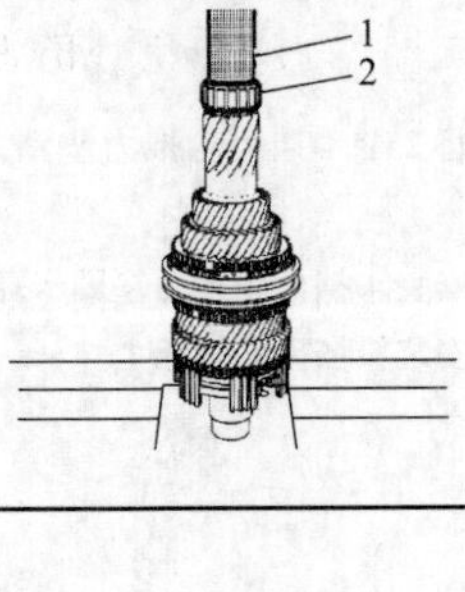	(29) 使用DT-781安装工具1将输入轴轴承2安装至输入轴。	

续上表

检修内容	图示	检修步骤	工作记录
输入轴的装配		(30)将5挡和6挡齿轮同步器接合套1安装至同步器毂。 (31)将5挡和6挡齿轮同步器滑块2安装至5挡和6挡齿轮同步器毂。 (32)将5挡和6挡齿轮同步器接合套挂入空挡。 注意:5挡和6挡同步器接合套只有处于正确位置时才能卡住。接合套齿的凹面必须安装在5挡和6挡齿轮同步器滑块所在位置	
		(33)将6挡齿轮外锁环3安装至输入轴。 (34)安装6挡齿轮轴承2。 (35)安装6挡齿轮1。	
		(36)转动 a,6挡齿轮1以卡入锁环。 (37)检查换挡功能是否正确。将5挡和6挡同步器接合套2挂入5挡 b。将5挡和6挡同步器接合套挂入6挡 b。将5挡和6挡同步器接合套挂入空挡	

(五)变速器的检修

1. 变速器的检修注意事项

1)衬垫、油封

(1)每次修理必须更换密封垫圈和O形圈。

(2)轴油封装入前,在外径涂上一层薄油,在唇形密封圈之间的空隙内填满润滑油脂。

(3)接合面要保持清洁,均匀涂抹密封剂,不要太厚,保持通气孔的通畅。

2)调整垫片

(1)用千分尺多点检测调整垫片不同的公差,可以精确测出所需垫片的厚度。

(2)检查边缘是否有损坏,只准装入完好的调整垫片。

3)挡圈、锁圈

(1)修理中需调整挡圈及锁圈,不要将挡圈过度拉开。

(2)安装时必须将挡圈、锁圈放在规定的槽内并且就位。

(3)每次修理应更换弹簧销,安装位置在纵向槽内。

(4)敲进或敲出换挡拨叉夹紧套筒时要用锤子顶住,以免拨叉轴滑槽变形。

4)螺栓、螺母

(1)固定盖和罩壳的螺栓与螺母应交叉拧紧和拧松。

(2)按规定的力矩拧紧自锁螺栓和螺母。

5)轴承

(1)将滚针轴承(壁厚较大)有标志的一面朝向安装工具。

(2)在轴与轴承之间涂一层润滑油。

(3)变速器内的全部轴承都要使用变速器润滑油,摩擦力矩应予以检查,注油时要特别小心。

2. 变速器的检修

(1)检查所有齿轮和轴承的损坏情况。齿面有轻微斑点,在不影响使用的情况下可以用油石修磨。当齿厚磨损超过0.2mm,齿长磨损超过原齿长的15%,或斑点面积超过齿面15%以上时,则应更换齿轮。装好滚针轴承和内座圈后,用百分表检查齿轮与内座圈之间的间隙,如图3-14所示。标准间隙为0.009~0.060mm,极限间隙为0.15mm,超过极限应更换轴承。

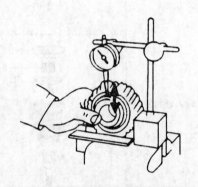

图3-14 检查齿轮与内座圈之间的间隙

齿轮为什么要成对更换?

(2)检查输入轴和输出轴。输入轴和输出轴不应有裂纹,轴径及花键不应有严重磨损,轴上的齿轮不应有断齿和严重磨损,否则应更换。检查轴的径向圆跳动,不应超过0.05mm,否则应更换或校正,如图3-15所示。

(3)同步器检查。将同步环压在各自齿轮的锥面上,按压转动同步环时要有阻力,用塞尺测量环齿与轮齿之间的间隙 a,如图3-16所示。间隙 a 的规定值见表3-6,如果不符合规定,应更换同步环。

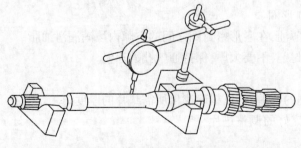

图3-15 检查轴的径向圆跳动

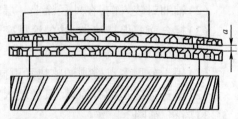

图3-16 检查同步器间隙

同步器环齿与轮齿之间的间隙 a(mm)　　　　表3-6

同 步 环	间 隙 a	
	新的零件	磨损的限度
一挡和二挡	1.10~1.17	0.05
三挡和四挡	1.35~1.90	0.05
五挡	1.10~1.70	0.05

(4)同步器的装配。安装时,同步器凹槽中的细槽应转向装拨叉槽的对面(图3-17)。同步器壳体有三个凹口(图3-18),凹口上有三个凹陷的内齿(图3-19)。弹簧圈弯的一端应嵌入一个滑块中(图3-20)。

想一想

同步器安装中,三个凹口和槽应____,安装销环,装止动弹簧,相互间隙____。

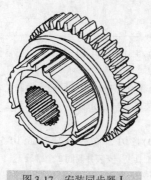

图3-17　安装同步器Ⅰ

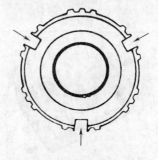

图3-18　安装同步器Ⅱ

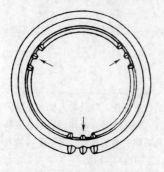

图3-19　安装同步器Ⅲ

图3-20　安装止动弹簧

(六)变速器的装配

别克威朗轿车 M1x 变速器装配步骤见表3-7。

别克威朗轿车 M1x 变速器装配步骤　　　　　　　　表 3-7

检修内容	图示	检修步骤	工作记录
输入轴和主轴轴承板的安装	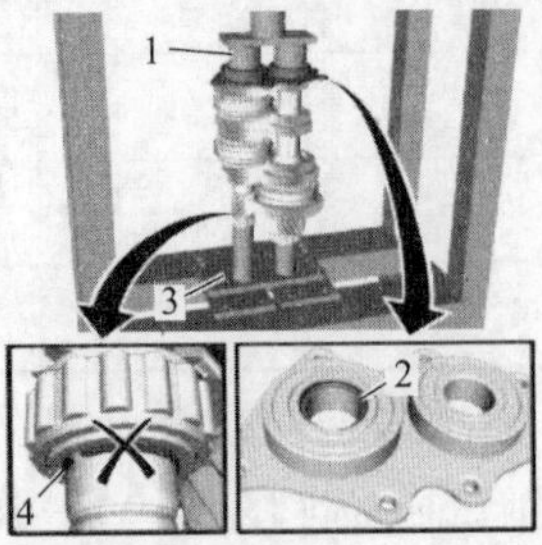	（1）将输入轴和主轴安装至 DT-51303 轴支架 3 上。 （2）将新的输入轴和主轴轴承护圈安装至输入轴和主轴。 （3）将 DT-51446 枢轴 1 安装至输入轴和主轴轴护圈。 （4）将输入轴和主轴轴承护圈压装到这两根轴上。 （5）拆下 DT-51446 枢轴。	
	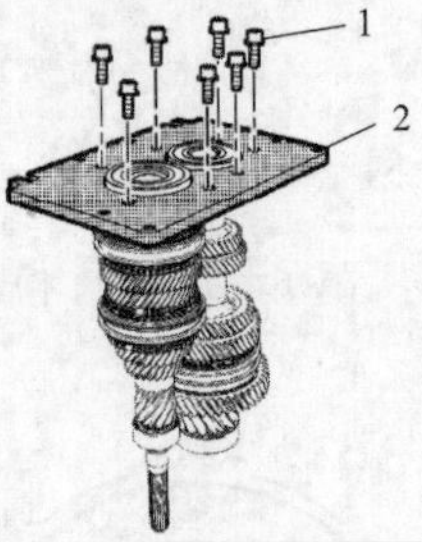	（6）将 DT-51302 板 2 安装至输入轴和主轴轴承护圈。 （7）安装并紧固 7 个螺栓 1。	
	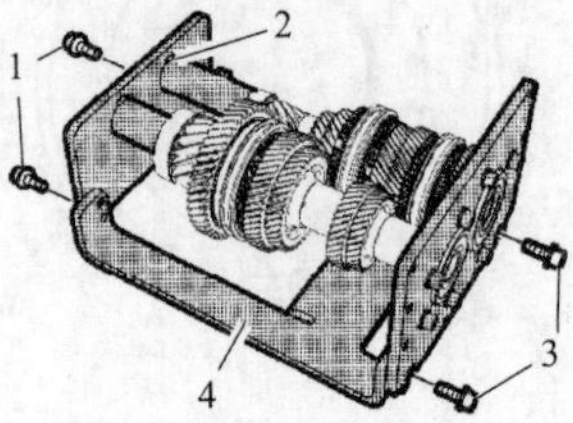	（8）将 DT-51301 固定工具 4 安装至台虎钳。 （9）将 DT-51302 板连同输入轴和主轴总成安装至 DT-51301 固定工具。紧固 2 个螺栓 3。 （10）将 DT-51303 支架 2 安装至 DT-51301 固定工具上。安装并紧固 2 个螺栓 1。	
	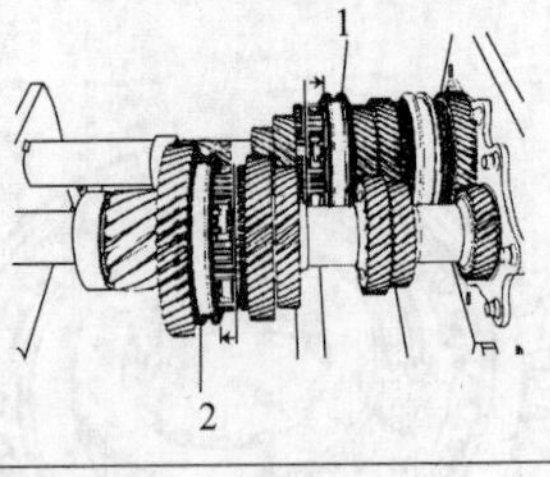	（11）同时挂入 1 挡 2 和 4 挡 1，使轴止动。	
	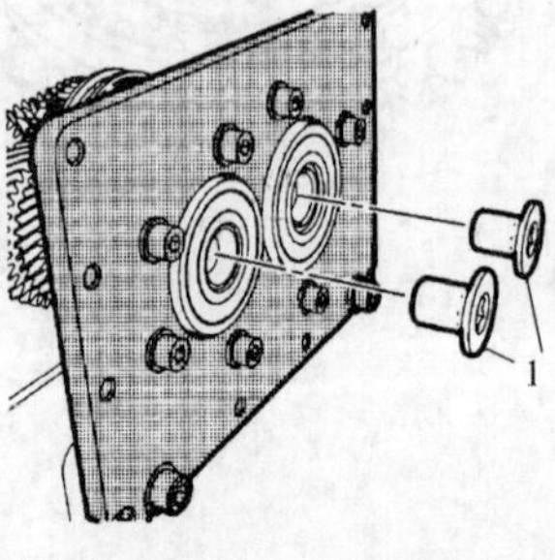	（12）清洁新螺栓 1 以及输入轴和主轴的螺纹。清除新螺栓上的油和润滑脂。重新加工输入轴和主轴的螺纹。清除输入轴和主轴螺纹上的油和润滑脂。 （13）将螺纹锁止胶涂抹到 2 个新螺栓 1 上。 （14）安装 2 个新的输入轴和主轴轴承螺栓 1 并紧固至 68N·m。 （15）挂回空挡。	

续上表

检修内容	图示	检修步骤	工作记录
输入轴和主轴轴承板的安装	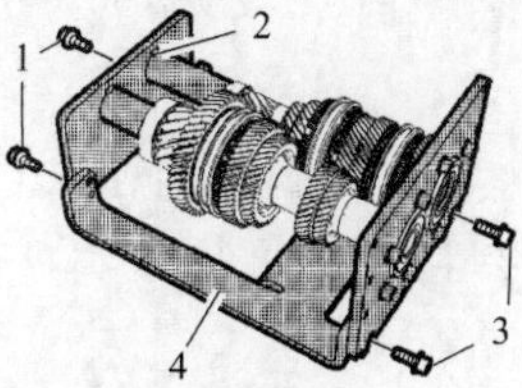	(16)松开2个螺栓1。 (17)将DT-51303支架2从DT-51301固定工具4上拆下。 (18)松开2个螺栓3。 (19)将DT-51302板连同输入轴和主轴总成从DT-51301固定工具上拆下。	
	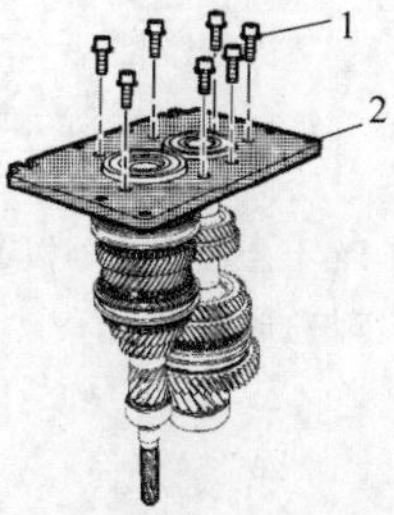	(20)拆下7个螺栓2。 (21)将DT-51302板2从输入轴和主轴轴承护圈上拆下。	
	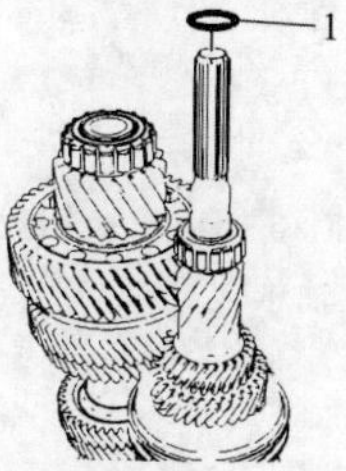	(22)使用卡簧钳安装输入轴轴承固定件1。	
	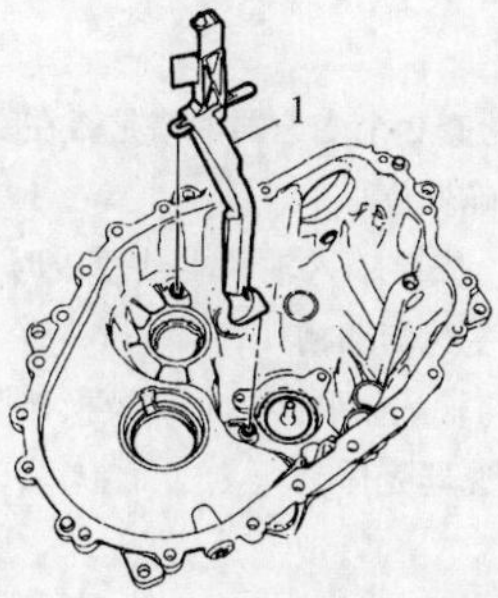	(23)将变速器油槽安装至变速器壳体	
输入轴和主轴总成的安装	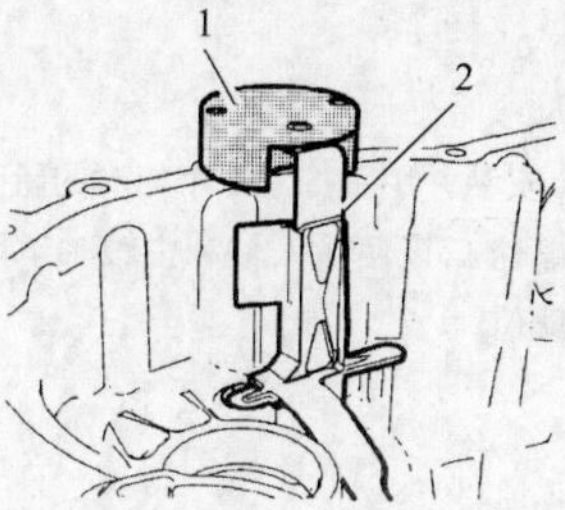	(1)将DT-51445固定工具1安装至变速器油槽(壳体)2。	

续上表

检修内容	图示	检修步骤	工作记录
输入轴和主轴总成的安装	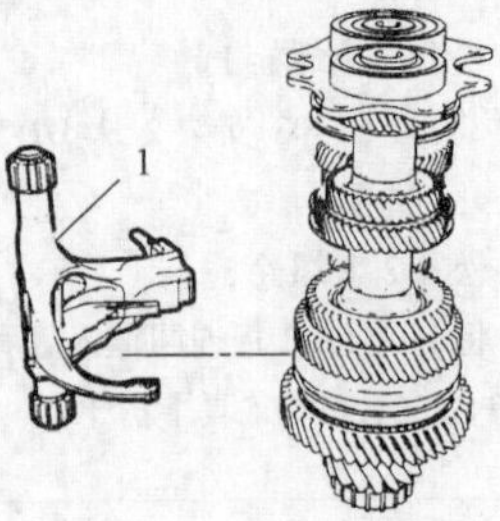	(2)将1挡/2挡齿轮换挡拨叉1安装至输入轴和主轴总成。	
	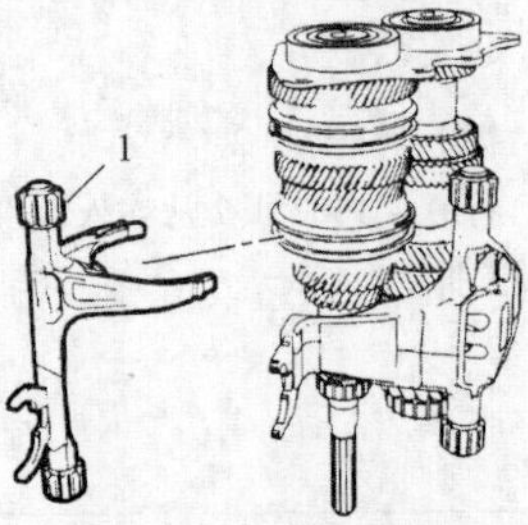	(3)将3挡/4挡齿轮换挡拨叉1安装至输入轴和主轴总成。	
	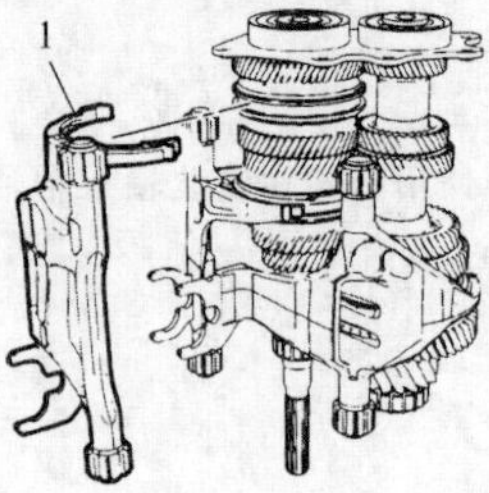	(4)将5挡/6挡齿轮换挡拨叉1安装至输入轴和主轴总成。	
	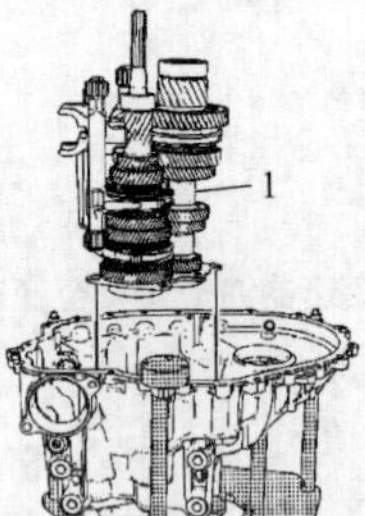	(5)检查2个变速器油槽是否在变速器壳体内正确就位。 注意：安装输入轴和主轴总成时，不要触摸2个变速器油槽 (6)将输入轴和主轴总成及换挡拨叉1安装至变速器壳体。	
	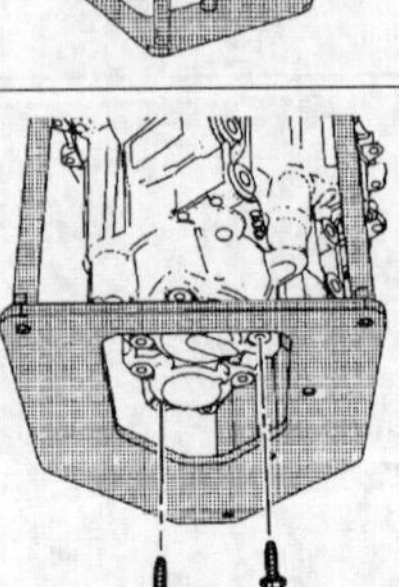	(7)安装并用手拧紧2个相对的新变速器后盖螺栓1，以使输入轴和主轴轴承固定件正确就位	

续上表

检修内容	图示	检修步骤	工作记录
倒挡中间齿轮轴的安装	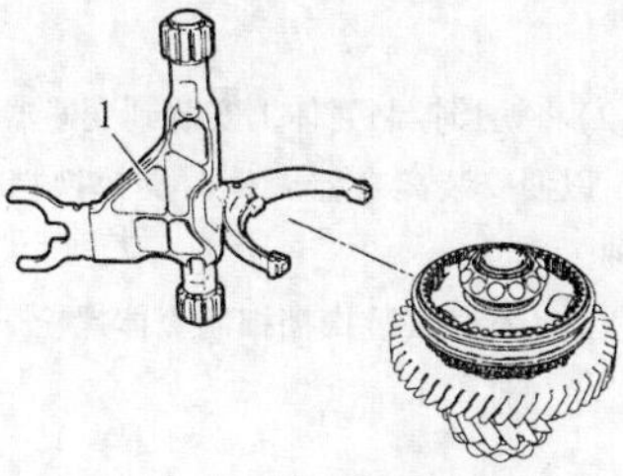	(1)倒挡换挡拨叉1的安装。	
	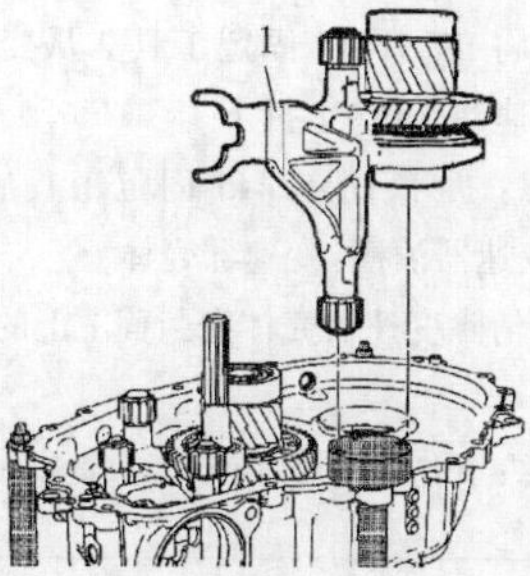	(2)倒挡中间齿轮轴的安装。倒挡惰轮轴和换挡拨叉总成1的安装。	
	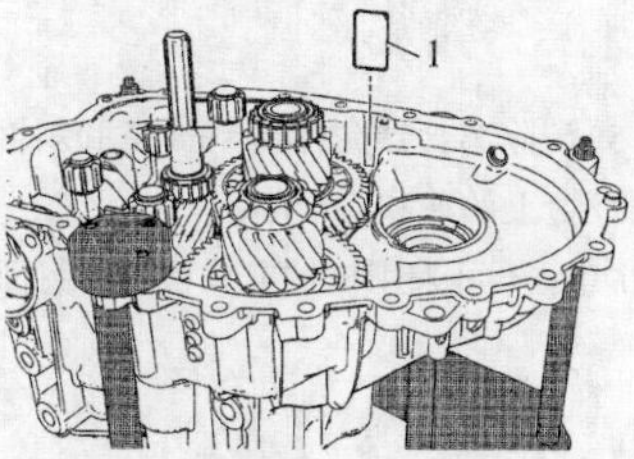	(3)变速器磁铁1的安装。	
	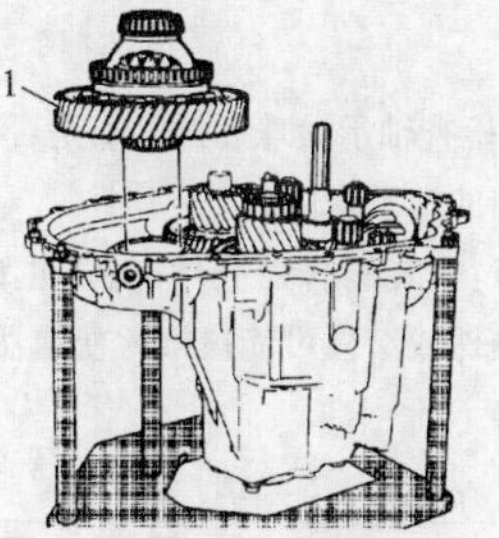	(4)差速器总成1的安装。	
变速器壳体的装配	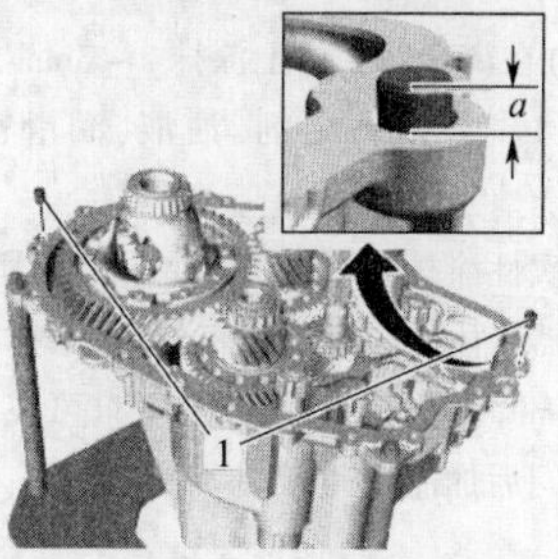	(1)如果安装新的变速器壳体:安装变速器壳体定位销1。用软心轴小心地敲入定位销。距离 a 必须为5.5cm。	

续上表

检修内容	图示	检修步骤	工作记录
变速器壳体的装配	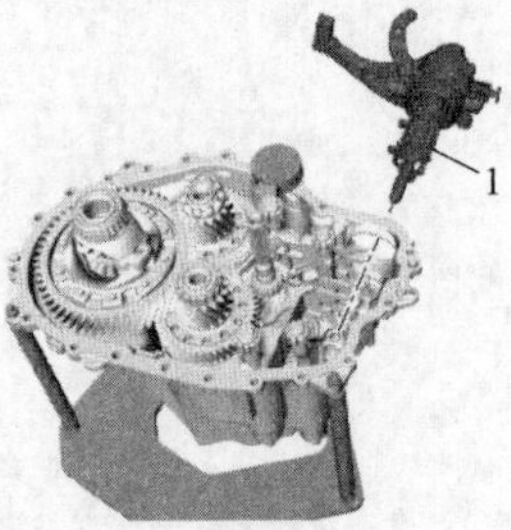	（2）将换挡控制壳体1安装到变速器壳体上。以便安装离合器壳体时支撑换挡拨叉和轴。 注意：不必安装换挡控制壳体螺栓	
		（3）将DT-51445固定工具2从变速器油槽（变速器壳体）上拆下。 注意：拆下DT-51445固定工具后，不要触摸变速器油槽（变速器壳体） （4）清除变速器壳体密封面1上的油和润滑脂。 注意：不可采用机械方式检查密封面	
	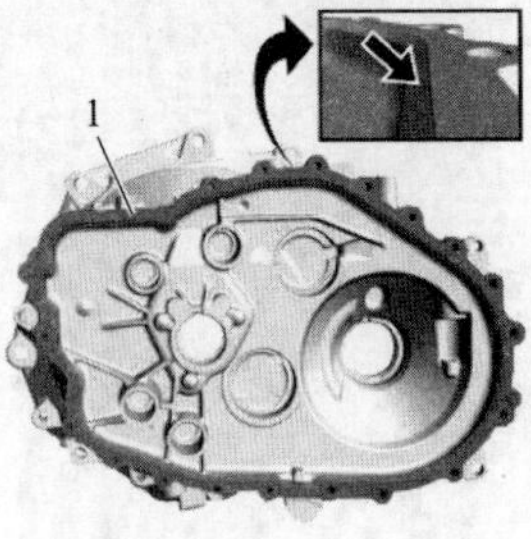	（5）清除离合器壳体密封面1和斜面（箭头所示）上的油和润滑脂。 注意：不可采用机械方式检查密封面	
	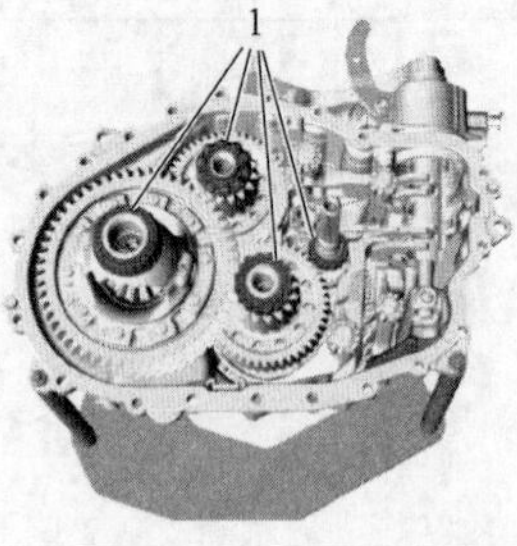	（6）检查轴承滚珠和滚柱1是否正确就位于它们的轴承罩内。 注意：安装离合器壳体时，未正确就位的轴承滚珠或滚柱可能被推入变速器内	
	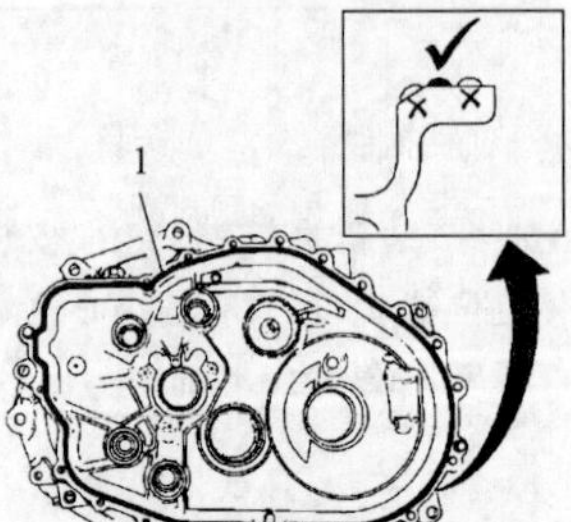	（7）在离合器壳体上涂抹2~3mm厚的密封剂1。参见黏结剂、油液、润滑剂和密封胶。 一次性涂抹好密封剂；如放大图所示，在离合器壳体的边缘涂抹密封剂；涂抹密封剂后15min内安装离合器壳体；只可在24h固化时间后加注变速器油	

续上表

检修内容	图 示	检 修 步 骤	工作记录
变速器壳体的装配	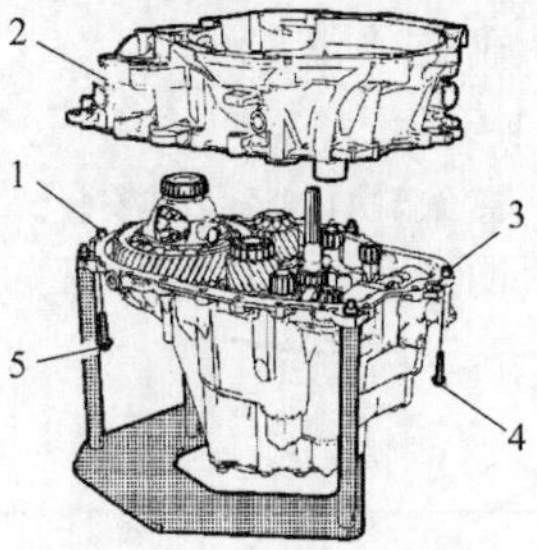	(8)拆下将变速器壳体固定至 DT-51300 支架的 3 个螺母和垫圈。 (9)将离合器壳体 2 安装至变速器壳体。 注意：变速器壳体螺栓较长，换挡控制壳体螺栓较短 (10)安装靠近定位销 1、3 的 2 个变速器壳体螺栓 4、5，并用手紧固它们。	
	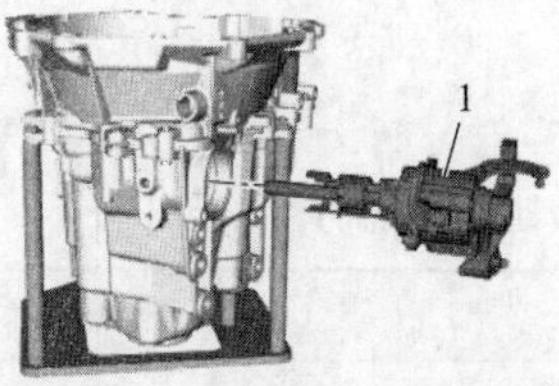	(11)将换挡控制壳体 1 从变速器上拆下。	
	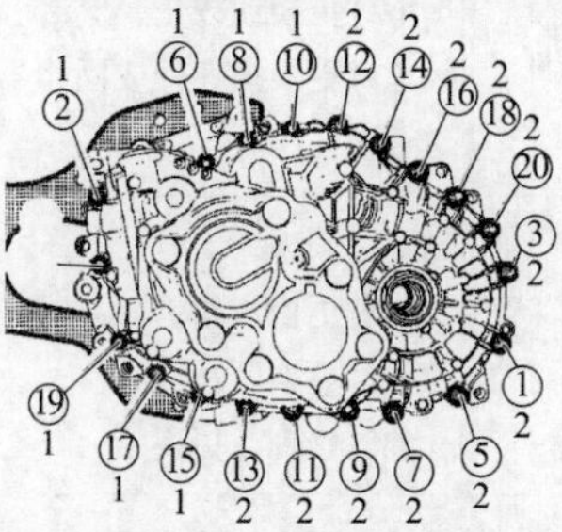	(12)将变速器从 DT-51300 支架上拆下。 (13)将变速器安装至 DT-6115 夹具。 (14)安装剩下的 18 个新的变速器壳体螺栓 1、2。 (15)按顺序紧固变速器壳体螺栓。第一遍：5N·m；第二遍：M6 螺栓为 9N·m；M8 螺栓为 30N·m；最后一遍：再紧固 45°~60°。	
	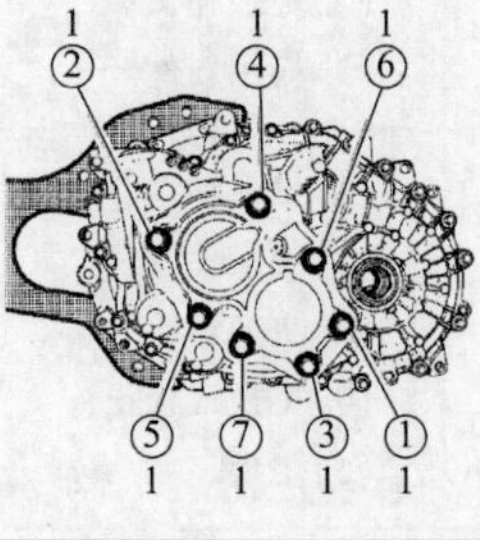	(16)安装剩下的 5 个新的变速器后盖螺栓 1。 (17)按顺序紧固变速器后盖螺栓。第一遍：5N·m；最后一遍：紧固至 29N·m。	
	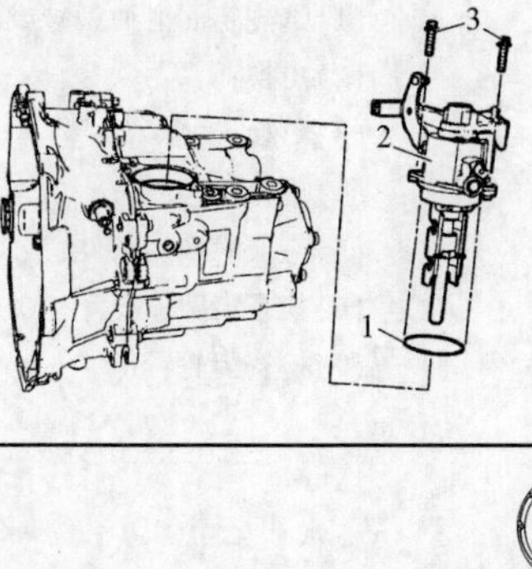	(18)换挡控制壳体 2 的安装。 (19)安装新的 O 形密封圈 1。 注意：换挡控制壳体下轴难以插入轴承内。 (20)安装换挡控制壳体螺栓 3，紧固 22N·m。	

续上表

检修内容	图 示	检修步骤	工作记录
变速器壳体的装配		(21)离合器执行器缸2的安装,安装新的O形密封圈1和螺栓3	

三、学习拓展

手动变速驱动桥的常见故障与排除方法见表3-8。

手动变速驱动桥的常见故障与排除方法　　　　　表3-8

故障现象	故障原因	故障排除方法
换挡困难	(1)换挡杆件调整不当; (2)换挡拨叉弯曲; (3)同步器故障或维修后弹簧安装不正确	(1)调整; (2)更换或校正; (3)更换损坏件或同步器总成或重新装合同步器
自动跳挡	(1)换挡杆件调整不当; (2)齿轮端隙过大; (3)轴承磨损过大; (4)同步器磨损或损伤	(1)调整; (2)更换齿轮; (3)更换轴承; (4)修理或更换
	(1)变速器壳不对中; (2)自锁弹簧弹力不足; (3)拨叉轴定位球槽附近磨损、损伤	(1)紧固螺栓或重新安装; (2)更换弹簧; (3)换用新件
空挡时发响	(1)轴承磨损或发干; (2)输入轴轴承损坏; (3)齿轮磨损及轮齿折断; (4)齿轮磨损或弯曲; (5)导向轴承松动	(1)更换轴承、添加润滑油; (2)更换; (3)更换齿轮; (4)更换或校正; (5)更换
啮合时发响	(1)润滑油型号不对不足; (2)输入轴后轴承磨损; (3)输出轴上的齿轮磨损; (4)同步器磨损或损伤; (5)更换齿轮时没有成对更换; (6)在主、从动锥齿轮或差速器齿轮之间齿隙过大; (7)主、从动锥齿轮或差速器齿轮磨损;	(1)选规定润滑油型号或添足; (2)更换; (3)更换; (4)更换; (5)应成对换用新件; (6)检查齿隙; (7)检查齿轮

续上表

故障现象	故障原因	故障排除方法
啮合时发响	(8)主动锥齿轮轴承有磨损； (9)差速器轴承松脱或磨损	(8)更换轴承； (9)扭紧或更换轴承
漏油	(1)润滑油油面太高； (2)油封有磨损或毁坏； (3)壳体上的紧固螺钉松动； (4)变速器通气管堵塞； (5)轴承固定螺母松脱； (6)变速器壳断裂； (7)前端凸缘松开或磨损	(1)排放多余的润滑油； (2)更换油封； (3)按规定力矩拧紧； (4)检查并排除； (5)更换固定螺母； (6)如必需则修理； (7)扭紧或更换凸缘

四、评价与反馈

1. 自我评价与反馈

(1) 你知道手动变速驱动桥的基本组成吗？（   ）
  A. 知道　　　　　B. 不知道
(2) 你能够完成手动变速驱动桥的基本检查吗？（   ）
  A. 能够完成　　　B. 在小组协作下能够完成　　　C. 不能完成
(3) 你能够完成轿车变速驱动桥的拆卸与装配吗？（   ）
  A. 能够完成　　　B. 在小组协作下能够完成　　　C. 不能完成
(4) 完成了本学习任务后，你感觉困难的部分是哪些？
_____
_____

       签名：_____　____年____月____日

2. 小组评价与反馈

(1) 你们小组在接到任务之后分工明确吗？_____
(2) 你们小组每位组员都能轮换操作吗？_____
(3) 遇到难题时你们分工协作吗？_____
(4) 对于小组其他成员有何建议？
  参与评价的同学签名：_____　____年____月____日

3. 教师评价及回复

_____
_____
_____

       教师签名：_____　____年____月____日

五、技能考核标准

技能考核标准见表3-9。

技 能 考 核 标 准　　　　　　　　表3-9

序号	项目	操 作 内 容	规定分	评 分 标 准	得分
1	准备	(1)清点工具、量具； (2)清理工位	5分	酌情扣分	
2	拆卸	(1)支架上固定变速器总成； (2)变速器后盖的分解； (3)拆卸一挡和二挡拨叉； (4)拆输入轴五挡齿轮和同步器； (5)拆输出轴五挡齿轮； (6)拆下输入轴和输出轴； (7)拆卸变速器自锁和互锁装置； (8)拆下差速器总成； (9)输入轴的分解； (10)输出轴的分解	4分 4分 4分 4分 4分 4分 4分 4分 4分 4分	(1)操作不当扣1~4分； (2)操作不当扣1~4分； (3)操作不当扣1~4分； (4)操作不当扣1~4分； (5)操作不当扣1~4分； (6)操作不当扣1~4分； (7)操作不当扣1~4分； (8)操作不当扣1~4分； (9)操作不当扣1~4分； (10)操作不当扣1~4分	
3	检查	衬垫、油封、调整垫片、挡圈、锁圈、螺栓、螺母、轴承、齿轮、输入轴、输出轴、同步器	10分	(1)每漏检一项扣2分； (2)检查不当扣1~10分	
4	安装	(1)同步器装配； (2)输入轴齿轮的装配； (3)输出轴与齿轮的装合； (4)变速器轴承支座的拆装； (5)变速器后盖的装配	5分 5分 5分 5分 5分	(1)操作不当扣1~5分； (2)操作不当扣1~5分； (3)操作不当扣1~5分； (4)操作不当扣1~5分； (5)操作不当扣1~5分	
5	时间	60min	5分	(1)超时1~10min扣1~5分； (2)超时10min以上扣5分	
6	安全文明	无安全隐患，无不文明操作	5分	未达标扣1~5分	
7	结束	(1)工具、量具清洁并归位； (2)工作场地清洁	5分 5分	(1)漏一项扣1分，未做扣5分； (2)清洁不彻底扣1~5分，未做扣5分	
		总分	100分		

学习任务四　自动变速器的基本检查

任务要求

完成本学习任务后,你应该:
1. 掌握自动变速器的组成;
2. 掌握自动变速器的挡位设置;
3. 理解自动变速器的基本换挡原理;
4. 了解 ATF 的作用;
5. 在老师的帮助下,能够确定自动变速器的基本检查项目;
6. 按照工单完成自动变速器进厂的基本检查项目。

建议学时:8 学时

任务描述

一辆丰田卡罗拉轿车的驾驶员反映,在行车过程中自动变速器时有换挡冲撞。打开点火开关,进行换挡动作,仪表板上的挡位指示灯正常显示,但起动发动机,无论将变速杆置于何挡,挡位指示灯都显示错误,但自动变速器工作正常,需对系统进行检查。

一、理论知识准备

汽车自动变速器起源于对手动变速器的改造,汽车上最早采用的自动变速器是液力自动变速器,目前,电控自动变速器已经完全取代了液力自动变速器。目前,自动变速器已经成为轿车的标准配置。

(一)自动变速器的特点

(1)提高了发动机和传动系统的使用寿命。自动变速器车辆的发动机与传动系统之间通过液力变矩器相连,液体传动具有良好的缓和冲击及过载保护作用。据统计,与装配手动变速器的车型相比,装配自动变速器的车辆发动机寿命提高了50%,传动系统寿命提高了75%以上。

（2）驾驶和换挡操作简单。自动变速器通常采用行星齿轮等常啮合齿轮组,降低了换挡过程的齿轮冲击。因为取消了离合器,驾驶员换挡操作变得简单、轻便。

（3）降低了废气排放。自动变速器的电子控制单元能够根据行驶状况和需求自动换挡,使发动机基本达到最佳工作状态,有效地降低了排放,减轻了空气污染。

（4）故障的自我诊断功能。自动变速器的电子控制单元具有故障的自我诊断功能。

（5）传动效率低,速度变化响应慢。

（6）结构较复杂。

 想一想

为什么要发展自动变速器技术？

随着社会经济的发展,越来越多非专业驾驶员驾驶车辆出行,装配手动变速器的车辆,行驶中换挡频率高,且操作复杂;而装配自动变速器的车辆换挡操作简单,大部分动作由自动变速器完成,如图4-1所示。

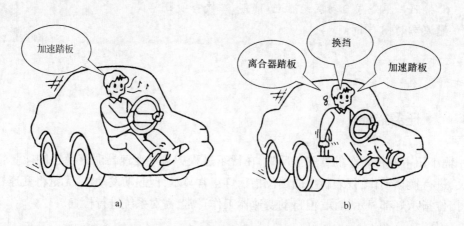

图4-1 自动变速器和手动变速的区别

装配手动变速器的车辆为_____（图4-1a)/图4-1b),驾驶员在完成换挡的时候操作_____（简单/复杂）。

装配自动变速器的车辆为_____（图4-1a)/图4-1b),驾驶员在完成换挡的时候操作_____（简单/复杂）。

（二）自动变速器的类型

自动变速器按变速类型的不同分为有级自动变速器和无级自动变速器,按驱动形式的不同分为前驱自动变速器(自动驱动桥)和后驱自动变速器,按变速机构特点的不同分为普通齿轮式、行星齿轮式和无级传动式,按控制方式的不同分为液力控制式和电液控制式。

(三)自动变速器的挡位设置

自动变速器的挡位因车型不同而有所差别,通常设置有P、R、N、D、3、2、1(L)等挡位。丰田卡罗拉车型的自动变速器挡位设置如图4-2所示。

P——驻车挡,在驻车或起步时选用。

R——倒挡,在倒车时选用。

N——空挡,起动发动机时选用。

D——前进挡,操纵手柄位于该位置时,自动变速器的控制系统能根据车速、节气门开度等因素的变化,按照设定的换挡规律自动变换挡位。该挡在一般路况下正常行驶时采用。

2——二挡(有的车型设为S挡),一般在弯道较多的下坡山路选用,车辆在此挡时,能够利用发动机制动降低车速,从而保证车轮制动器发挥良好的制动效果。

1——低挡(有的车型设为L挡)、一挡,保证车辆的动力性,用以通过各种无路、坏路地段。

图4-2 丰田卡罗拉自动变速器

 小提示

装配有自动变速器的车辆在等待交通信号或停车时间较短时,不需要将挡位从D挡换出,只需用行车制动器停车即可。

(四)自动变速器基本组成

目前,广泛应用的自动变速器多为电控自动变速器,主要由液力变矩器、行星齿轮机构、换挡执行元件、液压控制系统和电子控制系统组成,如图4-3所示。

1. 液力变矩器

液力变矩器位于自动变速器的最前端,安装在发动机的飞轮上,作用与采用手动变速器汽车中的离合器相似,主要包括泵轮、涡轮、导轮、导轮单向离合器及锁止离合器等元件。

2. 行星齿轮机构

绝大多数厂家都使用行星齿轮式的自动变速器,行星齿轮机构主要包括太阳轮、行星齿轮、行星架和内齿圈等元件。

3. 换挡执行元件

换挡执行元件包括离合器、制动器和单向离合器等元件。

4. 液压控制系统

液压控制系统是由阀体、各种控制阀、油路组成。主要包括油泵、滤清器、调压阀、信号阀、换挡阀等元件。

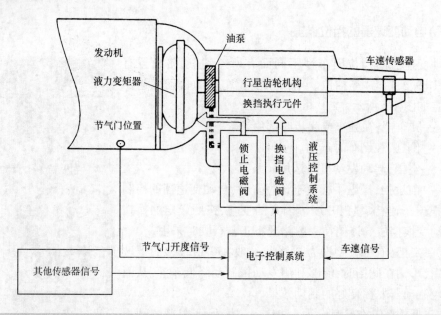

图4-3 电控自动变速器的组成

5. 电子控制系统

电子控制系统主要包括各种传感器、电控单元、电磁阀、自诊断系统等元件。

(五)自动变速器的工作原理

自动变速器中的液力变矩器利用液力传动,将发动机的动力传递给行星齿轮机构。同时,电子控制系统根据节气门位置传感器、车速传感器等各种传感器的输入信号控制电磁阀的通断状态。液压系统根据电磁阀的控制来操纵换挡执行元件(离合器、制动器),换挡执行元件控制行星齿轮机构的旋转方向和传动比,实现自动变速换挡,如图4-4所示。

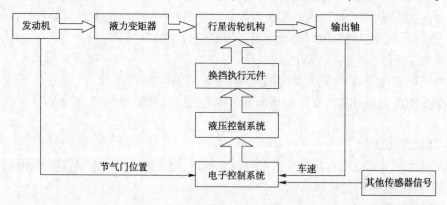

图4-4 自动变速器的工作原理

自动变速器利用换挡阀的移动,控制油道的开关来实现自动换挡。电控自动变速器的换挡阀是一个电磁控制式油路流向控制阀,由阀体、阀芯、复位弹簧、油腔、进出油口等组成,如图4-5所示。

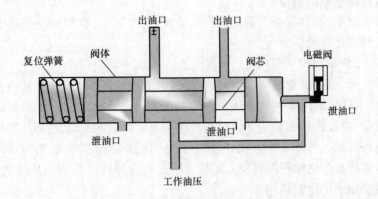

图 4-5　换挡阀

车辆行驶时,自动变速器的电子控制系统根据车辆行驶参数,确定行驶挡位。在低挡行驶时换挡电磁阀不通电,_____(打开/关闭)泄油口。换挡阀阀芯在复位弹簧的作用下_____(右/左)移,关闭高速挡油路,同时打开低速挡油路,自动变速器工作于_____(低速/高速)挡,如图4-6a)所示。

需要换入高速挡时,自动变速器电子控制系统控制换挡电磁阀通电,_____(打开/关闭)泄油口。换挡阀阀芯受到右侧油压的作用力向_____(右/左)移动,关闭低速挡油路,同时打开高速挡油路,自动变速器换入高速挡。如图4-6b)所示。

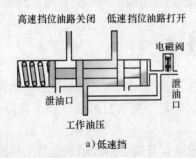
a) 低速挡

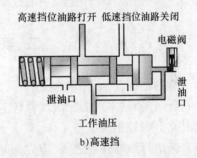
b) 高速挡

图 4-6　自动换挡原理

(六)自动变速器油液

自动变速器油液(简称 ATF)在自动变速器中起着极其重要的作用,在液力变矩器中 ATF 传递发动机动力,在液压系统中 ATF 输送工作液压力,另外 ATF 还具有自动变速器的润滑和冷却功能。

1. 自动变速器油液的选用

自动变速器的油液是含有特殊添加剂的混合液,自动变速器油液添加了多种化学添加剂,以保证油液的耐久性和综合性能。例如自动变速器添加清洁剂,帮助保持变速器部件的清洁,也添加分解剂,使杂质悬浮在油液中,便于滤清器过滤。所以自动变速器油液应选用车辆生产厂家规定的牌号和型号。

2. 自动变速器油液的液位

在自动变速器中,始终保持正确的液位至关重要,换言之,在自动变速器中应始终保持适量的自动变速器工作液。

1) 低液位,工作液过少

如果液位太低,油泵会吸入空气,导致空气混入工作液。空气混入工作液会降低液压控制系统的液压,会导致阀门或其他液压元件的不正确动作。施加在离合器和制动器活塞上的液压将会过低,离合器和制动器工作时间会延长并会发生打滑现象,离合器和制动器使用寿命缩短并出现故障。另外,因为运动机件不能得到充分冷却和润滑,有可能因过热而发生运动机件被卡住以及产生噪声的现象。工作液不足也会导致工作液品质迅速降低,因为空气混入工作液会加速工作液氧化。

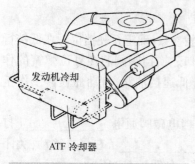

图 4-7　自动变速器的 ATF 冷却器

2) 高液位,工作液过多

如果液位过高,行星齿轮和其他旋转部件部分浸在工作液中,会发生搅拌工作液现象,以致在工作液中产生气泡。如果这些气泡进入液压控制系统,液压控制系统的液压会下降,会导致在液压不足时产生各种问题。

3. 自动变速器油液的冷却

自动变速器油液温度升高会导致品质和性能的下降、使用寿命缩短。为了维持 ATF 的正常温度,自动变速器中装配有专门的自动变速器油液冷却器,如图 4-7 所示。

二、实 践 操 作

自动变速器结构复杂,技术含量高,其出现故障,在故障不明确、维修资料不健全的情况下,仅凭一般性经验是不可能完成维修任务的,因而绝对不能盲目拆装自动变速器,而应根据具体情况充分做好相关准备工作。

故障车辆进行维修作业之前,应先询问客户,根据客户描述的故障现象对车辆的故障做大致分析,粗略判断出车辆可能的故障部位和故障原因,然后对车辆进行基本检查、试车及必要的试验测试,若有必要,再将自动变速器从车辆上拆卸下来进行进一步检修作业。自动变速器的一般维修流程如图 4-8 所示。

(一)实践准备

在拆装、检测、维修自动变速器之前,应注意三个方面的准备工作,即安全操作准备、工具设备及维修资料的准备。

(1) 丰田卡罗拉轿车一辆。

(2) 常用工具。

(3) 自动变速器解码器。

(4) 干净的抹布。

(5) 维修手册、工单。

a)道路试验确认现象

b)电脑检测辨别部位

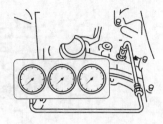
c)基本检查验证原因

d)性能检测缩小范围

e)数据比较判断真伪

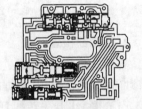
f)按图索骥进行维修

图 4-8　自动变速器的一般维修流程

(二)技术要求及注意事项

1. 注意事项

(1)正确选择和使用维修中需要的工具、量具。

(2)应保持手的清洁,防止工具在使用中脱落,不允许使用棉纱等易脱屑物接触自动变速器零件。

(3)不要将尖锐物放入口袋,以免扎伤自己或刮伤车辆。

(4)举升汽车时,正确选择支撑点,及时恰当地使用保险装置和采用保险措施。

(5)操作车间应保持地面清洁,不得有任何洒落物,消除事故隐患。

(6)维修过程中注意防火、防止意外事故的发生。

2. 技术参数

(1)丰田卡罗拉的自动变速器型号为 A245E。

(2)丰田卡罗拉发动机的正常怠速转速为 750~850r/min。

(3)车辆热车时要求发动机和传动桥的正常温度为 70~80℃。

(三)自动变速器基本检查

1. 自动变速器的识别

自动变速器维修之前,应确认型号,以便于维修资料的查询和参数数据的确定,保证正确的诊断、拆卸、维修和安装工序以及选用正确的零部件,保证维修质量。

很多自动变速器壳体都有铭牌,如图 4-9 所示。铭牌标示有自动变速器的生产公司名称、型号、生产序号的代码等信息。

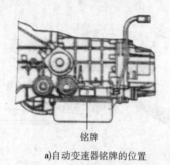

a) 自动变速器铭牌的位置　　　　　　b) 铭牌内容

图4-9　自动变速器的铭牌

2. 自诊断检查

查看故障指示灯,通过自诊断系统判断自动变速器是否存在故障。若存在故障,使用故障诊断仪读取故障码,根据故障码的含义进行维修。

(1)将点火开关转到 OFF 位置,等待 5s 以上。
(2)将点火开关转到 ON 位置,但不起动发动机。
(3)观察仪表板故障指示灯是否亮起。
(4)取消超速挡,检查超速挡指示灯是否闪烁。

 小提示

维修时应特别注意,自动变速器发生故障时,不一定都产生故障码。故障码只是对一定范围的故障进行一种提示。维修人员不应该仅仅依赖故障码,而应综合分析故障。

3. 发动机怠速的检查

发动机怠速不正常,会导致自动变速器的工作出现异常。怠速过高,会引起自动变速器的换挡冲击、异响等故障。怠速过低,会引起自动变速器起步熄火或颤抖等故障。

发动机热车后,分别将选挡杆置于 P 位或 N 位,关闭空调及其他所有用电设备,待发动机怠速稳定后,读取发动机转速表指示的转速。

4. 自动变速器油液的检查

1)油面高度检查

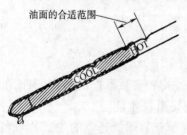

图4-10　油面高度检查

(1)起动车辆,使发动机和传动桥达到正常工作温度(油液温度70~80℃)。
(2)将车辆停于水平地面,拉起驻车制动器操纵杆。
(3)在发动机怠速及制动踏板踩下的状态下,将选挡杆从 P 位依次拨入各个挡位,然后拨回 P 位。
(4)拉出油尺并擦拭干净,然后完全插回油尺导管。
(5)拉出油尺,检查油面是否在 HOT 位置,如图4-10所示。

小提示

宝马、大众、雪铁龙部分车型的自动变速器,检查液面的方式为溢油孔式。自动变速器的油底壳上有检查液面的装置,如图4-11所示。当液面加注适量时,ATF会从检查口溢出。

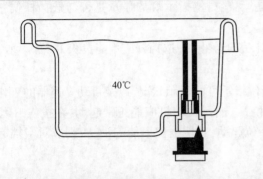
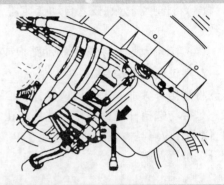

图4-11 溢油孔式检查油液油面

2)油质的检查

油质是分析自动变速器内部问题的重要依据,正常情况下的自动变速器油液(ATF)是红色或粉红色透明液体。如果油液的颜色、状态、气味、黏度发生了变化,说明自动变速器油液已经变质。表4-1列出了自动变速器常见的油液变质现象和故障原因。

自动变速器油液变质现象及故障原因　　　　　　　　表4-1

变质现象	故 障 原 因
暗红色、烧焦味	过热破坏:①使用时间过长;②制动带过紧;③长期在重负荷下工作,摩擦片过度磨损;④装配间隙过小;⑤变矩器打滑;⑥散热器堵塞
牛奶状、芝麻糊	ATF进水,水箱中的水通过散热器进入,应彻底清洗
油液呈黑色、严重烧焦	摩擦片严重打滑、跳挡、不能换挡,应解体修理
油面误差太大	油中有气泡
磁铁上有金属碎末	金属零件磨损:轴承、离合器片、钢片、制动带、油泵、阀体柱塞等磨损
油底壳油液中有碎物	离合器活塞的密封圈老化、装配错误而被破损
油液中有摩擦片碎物	一般出现在刚刚修理的自动变速器中,没有浸泡45min即使用
油中有纤维状物	在修理中使用了易脱落的丝毛纤维物

5. 节气门拉索的检查

节气门的开度影响自动变速器的换挡时刻和换挡品质。发动机熄火后,节气门应全闭,当加速踏板踩到底时,节气门应全开。节气门拉索的索芯不应松弛,套索端和索芯上限位块之间的距离应为0~1mm。

6. 换挡操纵手柄位置检查

(1)车辆静止,未踩下制动踏板时,选挡杆应不能从P位拨出;踩下制动踏板时,选挡杆应能够自由拨动。

(2)选挡杆在P位和N位时,发动机应能正常起动。

(3)将选挡杆分别拨入自动变速器各挡位,观察挡位指示灯的显示是否与选挡杆位置一致。

(4)车辆行驶时,未踩下制动踏板或车辆未完全停止时,选挡杆应不能拨入R位。

7. 挡位开关的检查

将选挡杆分别拨入各挡位置,同时观察挡位指示灯的显示状况,以及自动变速器的工作状态是否与选挡杆位置相符。选挡杆在P位和N位时,发动机应能正常起动;在拨入R位时,倒车灯应点亮。发动机应只能在P位和N位起动,其他挡位不能起动,否则应对空挡起动开关进行调整。

三、学 习 拓 展

1. 发动机起动前检查

参考维修手册完成检查内容并做好记录。

检查结果:自动变速器故障指示灯亮吗?＿＿＿＿＿＿＿＿＿

2. 怠速检查

(1)在P位时,发动机能够起动吗?＿＿＿＿＿＿＿＿＿

(2)在N位时,发动机能够起动吗?＿＿＿＿＿＿＿＿＿

(3)在D、2、L、R等挡位时,发动机能够起动吗?＿＿＿＿＿＿＿＿＿

> **想一想**
>
> 空挡起动开关如果正常,发动机在各个挡位的起动情况。

(4)在P位时,车辆能够移动吗?＿＿＿＿＿＿＿＿＿

(5)在N位时,车辆能够移动吗?＿＿＿＿＿＿＿＿＿

3. 换挡冲击检查

(1)从N位换到R位时,冲击大吗?＿＿＿＿＿＿＿＿＿

(2)从N位换到D位时,冲击大吗?＿＿＿＿＿＿＿＿＿

> **想一想**
>
> 能不能够检查到N位换到D、2位的换挡冲击?

四、评价与反馈

1. 自我评价与反馈

(1) 你知道自动变速器的基本组成吗?（　　）

　　A. 知道　　　　　　B. 不知道

(2) 你能够完成自动变速器进场的基本检查吗?（　　）

　　A. 能够完成　　　B. 在小组协作下能够完成　　　C. 不能完成

(3) 你能够完成自动变速器的拆卸吗?（　　）

　　A. 能够完成　　　B. 在小组协作下能够完成　　　C. 不能完成

(4) 完成了本学习任务后,你感觉困难的部分是哪些?

_____

_____

　　　　　　签名:_____　____年____月____日

2. 小组评价与反馈

(1) 你们小组在接到任务之后分工明确吗?_____

(2) 你们小组每位组员都能轮换操作吗?_____

(3) 遇到难题时你们分工协作吗?_____

(4) 对于小组其他成员有何建议?_____

　　　　　参与评价的同学签名:_____　____年____月____日

3. 教师评价及回复

_____

_____

　　　　　　教师签名:_____　____年____月____日

五、技能考核标准

技能考核标准见表4-2。

技能考核标准　　　　　　　　　　　　　　　　表4-2

序号	项目	操作内容	规定分	评分标准	得分
1	准备	(1) 清点工具、量具; (2) 清理工位	5分	酌情扣分	
2	型号识别	(1) 举升车辆; (2) 查找自动变速器铭牌,记录铭牌信息; (3) 确定自动变速器型号	5分 2分 3分	(1) 操作不当扣1～5分; (2) 结果不对扣1～2分; (3) 结果不对扣1～3分	

续上表

序号	项目	操作内容	规定分	评分标准	得分
3	自诊断检查	(1)选挡杆拨入P位； (2)将点火开关转到ON位置，不起动发动机； (3)确定故障指示灯是否闪烁	1分 2分 2分	(1)操作不当扣1分； (2)操作不当扣1~2分； (3)结果不对扣1~2分	
4	发动机怠速检查	(1)起动发动机； (2)选挡杆拨入P位或N位； (3)关闭其他用电设备； (4)发动机怠速稳定后，记录发动机转速； (5)判断发动机怠速是否正常	1分 1分 2分 4分 2分	(1)操作不当扣1分； (2)操作不当扣1分； (3)操作不当扣1~2分； (4)漏检扣1~4分； (5)结果不对扣2分	
5	油液液面检查	(1)起动车辆使发动机达到正常工作温度； (2)将车辆停于水平地面，拉起驻车制动器操纵杆； (3)将选挡杆从P位依次拨入各个挡位，然后拨回P位； (4)拉出油尺擦拭干净，然后完全插回油尺导管； (5)拉出油尺，检查油面是否在HOT位置	5分 5分 5分 5分 5分	(1)操作不当扣1~5分； (2)操作不当扣1~5分； (3)操作不当扣1~5分； (4)操作不当扣1~5分； (5)结果不对扣5分	
6	节气门拉索的检查	(1)发动机熄火后，节气门是否全闭； (2)加速踏板踩到底时，节气门是否全开	2分 3分	(1)漏检扣1~2分； (2)结果不对扣3分	
7	挡位开关的检查	(1)选挡杆拨入P位或N位时，发动机能否正常起动； (2)选挡杆拨入其他挡位时，发动机是否能起动； (3)将选挡杆分别拨入自动变速器各挡位，观察挡位指示灯的显示是否与选挡杆位置一致； (4)判断挡位开关工作是否正常	5分 5分 5分 5分	(1)漏一项扣1~5分； (2)检查不当扣1~5分； (3)检查不当扣1~5分； (4)结果不对扣1~5分	
8	时间	40min	5分	(1)超时1~10min扣1~5分； (2)超时10min以上扣5分	
9	安全文明	无安全隐患，无不文明操作	5分	未达标扣1~5分	
10	结束	(1)工具、量具清洁并归位； (2)工作场地清洁	5分 5分	(1)漏一项扣1分，未做扣5分； (2)清洁不彻底扣1~5分，未做扣5分	
		总分	100分		

学习任务五　万向传动装置的检修

任务要求
完成本学习任务后,你应该:
1. 掌握万向传动装置的作用、结构及工作原理;
2. 能熟练检修球笼式万向节;
3. 能正确检修三叉轴式万向节;
4. 能够选择正确的工具与仪器,完成操作任务;
5. 能够查阅维修手册并规范检修万向传动装置。
建议学时:6 学时

任务描述

一辆别克威朗轿车,起步和加速时出现沉闷的金属声。经维修人员检查和分析,可能是因为车轮驱动轴内侧万向节磨损引起。经检查发现万向节护套撕裂,导致万向节中存在污物,需更换相关元件。

一、理论知识准备

汽车在行驶过程中,由于悬架受路面冲击而产生振动,使变速器的输出轴与驱动轮之间的相对位置经常发生变化。因此,需要通过万向传动装置来实现两轴线不重合、有相对位置变化的两根转轴之间的动力传递。

1. 万向传动装置的组成

万向传动装置主要包括万向节和传动轴。对于传动距离较远的分段式传动轴,为了提高传动轴的刚度,还设置有中间支承,如图 5-1 所示。

2. 万向节的结构和工作原理

万向节按速度特性可分为不等速万向节(常用的是十字轴式)和等速万向节(包括球叉式、球笼式和三叉轴式)。十字轴式刚性万向节主要用于发动机前置后轮驱动的变速器与驱动桥之间,等速万向节主要用于发动机前置前轮驱动的内、外半轴之间。

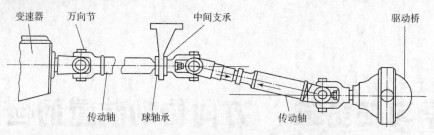

图 5-1　万向传动装置的组成

1) 十字轴式刚性万向节

十字轴式刚性万向节由一个十字轴、两个万向节叉和四个滚针轴承组成,如图 5-2 所示。它允许相邻两轴的最大夹角一般在 15°~20° 范围内。

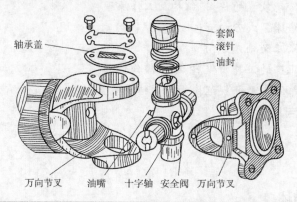

图 5-2　十字轴式刚性万向节

为了实现输入轴与输出轴的等角速传动,汽车上通常采用两个(或两个以上)十字轴刚性万向节的组合,利用第二个万向节的不等速效应来抵消第一个万向节的不等速效应,实现等角速传动。

2) 等速万向节

(1) 球笼式万向节由六个钢球、星形套、球形壳和保持架等组成,如图 5-3 所示。

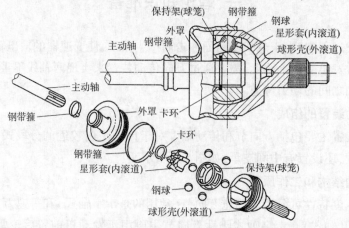

图 5-3　球笼式万向节

外万向节(RF型)连接前轮轮毂,是轴向不可伸缩的万向节,驱动汽车行驶。内万向节(VL型)连接位于变速器内的主减速器或差速器,是轴向伸缩型等速万向节,结构与原理和外万向节相似,用螺栓与差速器传动轴凸缘相连接,传递主减速器和差速器输出的转矩,并通过传动轴传给外万向节,如图5-4所示。

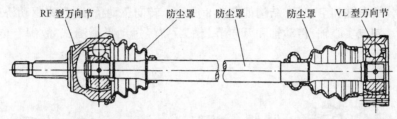

图5-4　RF万向节与VL万向节在转向驱动桥中的布置

球笼式万向节工作时,六个钢球都参与传力,故承载能力强、磨损小、寿命长。最大夹角一般在42°～47°范围内,灵活性好,广泛应用于各种型号的转向驱动桥和独立悬架的驱动桥。

(2)球叉式万向节,由主动叉、从动叉、四个传动钢球、中心钢球、定位销、锁止销组成,如图5-5所示。它结构简单、能等角速传动、最大夹角在32°～38°范围内。在工作的时候,只有两个钢球传力,因此磨损较快。

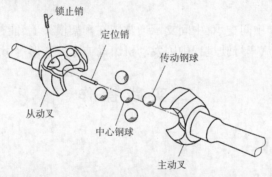

图5-5　球叉式万向节

(3)三叉轴式万向节,由三叉轴总成和万向节套组成,为防止润滑脂外露,万向节由防护罩封护,并用卡箍紧固,如图5-6所示。三叉轴总成的花键孔与传动轴内花键配合,为减小磨损,三个叉轴上均装有轴承,如图5-7所示。三叉轴式等速万向节结构简单,磨损小,可以轴向伸缩,在轿车中应用广泛。

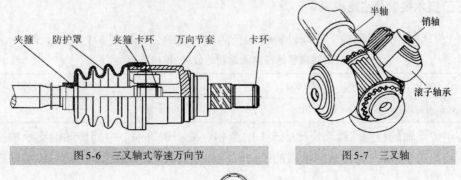

图5-6　三叉轴式等速万向节　　　　　　　图5-7　三叉轴

3. 传动轴与中间支撑

1）传动轴

传动轴通常用来连接变速器（或分动器）和驱动桥，在转向驱动桥和断开式驱动桥中，则用来连接差速器和驱动车轮。

传动轴分实心轴和空心轴，结构如图5-8所示。转向驱动桥、断开式驱动桥或微型汽车的传动轴通常制成实心轴，传动轴和万向节装配后要经过动平衡测试，故焊有传动片，应按标记安装。

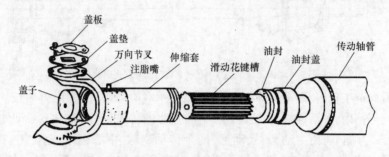

图5-8 传动轴

2）中间支承

传动轴分段时需加中间支承，中间支承通常装在车架横梁上，能补偿传动轴轴向和角度方向的安装误差，以及汽车行驶过程中因发动机窜动或车架变形等引起的位移。

二、实 践 操 作

（一）实践准备

（1）别克威朗轿车，别克威朗轿车的传动轴。
（2）每组一套传动轴拆装工具、零件盆。
（3）每组一套磁力百分表。
（4）每组一台举升机。
（5）维修手册、工单。

（二）技术要求及注意事项

（1）传动轴径向圆跳动。传动轴轴管的径向圆跳动的公差见表5-1。

传动轴轴管的径向圆跳动的公差（单位：mm）　　　　表5-1

轴长	<600	600~1000	>1000
径向圆跳动	0.6	0.8	1.0

轿车传动轴的径向圆跳动应比表5-1的值相应减小0.2mm。中间传动轴支承轴颈的径向圆跳动为0.10mm。当传动轴轴管的径向圆跳动超过表5-1的规定时，应对传动轴进行校

学习任务五 万向传动装置的检修

正或更换。

（2）传动轴花键与滑动叉花键、凸缘叉与所配合花键的侧隙，轿车应不大于0.15mm，其他类型的汽车应不大于0.30mm，装配后应能滑动自如。

（三）2016款别克威朗万向传动装置的拆装与检修

2016款别克威朗万向传动装置的拆装与检修见表5-2。

表 5-2 别克威朗万向传动装置的拆卸与检修

检修内容	图示	检修步骤	工作记录
前轮驱动轴的拆卸——左侧	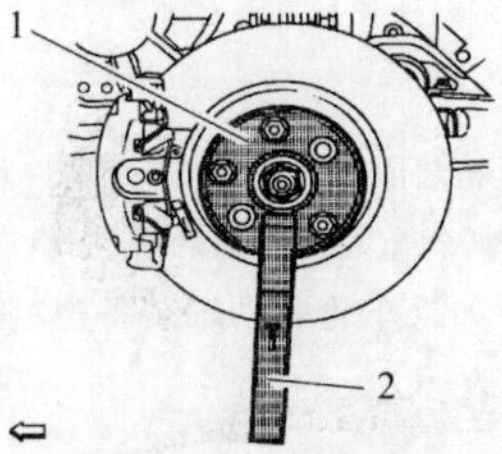	（1）举升并顶起车辆。 （2）拆下前轮罩衬板。 （3）排空变速器油。 （4）紧固3个车轮螺母，将CH-49376扳手1和EN-956-1加长件2一同安装至前轮双头螺栓上。 （5）使用CH-49376扳手1和EN-956-1加长件2松开前轮驱动轴螺母。 （6）将CH-49376扳手1和EN-956-1加长件2从前轮双头螺栓上拆下。	
	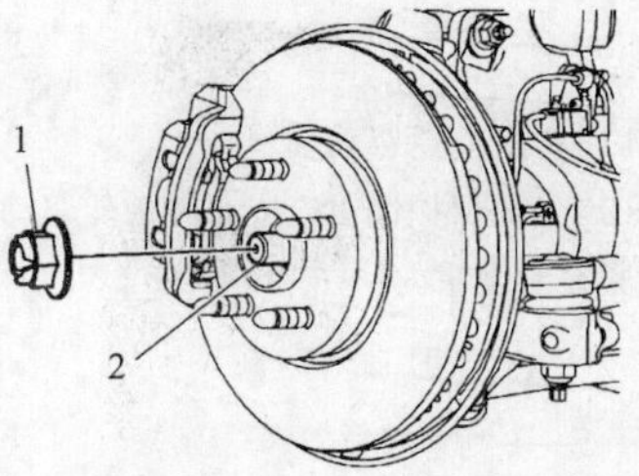	（7）拆下车轮驱动轴螺母1和车轮驱动轴2并报废。	
	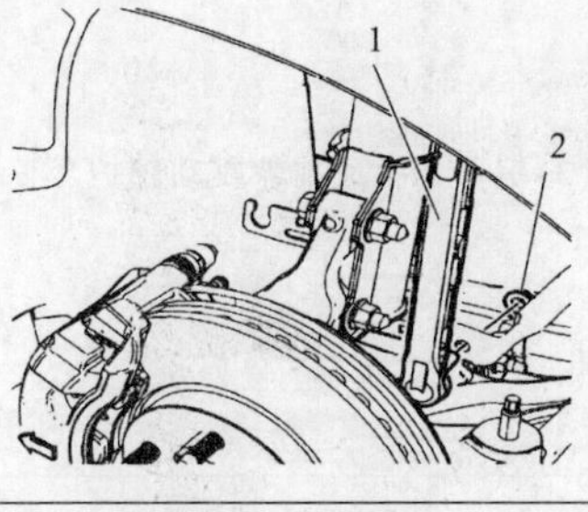	（8）拆下稳定杆连杆螺母2并报废。 （9）拆下稳定杆连杆1和前稳定杆。 （10）将外转向横拉杆端部从转向节上分离。 （11）将前下控制臂球节从转向节上分离。	
	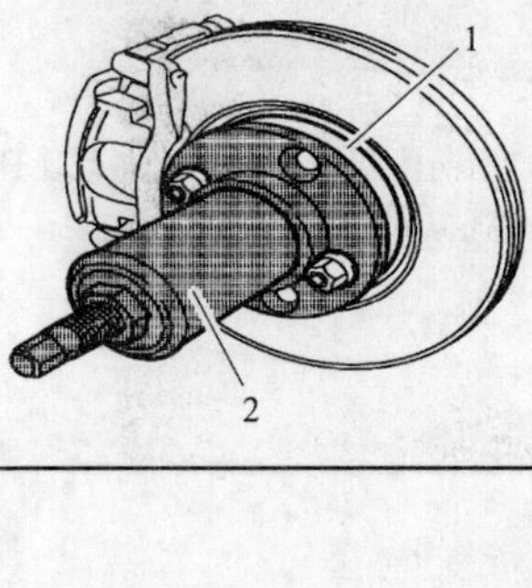	（12）紧固2个车辆螺母，将CH-49400拆卸工具2安装至车轮双头螺栓上。 （13）将前轮驱动轴从车轮轴承/轮毂总成1上分离。 （14）拆下CH-49400拆卸工具2。	

续上表

检修内容	图示	检修步骤	工作记录
前轮驱动轴的拆卸——左侧	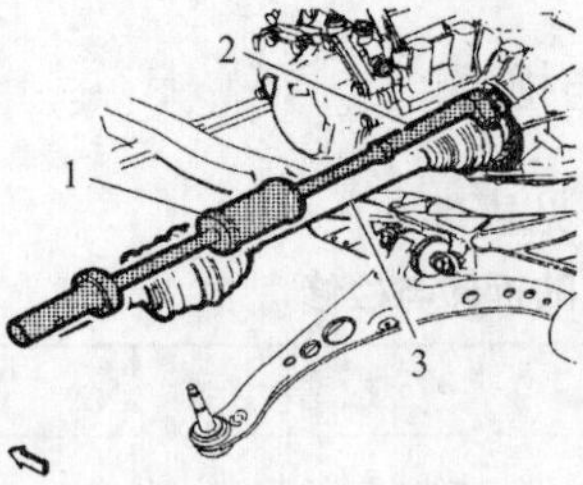	(15) 使用 CH-313 惯性锤 1 和 CH-6003 拆卸工具 2，拆下车轮驱动轴 3。 注意：如果车轮驱动轴上无垫圈，则安装一个新垫圈	
		(16) 将垫圈 3 从车轮驱动轴 1 上拆下并报废。切勿重复使用垫圈，仅用新件更换。 (17) 如果车轮驱动轴装备塑料环，则拆下并报废环 2	
前轮驱动轴内万向节和护套的拆卸（等速万向节）	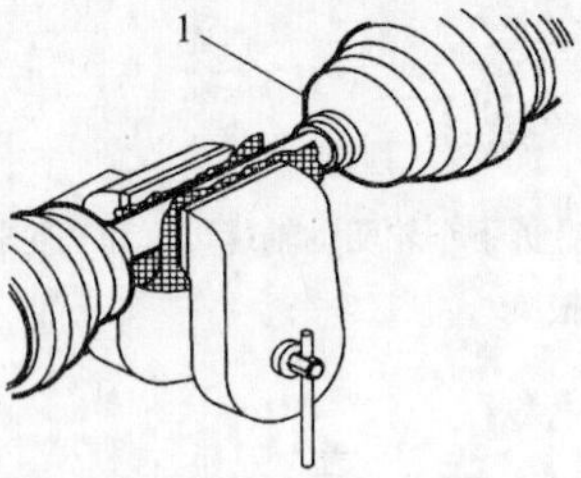	(1) 拆下前轮驱动轴。 (2) 使用保护性钳口或布将前轮驱动轴 1 卡紧在台虎钳内。	
		(3) 拆下并报废前轮驱动轴护套 2 和卡箍 1。	
		(4) 用铜棒和锤子敲击万向节连杆 3，将万向节 1 从车轮驱动轴 2 上拆下。	

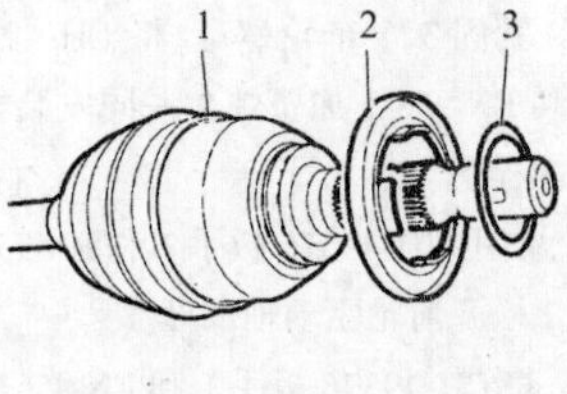

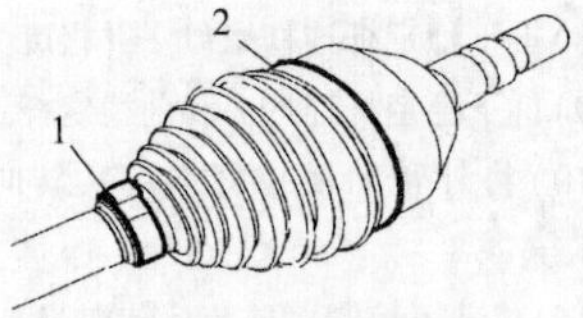

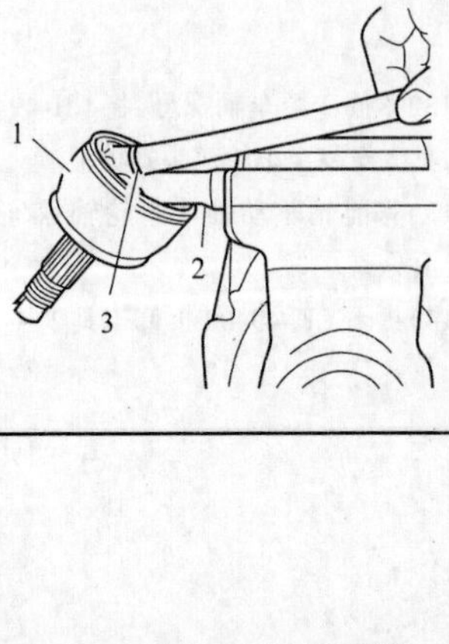

续上表

检修内容	图示	检修步骤	工作记录
前轮驱动轴内万向节和护套的拆卸(等速万向节)	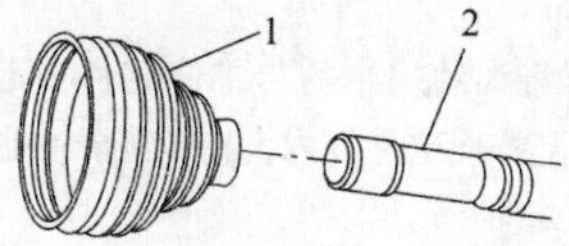	(5)将前轮驱动轴护套1从前轮驱动轴2上拆下。	
	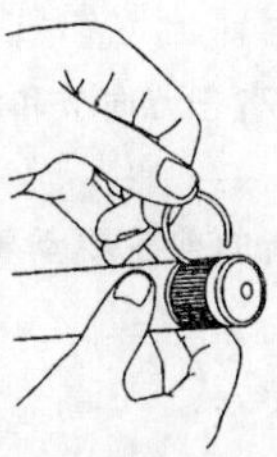	(6)将卡环从前轮驱动轴上拆下并报废卡环。 (7)仅更换车轮驱动轴护套时:将旧油脂从前轮驱动轴万向节上清除	
前轮驱动轴内万向节和护套的装配(等速万向节)	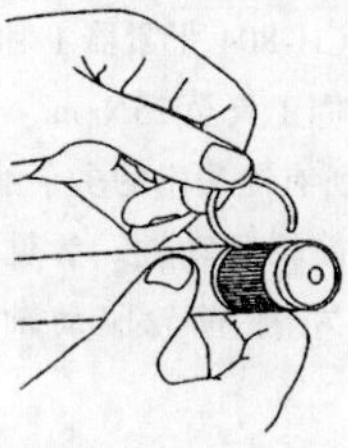	(1)将新的卡环安装至前轮驱动轴上。将卡环从上驱动轴端部向下拉至卡环槽。	
	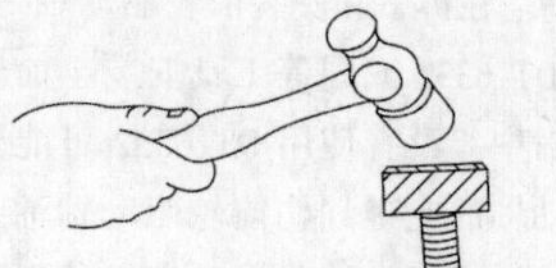	(2)将前轮驱动轴护套1安装至前轮驱动轴2。	
		(3)使用木块和锤子将万向节1安装至车轮驱动轴。确保听到卡环接合声。	

续上表

检修内容	图 示	检修步骤	工作记录
前轮驱动轴内万向节和护套的装配（等速万向节）	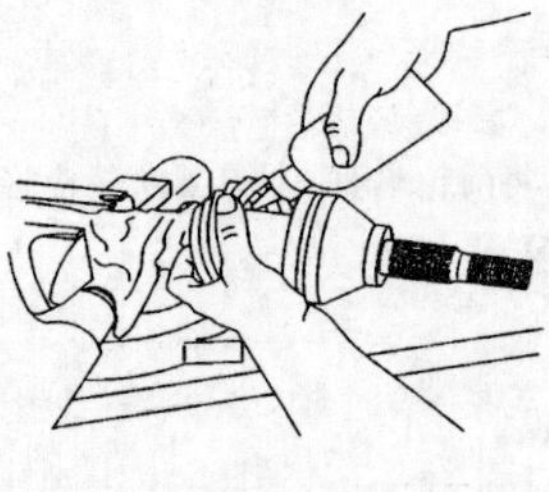	（4）将大约一半的与维修组件一起交付的油脂置于万向节内，并用剩余油脂加注护套。	
	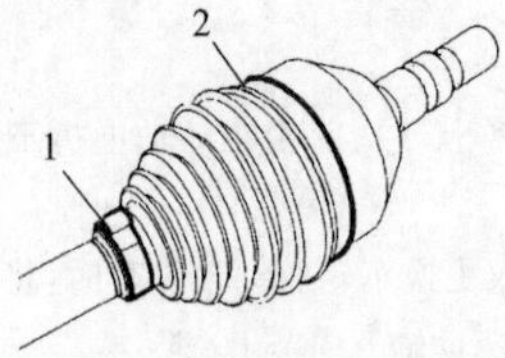	（5）将护套置于万向节和车轮驱动轴的槽内。 （6）安装新的前轮驱动轴护套2和卡箍1。	
	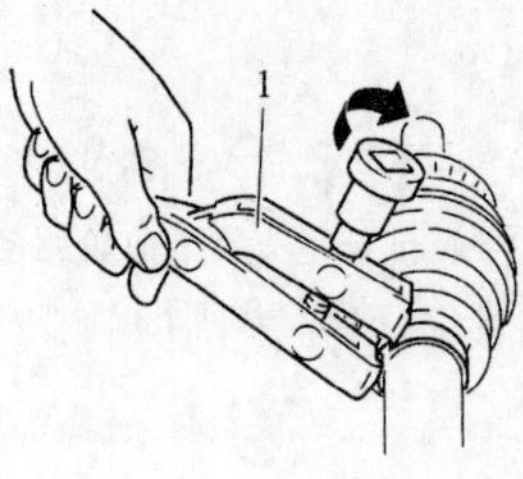	（7）使用CH-804张紧器1和扭力扳手压接卡箍。紧固工具至25N·m。 （8）清除所有泄漏出的多余油脂。 （9）安装前轮驱动轴。参见前轮驱动轴的更换——左侧、前轮驱动轴的更换——右侧	
前轮驱动轴的装配——左侧	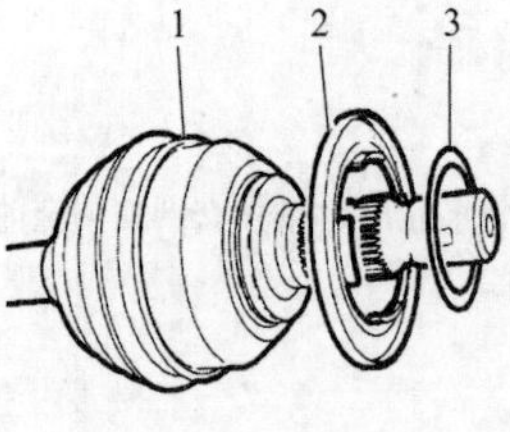	（1）如果车轮驱动轴装备塑料环，则安装新环2。 （2）将新的垫圈3安装至车轮驱动轴1上。	
	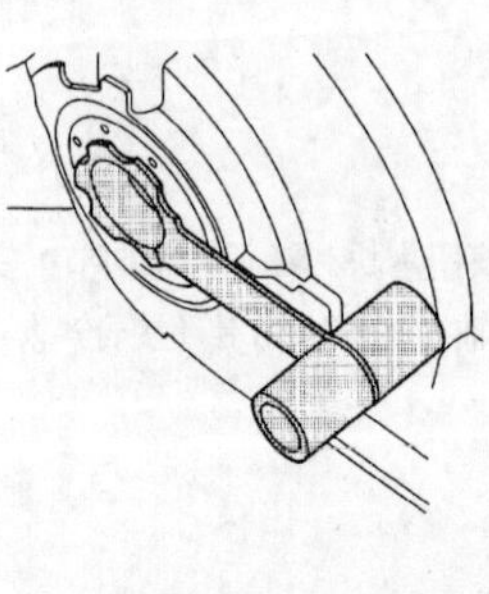	注意：在拆下和安装前轮驱动轴之前，必须将DT-6332或同等工具安装至前轮驱动轴油封中。没有使用DT-6332可能导致前轮驱动轴的花键划伤前轮驱动轴油封。前轮驱动轴油封损坏将导致润滑油泄漏。插图仅用于显示专用工具的正确使用！ （3）将DT-6332保护装置安装到差速器输出轴密封件上。	

续上表

检修内容	图 示	检修步骤	工作记录
前轮驱动轴的装配——左侧		注意：确保车轮驱动轴安装处清洁 (4)在车轮驱动轴上涂抹一薄层润滑油。关于认可的油脂类型，参见粘结剂、油液、润滑剂和密封胶相关内容。 (5)小心地将车轮驱动轴安装到差速器上，直至花键通过 DT-6332 保护装置。	
		(6)将 DT-6332 保护装置从差速器输出轴密封件上拆下。 (7)将前轮驱动轴安装到差速器上直至卡环完全就位。 (8)抓住内壳体并向外拉，确认前轮驱动轴卡环正确就位。 (9)将前轮驱动轴安装到前轮轴承/轮毂上。	
		(10)将新的车轮驱动轴螺母1预安装至车轮驱动轴2	

三、学习拓展

丰田卡罗拉的传动轴为等角速传动轴，如图 5-9 所示，由三叉轴式等速万向节和球笼式等速万向节组成。差速器连接端为三叉轴式等速万向节，车轮端为球笼式等速万向节，如图 5-10 所示。

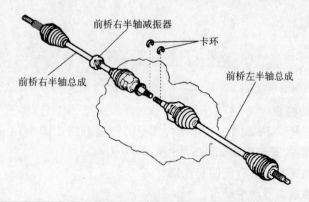

图 5-9 传动轴的分解图

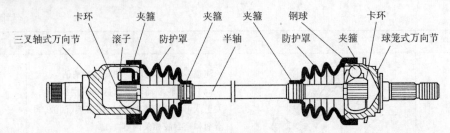

图 5-10　传动轴的结构

1. 从车上拆下传动轴总成

(1) 拆下前轮。

(2) 拆下发动机和发动机后部左、右侧底罩,排净传动桥油。

(3) 拆下前桥轮毂螺母,前稳定杆连杆总成。

(4) 分离前轮转速传感器,分离前挠性软管。

(5) 分离左前盘式制动器制动钳总成,拆下前制动盘。

(6) 分离横拉杆接头分总成、前悬架下臂,拆下前桥总成。

(7) 使用SST,拆下前桥左半轴总成,如图5-11所示。

(8) 用螺丝刀和锤子,拆下前桥右半轴总成,如图5-12所示。

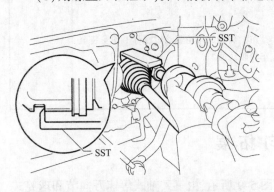
图 5-11　拆卸前桥左半轴总成

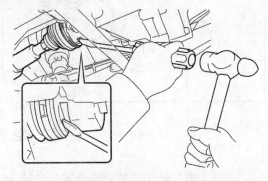
图 5-12　拆卸前桥右半轴总成

 小提示

不要损坏传动桥壳油封,内侧万向节防尘套及驱动轴防尘罩。小心不要掉落驱动轴。

2. 传动轴总成的检查

传动轴总成的检查方法如图5-13所示,长度的测量方法如图5-14所示,长度值(A)见表5-3,右半轴减振器的安装距离如图5-15所示。

(1) 检查三叉轴式万向节有无明显松动。

(2) 检查滑动轴是否滑动平顺。

(3) 检查球笼式万向节有无明显松动。

(4) 检查防尘罩是否损坏。

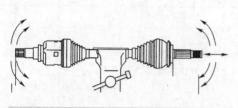

图 5-13 传动轴总成检查的检测方法

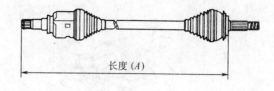

图 5-14 尺寸长度的测量方法

长 度 值(A) 表 5-3

发动机型号	左侧驱动轴(mm)	右侧驱动轴(mm)
1ZR-FE	587.6	590.9
2ZR-FE	867.6	870.9

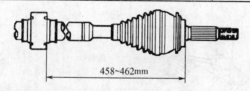

图 5-15 右半轴减振器的安装距离

3. 内侧三叉轴式万向节的拆装与检修

三叉轴式万向节的拆装与检修见表 5-4。

三叉轴式万向节的拆装与检修 表 5-4

检修内容	图 示	检修步骤	工作记录
拆卸防尘罩		(1) 用螺丝刀松开三叉轴式万向节防尘罩夹箍。夹箍如果变形,应更换。	
		(2) 用螺丝刀,松开防尘套卡夹的锁紧部件并分离防尘套卡夹。 (3) 分离防尘套	
分解万向节		(1) 擦去旧的润滑脂。 (2) 在内、外节上用记号笔做装配标记。	

续上表

检修内容	图示	检修步骤	工作记录
分解万向节	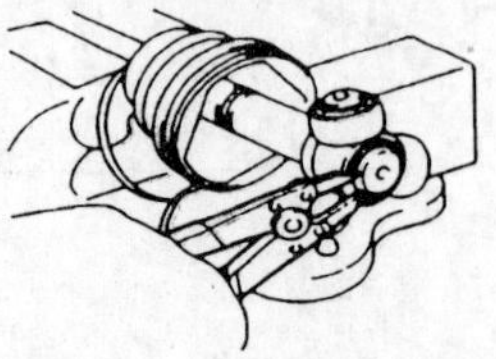	(3)取下外节套。 (4)使用卡环扩张器,拆下轴卡环。	
	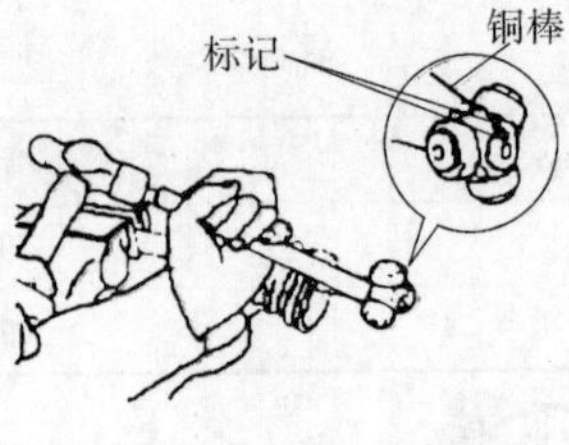	(5)用记号笔在三脚头球节和外节上做装配标记。 (6)用铜棒和锤子,拆下三脚头球节。 注意:不要敲击滚子	
拆下外花键轴端的卡环	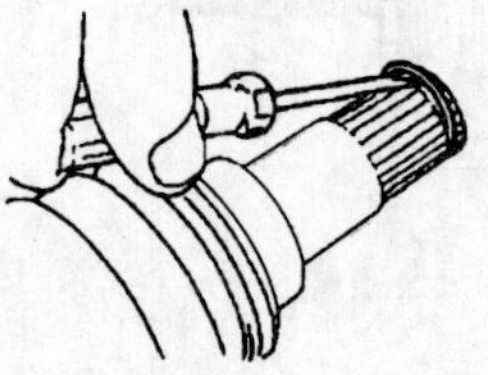		

 想一想

分解万向节时,为什么不允许用冲子在内、外节上冲标记?

4. 传动轴总成装配

按上述相反的过程进行装配。

 小提示

在装配万向节时,应填涂适量的符合要求的润滑脂,按标记装配;并保持两端的花键轴清洁,防尘罩应完好,夹箍应安装平整。

5. 传动轴总成装车

(1)安装前桥半轴总成。三叉轴式等速万向节花键轴与差速器安装时,应在花键上涂齿轮油;并对准花键,用铜棒和锤子敲进驱动轴,如图5-16所示,目的是保证装配到位。

(2)安装前桥总成、前悬架下臂、前稳定连杆总成。

(3)连接横拉杆接头分总成、安装前制动盘。

(4)安装前盘式制动器制动钳总成、前挠性软管、前轮转速传感器。

(5)安装前桥轮毂螺母。使用套筒扳手,安装车桥轮毂螺母(力矩为216N·m),用冲子和锤子,锁紧前桥轮毂螺母,如图5-17所示。

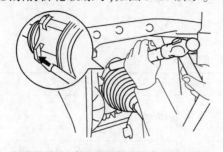

图5-16　万向节花键轴与差速器的安装

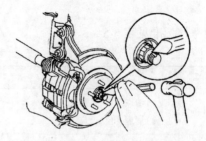

图5-17　锁紧前桥轮毂螺母

(6)加注传动桥油、安装前轮螺母(力矩为103N·m),检查和调整前轮定位。
(7)检查转速传感器信号,安装发动机底罩。

四、评价与反馈

1. 自我评价与反馈

(1)你知道万向传动装置的基本组成吗?(　　)
　　A.知道　　　　B.不知道
(2)你能够完成万向传动装置的基本检查吗?(　　)
　　A.能够完成　　B.在小组协作下能够完成　　C.不能完成
(3)你能够完成的各类万向节拆卸与装配吗?(　　)
　　A.能够完成　　B.在小组协作下能够完成　　C.不能完成
(4)完成了本学习任务后,你感觉困难的部分是哪些?
_____
_____

签名:_____　　____年____月____日

2. 小组评价与反馈

(1)你们小组在接到任务之后分工明确吗?_____
(2)你们小组每位组员都能轮换操作吗?_____
(3)遇到难题时你们分工协作吗?_____
(4)对于小组其他成员有何建议?_____

参与评价的同学签名:_____　_____　____年____月____日

3. 教师评价及回复

_____
_____

教师签名:_____　　____年____月____日

五、技能考核标准

技能考核标准见表5-5。

技 能 考 核 标 准　　　　　　表5-5

序号	项目	操作内容	规定分	评分标准	得分
1	准备	(1)清点工具、量具； (2)清理工位	5分	酌情扣分	
2	拆卸	(1)举升机正确使用； (2)从车上拆下传动轴总成； (3)外万向节解体； (4)内万向节解体	5分 5分 5分 5分	(1)举升机使用有安全隐患扣5分； (2)操作不当扣1～5分； (3)操作不当扣1～5分； (4)操作不当扣1～5分	
3	检查	(1)检查内、外万向节磨损情况； (2)检查内、外万向节装配间隙	10分 10分	(1)检查不当扣1～10分； (2)检查不当扣1～10分	
4	安装	(1)内万向节的装配； (2)外等速万向节的装配； (3)碟形座圈安装； (4)弹簧卡圈、防尘罩安装； (5)传动轴总成装车	5分 5分 5分 5分 5分	(1)操作不当扣1～5分； (2)操作不当扣1～5分； (3)操作不当扣1～5分； (4)操作不当扣1～5分； (5)操作不当扣1～5分	
5	时间	30min	10分	(1)超时1～10 min扣1～10分； (2)超时10 min以上扣10分	
6	安全文明	无安全隐患，无不文明操作	10分	未达标扣1～10分	
7	结束	(1)工具、量具清洁并归位； (2)工作场地清洁	5分 5分	(1)漏一项扣1分，未做扣5分； (2)清洁不彻底扣1～5分，未做扣5分	
		总分	100分		

学习任务六　悬架的检修

任务要求
完成本学习任务后,你应该:
1. 掌握悬架的作用和组成;
2. 掌握弹性元件的作用与分类;
3. 掌握减振器的作用和工作原理;
4. 掌握弹性元件的结构与检修方法;
5. 掌握减振器的结构与检修方法;
6. 掌握悬架的基本检查方法;
7. 熟悉独立悬架的检修方法。
建议学时:10 学时

任务描述

一辆别克威朗轿车,转弯时车身摇摆,经初步检查,可能是支柱损坏或减振器损坏,是悬架系统故障,需对悬架进行检修。

一、理论知识准备

1. 汽车悬架的作用

汽车悬架是车架(或承载式车身)与车桥(或车轮)之间的传力装置,在行驶时,与轮胎一起吸收和缓冲因路面不规则而受到的各种振动、摆动和冲击,以便保护乘客和货物,并改善驾驶稳定性;将因路面和车轮之间的摩擦产生的驱动力和制动力传递至底盘和车身;使车身支撑在轴上,并在车身和车轮之间保持恰当的几何关系。

根据汽车两侧车轮是否相互关联,汽车悬架可分为独立悬架和非独立悬架,如图 6-1 所示。非独立悬架的两侧车轮安装在一根整体的车桥上,车轮连同车桥一起通过弹性元件与车架(或车身)连接,当一侧车轮因路面不平等原因发生跳动时,另一侧车轮随之发生变化。独立悬架的两侧车轮各自独立地通过弹性元件与车架(或车身)连接,当一侧车轮相对于车架(或车身)的位置发生变化时,对另一侧车轮几乎不产生影响。

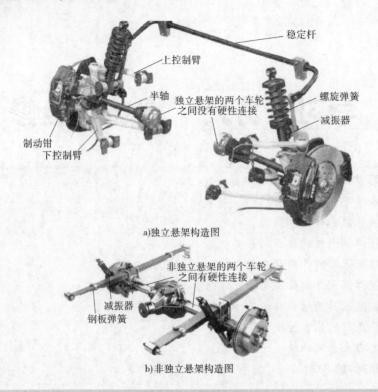

图6-1 悬架的分类

2. 悬架的组成

现代悬架系统虽然有不同的结构形式,但一般由弹性元件、减振器和导向装置三大部分组成,如图6-2所示。它们不但分别起到缓冲、减振和导向的作用,还共同起到传递力的作用。

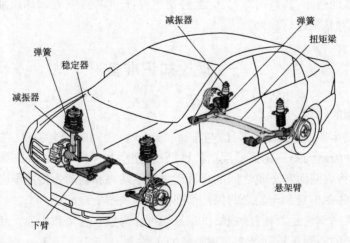

图6-2 悬架的组成

3. 弹性元件

弹性元件起缓冲作用,用于抵消路面传来的振动。汽车悬架系统所用的弹性元件主要有螺旋弹簧、钢板弹簧、扭杆弹簧和空气弹簧等。

1) 螺旋弹簧

螺旋弹簧(图6-3)是由特殊的弹簧钢卷制成的,安装空间小且质量轻,广泛应用在汽车的独立悬架中和有些轿车的后非独立悬架中。可以做成圆柱形或圆锥形,也可以做成等螺距或变螺距。螺旋弹簧通常安装在弹簧座圈或弹簧座上,在螺旋弹簧和弹簧座之间通常采用硬橡胶或塑料垫以及其他的隔绝材料。

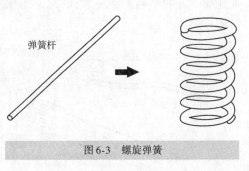

图6-3 螺旋弹簧

 小提示

螺旋弹簧各螺旋之间不提倡使用垫片,因为通过垫片施加的作用力会引起弹簧的损坏。当螺旋之间安装垫片的时候,螺旋数量会减少,刚度会增强。在垫片接触点处施加到螺旋弹簧上的作用力会引起弹簧的折断。

2) 钢板弹簧

钢板弹簧(图6-4)是由一个或多个狭长条状的弹簧钢板构成,这些金属片又称叶片弹簧,相互之间装有塑料或合成橡胶绝缘体,使得弹簧在工作期间叶片能自由的运动。中部一般用U形螺栓固定在车桥上,两端通过吊耳固定在车架上。钢板弹簧既具有抗压抗振动功能,还可以看作是支撑车桥的臂,载货汽车广泛采用。

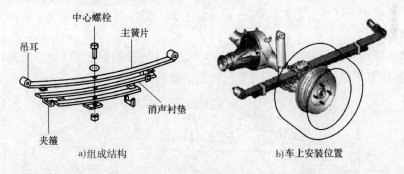

图6-4 钢板弹簧

 小提示

在装配钢板弹簧时,各钢板之间需涂上较稠的石墨润滑脂,并应定期维护。

3) 扭杆弹簧

扭杆弹簧(图6-5)是利用自身的扭转弹性来抵抗扭曲力的弹簧钢杆,一端固定在车辆的固定部位,限制扭转程度,另一端连接在车辆的悬架控制臂上,可自由扭转。左、右扭杆弹簧施加了方向不同的预应力,因此不能互换,大多数扭杆弹簧都标记着左或右,通常刻印在杆的一端。

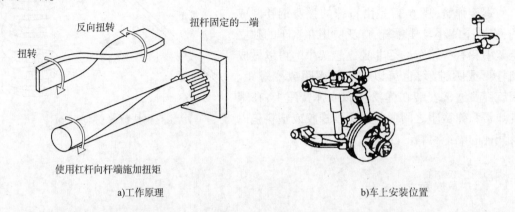

a)工作原理　　　　　　　　　　b)车上安装位置

图6-5　扭杆弹簧

 小提示

扭杆弹簧车架一端有一个调整螺母,调整它可以改变扭杆弹簧的扭曲效果,从而使车辆保持正常的离地间隙。

4)空气弹簧

空气弹簧是利用压缩空气所产生的弹性来缓冲车辆行驶过程中的振动。使用空气弹簧可获得良好的乘坐舒适性,但成本较高,它一般用于大型客车和高档轿车。

4. 减振器

减振器和弹性元件是并联安装的,如图6-6所示,作用是吸收弹性元件起落时车辆的振动,使其迅速恢复平稳的状态,改善汽车行驶的平稳性。

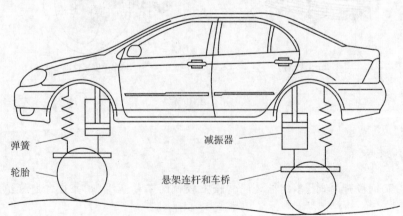

图6-6　减振器和弹性元件并联安装

在汽车中,一般使用伸缩筒式减振器,减振器使用一种专用油,称作减振器油,作为工作介质。在这类减振器中,活塞的运动迫使油流经节流孔(小孔)产生流动阻力,从而产生减振力,如图6-7所示。

5. 球节

球节(图6-8)实际上是一种球窝式的连接,与一人肩膀上的关节类似,它将轴和转向节连接到上下控制臂上。球节具有以下几个作用:承受车辆的质量;为车辆转动提供支点;当汽车通过不平路面时,允许控制臂垂直运动。

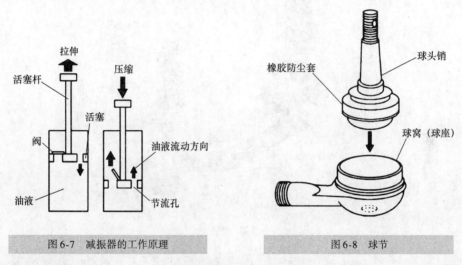

图6-7 减振器的工作原理　　　　　图6-8 球节

6. 横向稳定杆

横向稳定杆的作用是转弯时防止车身过度倾斜以及提高汽车在不平路面上的行驶稳定性。典型的横向稳定杆的安装位置如图6-9所示。

连接装置把横向稳定杆的端部和下控制臂相连,由于很大的力是通过连接装置和衬套传递的,所以易出现损坏,连接装置和衬套的损坏会引起车辆操纵不安全,出现噪声。

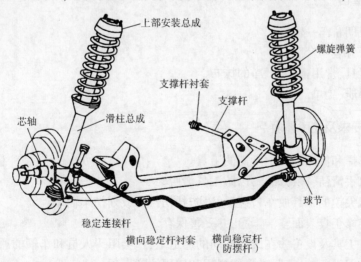

图6-9 横向稳定杆的安装位置

7. 麦弗逊式悬架

麦弗逊式悬架的结构如图6-10所示。麦弗逊式悬架去掉了一般悬架上常用的一些零部件，没有上控制臂，因而上转向球节也不再需要。汽车质量压在减振器总成的顶部，并通过螺栓直接连接在减振器座上。

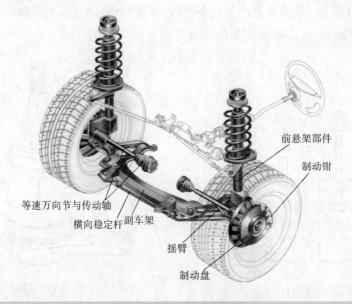

图6-10 麦弗逊式悬架的结构

二、实 践 操 作

(一)实践准备

(1)别克威朗轿车一辆。
(2)磁力百分表一套。
(3)常用工具、常用量具、干净的抹布。
(4)维修手册、工单。

(二)技术要求及注意事项

(1)正确选择和使用维修中所需的工具。
(2)保持双手清洁，擦掉油脂，以防工具滑脱。
(3)不要将尖锐的工具放在口袋里，以防扎伤自己或划伤车辆。
(4)保持维修工具表面整洁干净，并妥善保存。
(5)不要将工具及设备放在维修车间的通道上，这会阻碍人员和车辆的通行。
(6)使用车间设备前，需明确操作规程和使用注意事项。
(7)不要站在风扇和砂轮的切线方向，以防飞溅出的火星和磨屑伤人；不要使用未装备工具架和护板的台式砂轮。

（8）在汽车下使用千斤顶时，确保支撑在正确的部位，以免车辆突然压下，造成人员伤害或损坏车辆的部件。

除此之外，要定期维护、擦拭使用的设备，检查是否存在安全隐患，并将不安全因素告知工具设备管理员。在未消除隐患之前，不要轻易使用设备，以避免不必要的损失。

(三)汽车悬架的检修

1. 道路测试诊断

（1）在停放的车辆或墙边行驶。由车辆悬架或轮胎产生的任何噪声都可以在物体上发生反射，如一排沿着街道放置的静止的车辆或一堵墙。为了取得更好的效果，打开车窗，在静止车辆旁或左侧挡墙旁驾驶，再按照上述方法靠近右边驾驶。通常产生噪声的是有缺陷的车轮轴承或动力转向泵，并能够在测试期间听到。

（2）在车道上驾驶。当悬架遇到冲撞的瞬间转向时，经常会引起悬架故障。此时，慢慢地驾驶汽车到带有路缘石的车道上，再重复做一遍，反应就会更加明显。当车轮转动时，路缘石引起悬架压缩。在这个测试期间，有缺陷的横向稳定杆衬套、控制臂衬套和球节通常会产生噪声。

（3）当转弯时倒车驾驶。通常用于发现在前轮驱动车辆的驱动桥轴上使用的外部等速万向节可能存在的缺陷。它推动悬架系统以与正常方向相反的方向工作，从而引起悬架系统中的任何过度间隙逆转，同时经常在测试期间产生噪声或引起振动。除了有缺陷的等速万向节以外，这个测试还经常能够发现控制臂衬套、球节、稳定杆衬套或连接件的磨损；也能够发现有缺陷的或磨损的转向系统零部件，如随动转向臂、横拉杆球接头或中间拉杆。

（4）在崎岖不平的道路上驾驶。当在有凹陷或凸起的道路上驾驶时，磨损或有缺陷的悬架（和转向）零部件能够引起车辆颠簸或从一侧快速地冲向另一侧。磨损或有缺陷的球节、控制臂衬套、横向稳定杆衬套、横向稳定杆铰接头或磨损的减振器可能出现这种现象。

一旦确认了故障，就可以在修理间进行更进一步的检查了。

 **小提示**

做任何维修工作之前，应做道路测试来确认故障，并设法确定它的原因；完成维修工作之后，应再做道路测试来确认客户反映的故障已解决。

2. 基本检查

1）测试减振器状况

首先进行悬架就车测试，将车辆反复摇动 3 次或 4 次，每次推力尽量相同。回弹时，应注意支柱的阻力和车身回弹的次数，若松手后，回弹 1~2 次，车身立即停止回弹，且左右两侧回弹次数相同，表明减振器（支柱）正常，如图 6-11 所示。

图 6-11 悬架的就车测试

2）确认汽车底盘高度正确

按照维修手册,确定测量点,对汽车从前到后或从左到右测量汽车离地高度,如图 6-12 所示。如果存在高度不同,表明螺旋弹簧变软。需要注意的是,不同车型的测量点是不同的,即使是同一公司生产的不同车型也会不同。

3. 前悬架元件的检修

1）前悬架外观检查

（1）检查减振器,如发现渗油或漏油现象,则必须更换,如图 6-13 所示。

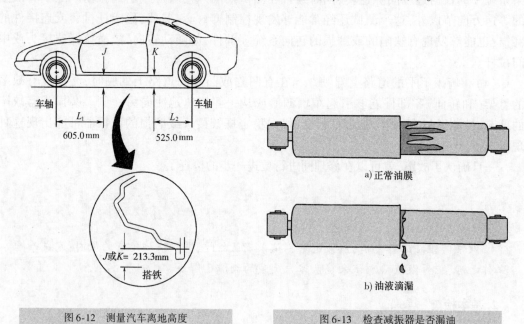

图 6-12 测量汽车离地高度

图 6-13 检查减振器是否漏油

（2）检查减振器和滑柱的所有固定处。

（3）检查所有悬架是否存在松旷、开裂、破裂、错位和异响。

（4）检查固定装置、联动杆件和所有的连接部位是否松动、卡滞和损坏。

减振器和滑柱总是成对更换。

2) 前悬架的结构

别克君威轿车前悬架的结构如图 6-14 所示。

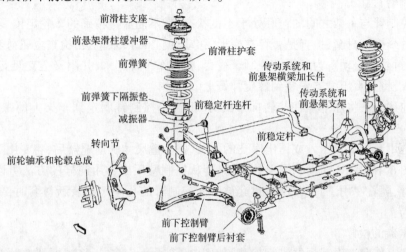

图 6-14　别克君威轿车前悬架的结构

3) 球节的检修

(1) 首先检查球节是否设有磨损指示器。在检查球节时,首先检查球节是否设有磨损指示器。如果设有磨损指示器,检查润滑脂嘴的位移量。如果润滑脂嘴已经回缩,表明球节已经磨损,应当更换,如图 6-15 所示。对于有些汽车,建议检查润滑脂嘴是否能在球节中摇动,如果能够摇动,表明应当更换球节。检查球节时一定要查阅维修手册。

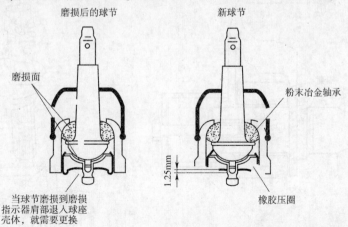

图 6-15　球节上的磨损指示器

(2) 仔细检查球节防尘套。防尘罩或球节油封损坏将会使润滑油漏出,并且让灰尘和杂质进入润滑脂中。如果防尘罩已经损坏,就应更换球节。如果没有发现防尘罩损坏,慢慢地挤压防尘罩。如果防尘罩中充有润滑脂,将会感到有些坚硬。如果球节上设有润滑脂嘴,而且表现出缺少润滑脂,用润滑脂枪填充润滑脂,直到有新润滑脂从防尘罩通气孔中流出为止。如果充入球节的润滑脂过多或过快,可能会使防尘罩脱离安装位置或发生破裂。

4) 螺旋弹簧

如果车辆行驶高度低于规定值,应该成对更换螺旋弹簧。

5) 控制臂衬套

如果控制臂与车架之间的衬套处于不良状态,就不能保持精确的车轮定位。

目检各个橡胶衬套,检查是否存在变形、移动、偏心或严重龟裂,检查金属衬套是否会产生异响,密封是否松动。为了拆卸控制臂衬套,将汽车举升起来,并用安全支架支撑车架,拆卸车轮总成,将弹簧压缩器安装到螺旋弹簧上。

按照前述方法将球节螺柱与转向节拆开,拆卸将控制臂固定到车架上的螺栓,拆卸控制臂。

衬套是用专用工具压入或压出座孔的,在选好合适尺寸的适配器后,将专用工具安装到衬套上如图 6-16 所示,拧紧专用工具,将衬套从控制臂压出。用同样的方法可以将新衬套压入控制臂,随着专用工具的拧紧,衬套被压入控制臂的孔中。安装新衬套时,要保证衬套被垂直压入。

6) 减振器的检修

可以在工作台上对减振器进行检测,如图 6-17 所示。首先,将减振器按照在汽车上的安装方向固定;然后,使减振器完全伸张;随后,将减振器上下颠倒,使其完全压缩。多次重复这些过程,如果减振器在中间部位发生卡滞或弹跳,或者在行程中的任何位置发生卡死,就应换用新的减振器。如果减振器存在异响或压缩与伸张速度差异较大时,也应进行更换。如果减振器存在泄漏或排除空气后工作仍不稳定,也要更换减振器。

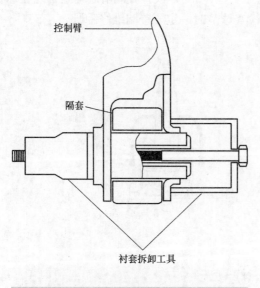

图 6-16 拆卸控制臂衬套

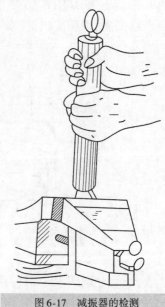

图 6-17 减振器的检测

7）检查轮毂轴承

（1）拆下前轮。

（2）拆下前轮制动卡钳和制动盘。

（3）如图6-18所示，检查轮毂轴承间隙，最大值为0.05mm，若超过最大值，更换轮毂轴承。

（4）如图6-19所示，检查前轮偏摆量，最大值为0.07mm，若超过最大值，更换前轮毂总成。

（5）按相反顺序安装。

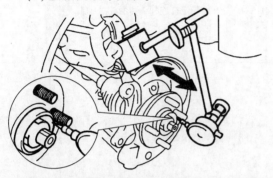

图6-18 检查轮毂轴承间隙

图6-19 检查前轮偏摆量

8）更换支柱

更换支柱的步骤见表6-1。

更换支柱的步骤　　　　　　　表6-1

检修内容	图示	更换步骤	工作记录
拆下支柱		（1）举升车辆，注意仅在规定的提升点上执行车辆提升和举升程序。	
		（2）拆卸车轮和轮胎。	
		（3）拆下进气口格栅板。 （4）拆下前轮转速传感器线束（插接器）。	

续上表

检修内容	图 示	更 换 步 骤	工作记录
拆下支柱	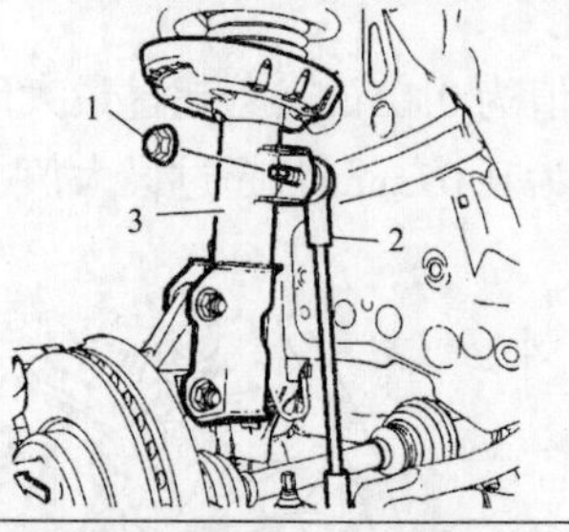	(5)拆下稳定杆连杆螺母1。注意安装时需要更换新螺母。 (6)分开前稳定杆连杆2和滑柱总成3。	
	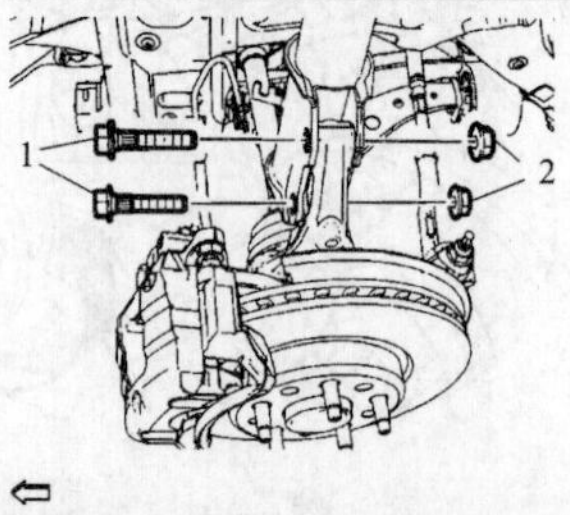	(7)拆下转向节螺母2。 (8)拆下转向节螺栓1。	
	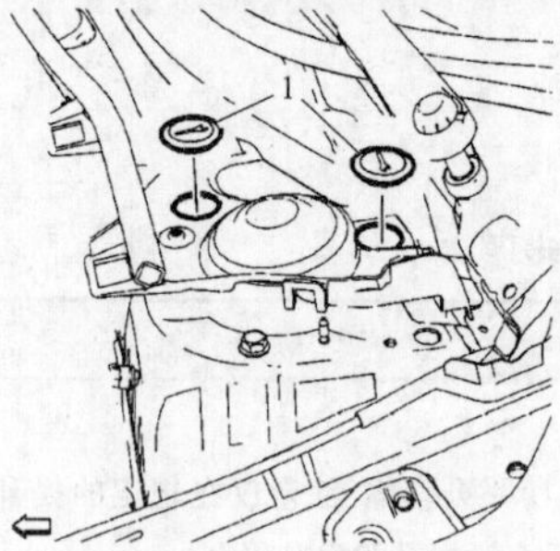	(9)拆下两侧上的2个塞1。	
	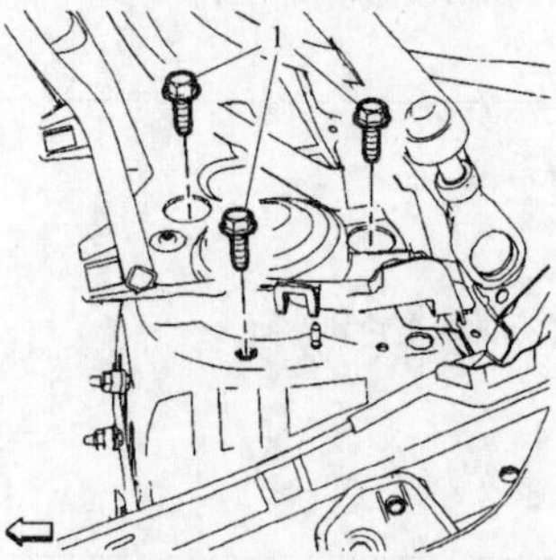	(10)拆下螺栓1和前悬架滑柱壳体2。 (11)将前悬架滑柱总成从车辆上拆下	
安装支柱	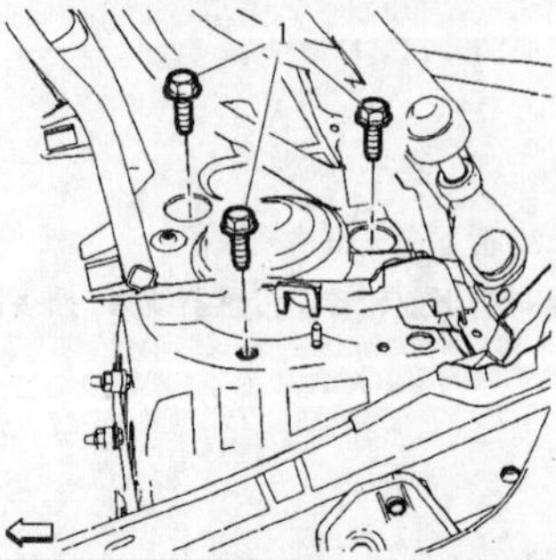	(1)将前悬架滑柱总成安装到车辆上。 (2)安装并紧固螺栓1前悬架滑柱壳体2。第一次紧固22N·m,最后一次紧固30°~45°。	

续上表

检修内容	图示	更换步骤	工作记录
安装支柱	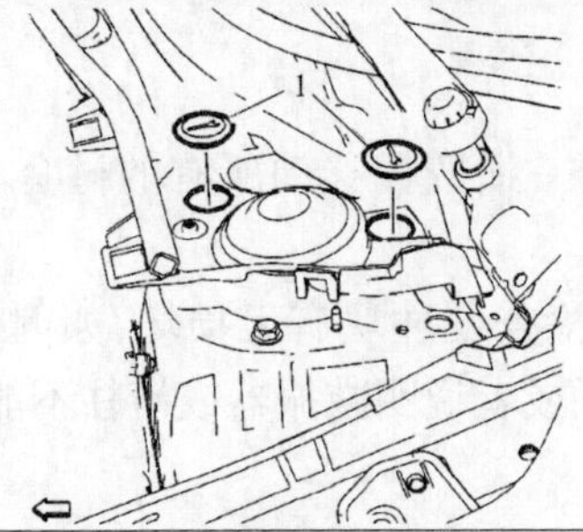	(3)将2个塞1安装至两侧上。	
	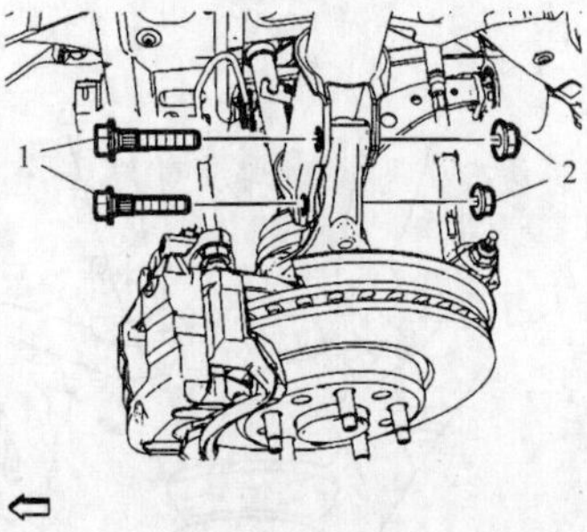	(4)安装2个转向节螺栓1。 警告：参见有关屈服力矩型紧固件的警告 (5)紧固转向节螺母2。第一次紧固100N·m，最后一次紧固30°~45°。	
	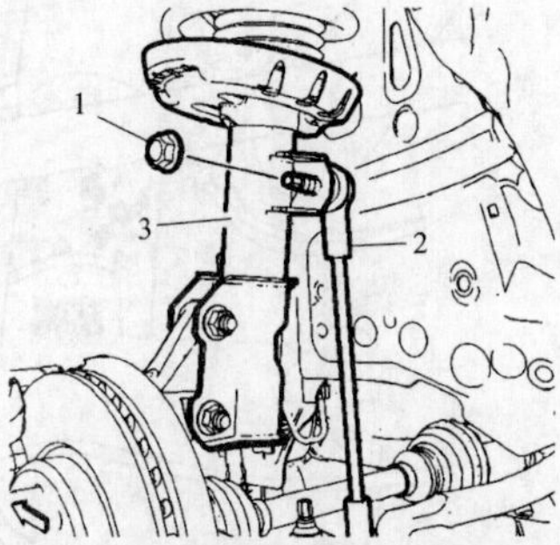	(6)安装前稳定杆连杆2至减振器总成上3。 (7)紧固稳定杆连杆螺母1至65N·m。	
		(8)前轮转速传感器线束1安装到减振器总成上。 (9)安装进气口格栅板。	
	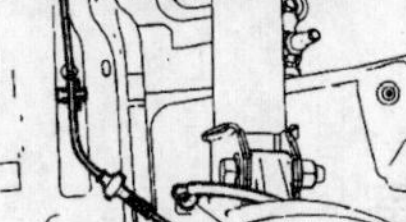	(10)按相反顺序安装	

4. 后悬架元件的检修

1）后悬架的结构

别克威朗后悬架的结构如图6-20所示。

2）后悬架的检修

（1）安全举升汽车，进行仔细的外观检查，用一根撬棒移动所有的衬套和铰接，检查是否磨损或存在自由间隙，如图6-21所示。

（2）检查减振器或滑柱是否有泄漏或损坏，检查缓冲块有无损坏，如图6-22所示。如果损坏，表明弹簧疲劳，且车身比正常行驶高度低或者说明减振器或滑柱不能控制弹簧。

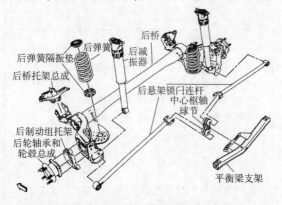

图6-20　别克威朗轿车后悬架的结构

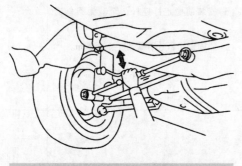

图6-21　检查是否磨损或存在自由间隙

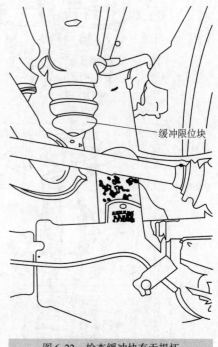

图6-22　检查缓冲块有无损坏

三、学习拓展

1. 电控悬架概述

电控悬架系统是以电控单元为控制核心，根据车身高度、转向盘转角、车速和制动等信号，经过运算分析后，输出控制信号，控制各种电磁阀和步进电动机，对汽车悬架参数，如弹簧刚度、减振器阻尼系数、倾斜刚度和车身高度进行控制，从而提高汽车乘坐舒适性和操纵稳定性的悬架系统。电控悬架系统的功能如图6-23所示。根据结构的不同，可分为电控空气悬架和电控液压悬架，本任务只讨论应用较多的电控空气悬架。

学习任务六 悬架的检修

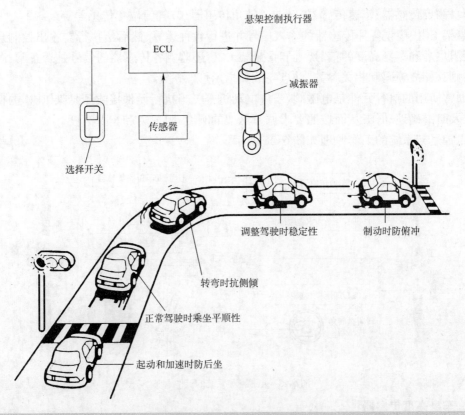

图 6-23 电控悬架系统的功能

电控悬架系统由传感器、电控单元(悬架 ECU)和执行器组成,如图 6-24 所示。

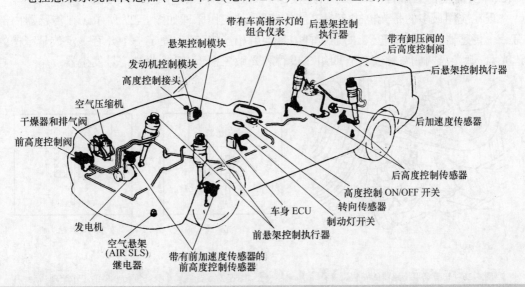

图 6-24 轿车电控悬架系统的组成

传感器的作用是将汽车行驶的速度、起动、加速度、转向、制动和路面状况、汽车振动状况、车身高度等信号输送给悬架 ECU。汽车悬架系统所用的传感器主要有车身加速度传感器、车身高度传感器、车速传感器、转向盘转角传感器、节气门位置传感器等。

悬架 ECU 接收各种传感器的输入信号并进行各种运算,然后给执行器输出控制悬架的刚度、阻尼力和车身高度的信号。同时,悬架 ECU 还监测各传感器的信号是否正常,若发现故障,则存储故障码和相关参数,并点亮故障指示灯。

通常所用的执行元件是电磁阀、步进电动机等。当执行元件接收到悬架 ECU 的控制信号后,及时准确地动作,从而按照要求调节悬架的刚度、阻尼力和车身高度。

电控悬架系统的工作原理如图 6-25 所示。

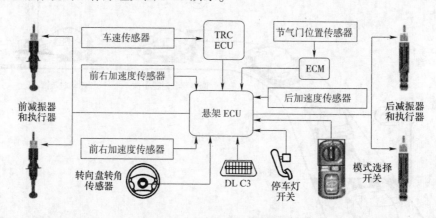

图 6-25　电控悬架系统的工作原理

2. 车身高度传感器

车身高度传感器的作用是把车身与车桥之间的相对位置变化量转化为电信号送给悬架 ECU,车身高度传感器的一端与车桥连接,另一端在悬架系统上,如图 6-26 所示。

现在应用最多的是光电式车身高度传感器,其工作原理如图 6-27 所示。在传感器内部有一个传感器轴,轴外端安装的连接杆与悬架臂相连接,轴上固定一个开有一定数量窄槽的遮光盘,遮光盘两侧对称安装有四组二极管和光敏三极管,组成四对信号发生器。

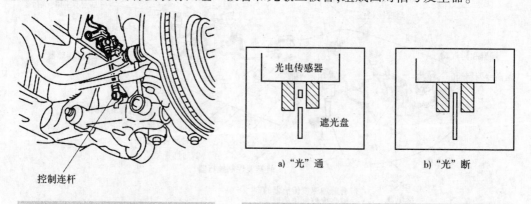

图 6-26　车身高度传感器的安装位置　　图 6-27　光电式车身高度传感器的工作原理

3. 转向盘转角传感器

转向盘转角传感器安装在转向轴上,检测转向盘的转角信号,包括转向盘位置和转向盘转向速度。大多采用光电式转向盘转角传感器,如图 6-28 所示。

4. 车速传感器

悬架 ECU 可从车速传感器、各种其他 ECU 或多路传输系统接收车速信号，如图 6-29 所示，用于系统的各种控制功能。

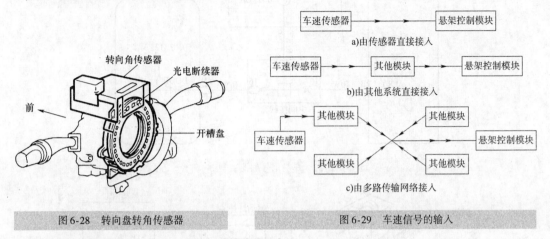

图 6-28　转向盘转角传感器

图 6-29　车速信号的输入

车速传感器一般位于变速器输出轴上，如图 6-30 所示。

5. 其他输入信号

1) 加速度传感器（图 6-31）

前加速度传感器和前高度控制传感器结合在一起，后加速度传感器安装在行李舱里。加速器传感器把压电陶瓷盘的挤压变形转变成电信号并且检测车辆竖向加速度。

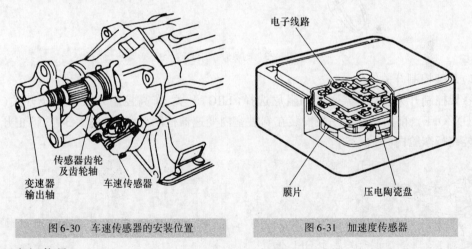

图 6-30　车速传感器的安装位置

图 6-31　加速度传感器

2) 车门信号

悬架 ECU 利用车门信号实现系统的一些控制功能，如在车门打开时，防止排气或保持目前行驶高度等，当车门关闭时，恢复正常工作状态，控制电路如图 6-32 所示。

3) 制动信号

当汽车制动时，制动开关给悬架 ECU 一个制动信号，悬架 ECU 收到制动信号后，控制执行器将悬架由软转换到硬的状态，防止汽车"点头"。制动信号的传递如图 6-33 所示。

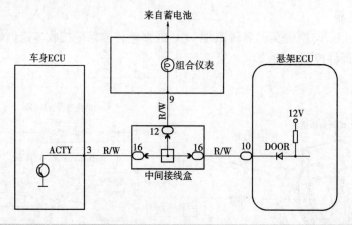

图 6-32　车门信号的控制电路

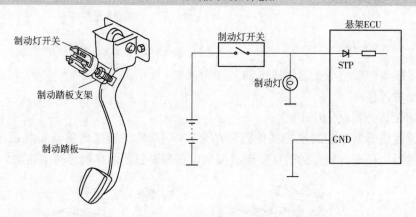

图 6-33　制动信号的传递

4）悬架控制开关信号

悬架控制开关包括悬架刚度和阻尼选择（LRC）开关、车高控制开关和锁止开关（高度控制 ON/OFF），前两个开关一般安装在驾驶室内变速器控制杆旁边（图 6-34），锁止开关一般安装在行李舱内（图 6-35）。

小提示

举升汽车时，如果锁止开关不在 OFF 位置，可能会损坏空气悬架系统。所以举升汽车前，必须将锁止开关置于 OFF 位置。

6. 电控单元

悬架 ECU 根据各种传感器和悬架控制开关的输入信号，控制减振器的阻尼力、悬架的刚度和车身高度。轿车电控悬架系统的控制框图如图 6-36 所示。

悬架 ECU 具有故障自诊断功能。工作中一旦发现电控系统出现故障，悬架 ECU 就将故障以代码的形式存在存储器中，并点亮故障指示灯向驾驶员报警。

悬架 ECU 还具有失效保护功能，当系统出现故障时，悬架 ECU 将暂停对悬架的控制。

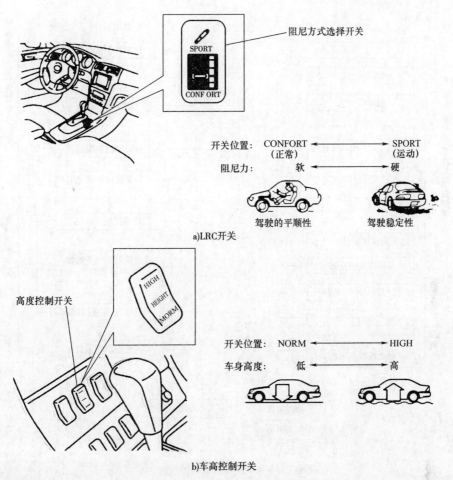

图6-34 LRC开关和车高控制开关

7. 空气悬架

空气悬架由空气弹簧、减振器、空气管路和执行器组成,如图6-37所示。通过空气弹簧可实现悬架刚度的调节,通过减振器可实现悬架阻尼的调节。

1)空气弹簧

空气弹簧是利用空气被压缩时产生的弹性来工作的,其结构和工作原理如图6-38所示。它安装于阻尼调节减振器的上端,与阻尼调节减振器一起构成悬架支柱,上端与车架连接,下端装在悬架摆臂上。

2)减振器(图6-39)

电控空气悬架系统阻尼力的调节是通过改变减振器阻尼孔截面积的大小来实现的。减振器阻尼调节杆与回转阀连接,回转阀上有三个孔,悬架ECU通过控制执行器驱动阻尼调节杆转动,就可使回转阀转动,从而控制三个阻尼孔的开闭,改变减振器内油路流通的截面积,实现对减振器阻尼能力高、中、低三种状态的调节。

图6-35 悬架控制锁止开关的安装位置

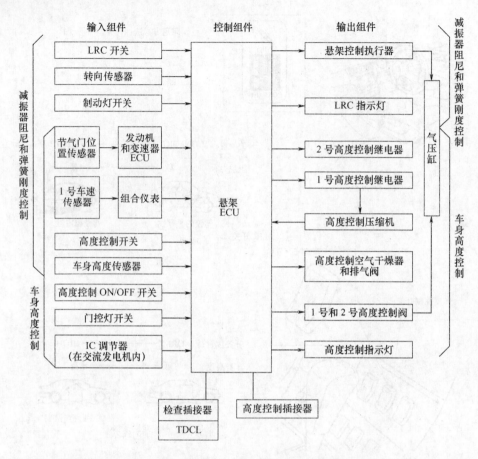

图 6-36　轿车电控悬架系统的控制框图

3) 悬架控制执行器

悬架控制执行器位于各减振器的顶部,通过输出轴转动减振器回转阀来改变减振器的阻尼力。回转阀(输出轴)旋转角度是由悬架 ECU 的信号控制的。悬架控制执行器的结构如图 6-40 所示。

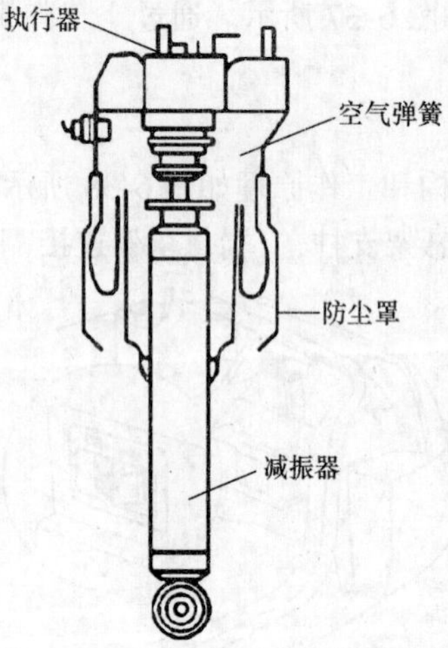

8. 车身高度调节装置

车身高度调节装置能够根据车内乘坐人员或车辆载重情况自动对车身高度作出调整,以保持汽车行驶所需要的高度和汽车行驶姿态的稳定,其工作原理如图 6-41 所示。

1) 空气压缩机(图 6-42)

空气压缩机是一个电动机驱动的单缸装置,由悬架 ECU 控制的继电器供电,提供空气悬架系统所需的压缩空气。当系统压力超过安全工作压力时,内部减压阀(或称放气阀)提供排气通道。有的压缩机电路上装有热过载断路器,可探测电动机内部的温度,当电动机过热时,就会关闭压缩机,待压缩机冷却后再恢复正常工作。

图 6-37　空气悬架的组成

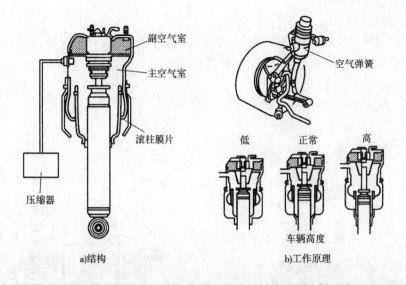

图6-38 空气弹簧的结构和工作原理

图6-39 减振器　　　图6-40 悬架控制执行器的结构

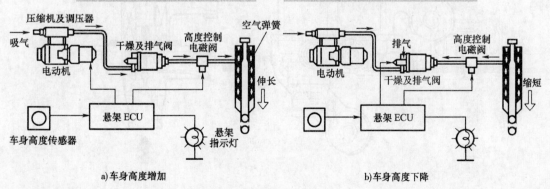

图6-41 车身高度调节装置工作原理

2)排气电磁阀

排气电磁阀一般装在压缩机缸盖上,与压缩机共用一个线束连接器,如图6-43所示。在排气过程中,排气电磁阀使空气从空气弹簧中排出。

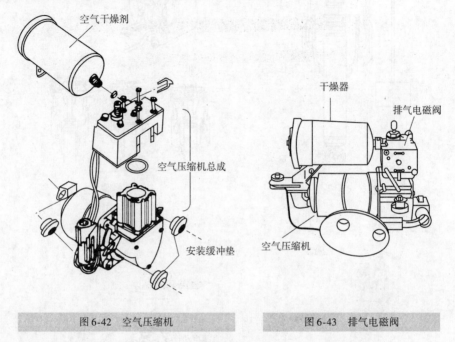

图6-42 空气压缩机　　图6-43 排气电磁阀

3)高度控制电磁阀

高度控制电磁阀又称空气电磁阀,安装在空气管路中,用于控制进出空气弹簧和减振器的空气流量,如图6-44所示。高度控制电磁阀常闭,不通电时,由于弹簧力进气通道被挡住;通电时,电磁线圈克服弹簧力,电磁阀打开,使空气流过。

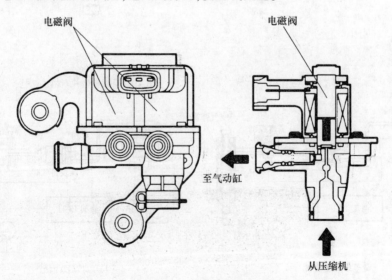

图6-44 高度控制电磁阀

9. 指示灯

电控悬架指示灯在仪表板上,如图 6-45 所示,用于指示系统工作是否正常。

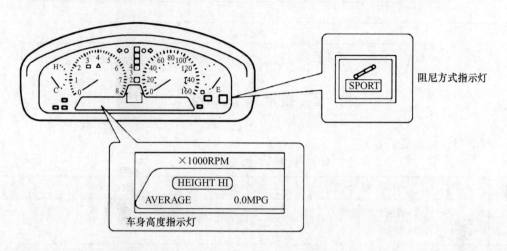

图 6-45　电控悬架指示灯

四、评价与反馈

1. 自我评价及反馈

(1) 你知道悬架的基本组成吗?(　　)

　　A. 知道　　　　B. 不知道

(2) 你能够完成普通悬架的基本检查吗?(　　)

　　A. 能够完成　　B. 在小组协作下能够完成　　C. 不能完成

(3) 你能够完成滑柱的拆卸与装配吗?(　　)

　　A. 能够完成　　B. 在小组协作下能够完成　　C. 不能完成

(4) 完成了本学习任务后,你感觉困难的部分是哪些?

_____

_____

签名:_____　_____年_____月_____日

2. 小组评价及反馈

(1) 你们小组在接到任务之后分工明确吗?_____

(2) 你们小组每位组员都能轮换操作吗?_____

(3) 遇到难题时你们分工协作吗?_____

(4) 对于小组其他成员有何建议?_____

参与评价的同学签名:_____　_____年_____月_____日

3. 教师评价及回复

_____

_____

教师签名：_____ _____年_____月_____日

五、技能考核标准

技能考核标准见表6-2。

技能考核标准　　　　　　表6-2

序号	项目	操作内容	规定分	评分标准	得分
1	准备	(1)清点工具、量具； (2)清理工位	5分	酌情扣分	
2	基本检查	(1)测试减振器； (2)确认汽车底盘高度	10分 10分	(1)操作不当扣1~10分； (2)操作不当扣1~10分	
3	检测	(1)球节检测； (2)减振器的检测； (3)衬套的检查	10分 10分 10分	(1)操作不当扣1~10分； (2)操作不当扣1~10分； (3)操作不当扣1~10分	
4	装配	按顺序装配	20分	顺序有错漏扣1~20分	
5	时间	40min	10分	(1)超时1~10 min扣1~10分； (2)超时10 min以上扣10分	
6	安全文明	无安全隐患,无不文明操作	5分	未达标扣1~5分	
7	结束	(1)工具、量具清洁并归位； (2)工作场地清洁	5分 5分	(1)漏一项扣1分,未做扣5分； (2)清洁不彻底扣1~5分,未做扣5分	
	总分		100		

学习任务七 车轮的检修

任务要求
完成本学习任务后,你应该:
1. 掌握车轮的作用、组成与结构;
2. 掌握车轮和轮胎总成的拆卸与安装;
3. 掌握轮胎的换位方法;
4. 掌握受损轮胎的维修方法。

建议学时:8 学时

任务描述

一辆别克威朗轿车,在路面上行驶时,车轮前部总有晃动或摇摆,感觉车轮在偏转,经初步检查,是轮胎异常磨损影响行驶性能,需对车轮进行检修。

一、理论知识准备

1. 车轮

车轮的作用是安装轮胎、连接半轴或转向节,并承受汽车的质量和半轴或转向节传来的力矩。车轮由轮辋、轮毂及轮辐组成,如图 7-1 所示。按照连接部分(轮辐)构造的不同,可分为辐板式车轮和辐条式车轮。

2. 轮胎

1)分类

(1)按轮胎胎体结构的不同,轮胎可分为充气轮胎和实心轮胎。

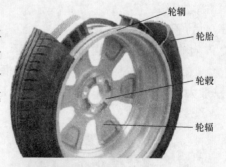

图 7-1 车轮的结构

(2)按轮胎承受充气压力的不同,轮胎可分为高压轮胎、低压轮胎和超低压轮胎。

(3)按密封空气的方法不同,轮胎可分为有内胎和无内胎。

(4)根据胎体帘线层排列的不同,轮胎可分为子午线轮胎、束带斜交轮胎和斜交轮胎,如图 7-2 所示。目前,轿车用轮胎大多数都是子午线轮胎,子午线轮胎与斜交轮胎相比,具有操纵性和稳定性优越且耐磨损性好、发热少、滚动阻力小、节省燃料、滑动少、牵引力大和高速行驶时舒适等优点。

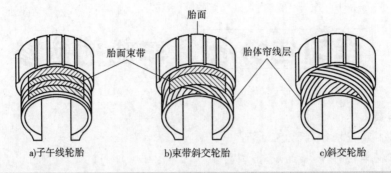

图7-2 轮胎的三种基本结构

2）轮胎的主要参数

轮胎的主要参数如图7-3所示。

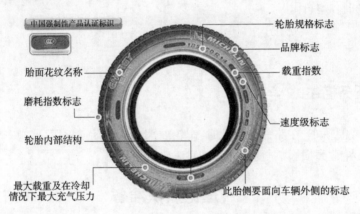

图7-3 轮胎的主要参数

3）子午线轮胎的结构

子午线轮胎的结构如图7-4所示。

（1）胎体（外胎），胎体为轮胎的框架，是由许多层与橡胶黏接在一起的轮胎帘线构成，一般大客车和载货汽车轮胎中的帘线是用尼龙或钢丝制成，小客车轮胎是用聚酯或尼龙制成。根据其帘线方向，轮胎可分为子午线轮胎和斜交轮胎两种。由于胎体具有很强的刚性和弹性，可以在有效阻止高压空气外泄的同时吸收荷载的变化和冲击。

（2）胎面，胎面是轮胎外部的一层橡胶，主要用于保护胎体免受路面造成的磨损。当胎面与路面直接接触时，产生摩擦阻力，将车辆驱动力和制动力输送至路面。胎面花纹由压入胎面的模压沟槽构成，目的在于使轮胎能将

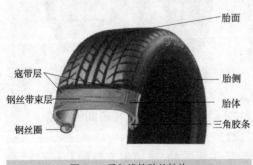

图7-4 子午线轮胎的结构

驱动力和制动力更有效地传至路面。

（3）胎侧，胎侧由数层橡胶构成，覆盖轮胎两侧，是轮胎上面积最大，弹性最强的部分。在行驶过程中，胎侧通过持续的弯曲变形来保护胎体免受外部损坏。胎壁上标有厂家名称、轮胎尺寸及其他轮胎数据资料。

（4）三角胶条，即轮胎中钢丝圈上面的填充材料，三角胶条可以减缓胎圈受到的冲击，成型时可以防止空气进入，增加下胎侧的刚性。

（5）钢丝圈，缠绕在各层轮胎侧边的坚固钢丝。钢丝圈可防止作用在轮胎上的力将轮胎从轮辋上扯开，同时，轮胎内的加压空气仍可使胎缘胀紧在轮辋边沿。

（6）钢丝带束层，子午线轮胎在胎面与胎体之间使用钢丝带束层，既可提高胎面刚性和耐磨性，又可防止外部冲击。

（7）冠带层，子午胎带束层上所使用的帘布层，行驶中可以抑制带束层移动，防止带束层脱离，保持高速状态下轮胎尺寸的稳定。

小提示

不要把英制代码轮胎安装在米制代码轮辋上，轮胎与轮辋错误搭配可能会导致轮胎损坏和严重的损伤。

3. 备用轮胎

今天大多数汽车装配有备胎，备胎比车轮小也比汽车上的轮胎小。小尺寸的原因是为了减少整车尺寸和质量，从而通过整车质量的减少提高汽车的燃油经济性。在过去的若干年里，备胎的类型和风格相差很大，且不同的汽车用不同型号的备胎。

许多占用空间小的备胎的气压比原装轮胎气压要高，通常气压是414kPa。即使备胎与原装胎相比在结构、尺寸、直径和宽度方面不同，但在汽车正常行驶时，操纵性都是一样的。当然，这些备胎没有原装轮胎耐磨，在维修时应尽快更换。

二、实践操作

（一）实践准备

（1）别克威朗轿车一辆。
（2）磁力百分表一套。
（3）常用工具、常用量具、干净的抹布。
（4）维修手册、工单。

（二）技术要求及注意事项

（1）当对从汽车上拆下的气轮胎进行维护时，应在车轮和凸耳双头螺栓的位置做好标记，确保轮胎在安装时与拆下时的位置吻合，这样可以保证汽车的车轮总成保持平衡。

(2)确保车轮与制动鼓有良好的接触。如果车轮与制动鼓表面之间有油脂、润滑油或其他脏物,会使车轮上的双头螺栓在汽车行驶时松动。

(3)经常检查轮辋尺寸,轮辋尺寸标记在轮胎的侧壁上,轮辋的直径和宽度冲压在车轮上。

(4)轮辋挡圈必须无锈、无脏物、无划痕、无松动或表面剥蚀,否则安装的轮胎会首先被划伤。

(三)汽车轮胎的检修

1. 轮胎的维护

对轮胎进行维护的目的是降低轮胎的磨损速度,防止不正常的磨损和损坏,并及时发现轮胎存在的隐患,以延长轮胎的使用寿命,并保证轮胎行驶时的安全性。

1)检查轮胎的气压(图7-5)

轮胎的充气压力是决定轮胎使用寿命和工作好坏的主要因素。轮胎的标准充气压力一般都标在轮胎气压的标示牌上,检查时应参照标准气压,将轮胎实际气压调整至标准值,否则气压过高和过低都将加速轮胎的磨损、缩短其使用寿命。检查轮胎时应检查包括备用轮胎在内的所有轮胎的气压。检查时取下气门嘴帽,用胎压表测量。

轮胎气压不正常将使轮胎磨损加剧,但轮胎气压过高和过低时轮胎的磨损形式和磨损剧烈的位置并不完全相同,具体如图7-6、图7-7所示。

检查气门嘴是否漏气,可将肥皂水抹在气门嘴上,如图7-8所示。如果出现气泡,则说明气门

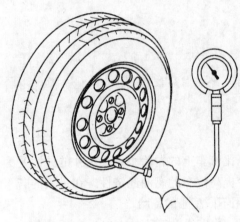

图7-5 检查轮胎的气压

嘴漏气,此时应该压一压气门嘴中的气门芯以调整其位置,然后用气门芯工具重新将气门芯拧紧。再用肥皂水检查是否漏气,若还有漏气现象,应更换气门嘴。

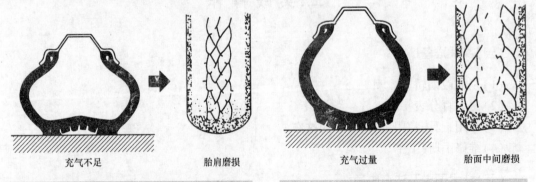

图7-6 轮胎充气压力不足对轮胎磨损的影响　　图7-7 轮胎充气压力过高对轮胎磨损的影响

2)轮胎的检查

对轮胎的检查一般应着重于轮胎的表面、胎冠磨损标记和磨损异常的检查。

（1）检查轮胎外表。因为轮胎的工作环境最为恶劣，很容易被污物扎入或刮伤，所以应该经常检查轮胎的外表，看是否有钉子等物体扎入，胎面是否有刮伤、裂纹等，如图7-9所示。

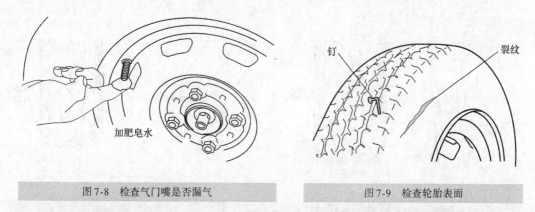

图7-8　检查气门嘴是否漏气　　　　　图7-9　检查轮胎表面

（2）检查轮胎磨损标记。现在大多数轮胎都设置了轮胎磨损标记，表明轮胎需要更换的时间。轮胎胎冠磨损1.6mm时，作为磨损标记的横跨外胎的一个宽带将会显现出来，如图7-10所示。一般当轮胎周围出现三处横跨两个或更多胎冠花纹凹槽的磨损标记或者当帘布层暴露时，就应该更换轮胎。

有些轮胎没有胎冠磨损指示器，但通过测量胎冠深度（图7-11），显示胎冠还剩的厚度（以0.8mm为单位），即可知道轮胎的磨损情况。当测量胎冠还剩下1.6mm时，需要更换轮胎。

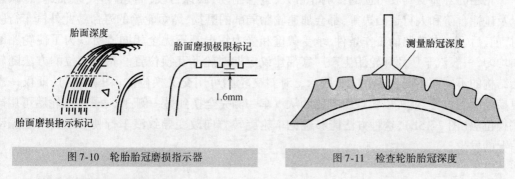

图7-10　轮胎胎冠磨损指示器　　　　　图7-11　检查轮胎胎冠深度

3）轮胎的异常磨损及其原因

常见的异常磨损有胎肩磨损、胎面中间磨损、单侧磨损、羽状磨损和斑状磨损。

（1）胎肩磨损是由于轮胎内部的压力过低，轮胎的中间出现凹陷，将荷载转移到胎肩上，因此胎肩的磨损比胎面中间的磨损严重，如图7-6所示。

（2）胎面中间磨损是由于轮胎气压过高，中间会凸出，承受较大载荷，导致轮胎中间磨损比胎肩的磨损严重得多，如图7-7所示。

（3）导致轮胎单侧磨损的原因如下：在过高的车速下转弯，造成转弯时轮胎滑动，产生斜形磨损；悬架部件变形或间隙过大，影响前轮定位，造成轮胎磨损异常；车轮外倾角不正确，导致胎面两侧磨损不均匀，如图7-12所示。

（4）羽状磨损主要是由于车轮前束调节不当或过量的车轮后束所致，如图7-13所示。

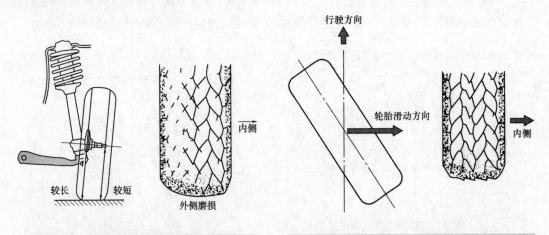

图 7-12 外倾角不正确导致的轮胎外侧磨损　　　　图 7-13 羽状磨损

（5）斑状磨损是汽车在高速行驶时产生的，如图 7-14 所示，其特点是在胎面上出现一处或多处的杯形凹陷。如果车轮轴承、球节、转向拉杆端头等部件的间隙过大，或者轴颈弯曲，那么在汽车高速行驶时，就会在某些特定的点上摆振，施加产生滑动的摩擦力，从而使轮胎产生斑状磨损。此外，如果制动鼓变形或产生不规则的磨损，就会按照一定的周期制动，这样也会出现斑状磨损。

4）轮胎的定期换位

轮胎的寿命受驾驶习惯的影响非常大，紧急制动、高速行驶、高速转弯、急加速、急减速以及碰撞台阶和人行道凸边等，都会加速轮胎局部的磨损，缩短轮胎的寿命。此外汽车行驶时，前、后、左、右轮胎的工作条件、承受载重和受力情况都不完全相同。所以为了使轮胎磨损均匀，一般汽车厂商和轮胎生产厂家都建议定期对轮胎互换位置。轮胎换位的方法随轮胎结构的不同而不同，如图 7-15 所示。对斜交轮胎可用交叉换位法（图 7-15a），即仅一次更换轮胎的位置，就可以实现所有轮胎从汽车一侧完全换到另一侧；而对子午线轮胎可用同侧换位法（图 7-15b），这种方法能够避免车轮旋转方向改变导致汽车行驶不顺而产生振动情况的发生。

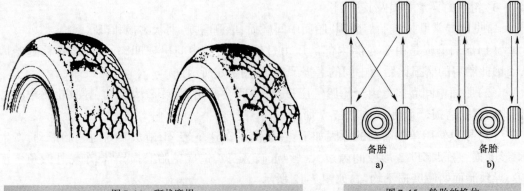

图 7-14 斑状磨损　　　　图 7-15 轮胎的换位

 小提示

对有方向性花纹的轮胎,换位后不能改变轮胎的旋向;轮胎换位后,应按规定重新调整轮胎气压。

2. 轮胎的修理

1)车轮的拆装

(1)车轮的拆卸(图7-16):先用三角木塞紧各车轮,然后初步拧松各车轮固定螺栓,再用千斤顶顶起汽车,最后拧下所有螺栓,取下车轮。

 小提示

现在有许多车辆都装有防盗螺母(每一个车轮有一个),拆卸和安装时,要用专用钥匙。

(2)车轮的安装:先在螺纹部分稍涂上一些润滑油,再按正确的顺序(图7-17)分2~3次拧紧车轮螺母。

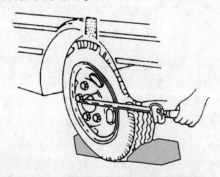

图7-16 车轮的拆卸

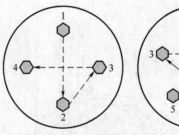

图7-17 紧固车轮螺母的顺序

2)轮胎的拆装

用扒胎机拆装轮胎的步骤见表7-1。

轮胎的拆装　　表7-1

内容	图示	操作步骤	工作记录
准备工作	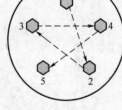 轮胎气门芯工具	(1)拆下气门嘴,放出空气,拆下所有的平衡块。 (2)轮胎在轮辋上松开后,把车轮放在扒胎机上	

续上表

内容	图示	操作步骤	工作记录
扒胎	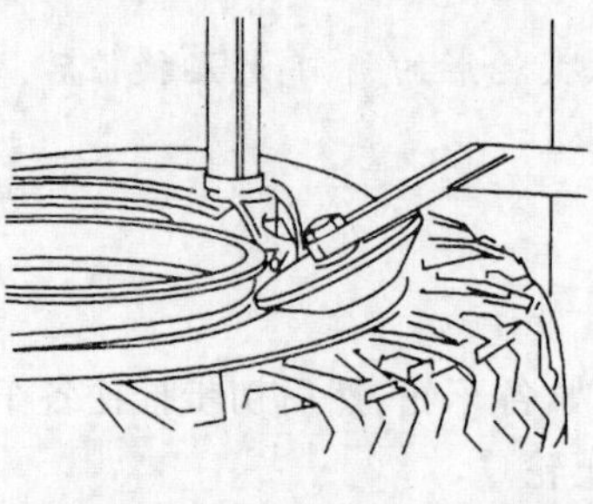	(1) 扒胎机的顶臂下降到车轮的顶部。 (2) 扒胎工具放在胎圈和车轮之间。 (3) 踩下踏板,使轮胎旋转,轮胎与车轮分开。 (4) 在另一边重复上述工作,完成扒胎	
清洁	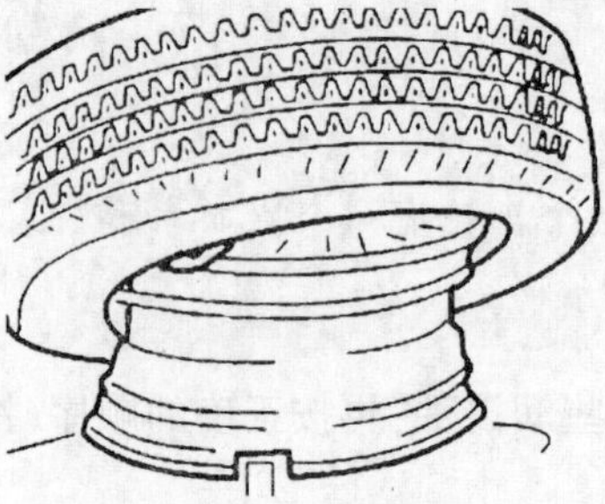	(1) 清洁轮胎胎面的密封处。 (2) 新轮胎安装前,轮胎胎圈的内外侧都涂上橡胶润滑剂或轮胎安装液	
安装	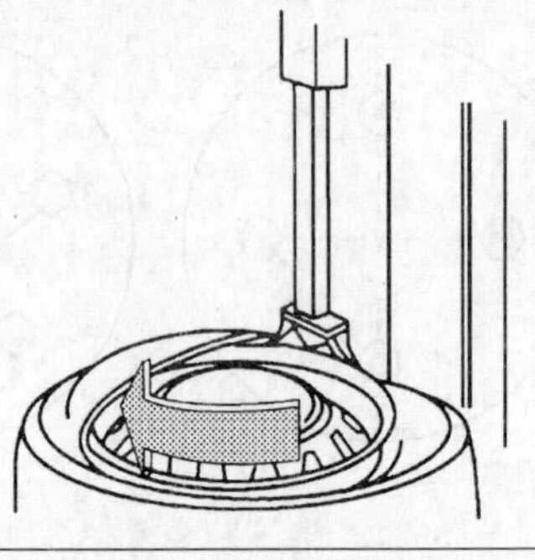	(1) 把轮胎放在胎圈上并安装好。 (2) 车轮旋转,把轮胎安在轮辋上	
结束工作	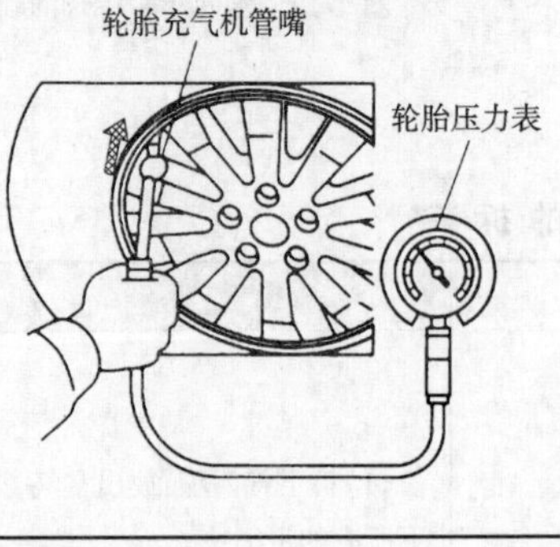	(1) 装好气门嘴。 (2) 把气压加到规定值	

3) 轮胎的修理

大多数轮胎的问题是扎伤,若修理得当,轮胎能安全地使用,而不必再担心会发生泄漏。但是只能修复轮胎胎冠区域的扎伤,而不能维修轮胎侧面的扎伤。不同轮胎可维修区如图 7-18 所示。此外,若轮胎受到下列损伤,则只能更换而不能维修:凸起或局部隆起;帘线层分离或帘布层断裂;轮胎面或侧面起包;沿口折断或破裂;织物破裂或刮伤;胎圈断裂或碎裂;磨损到织物层或可见磨损指示标记;扎伤较大,直径达 6mm。

在维修前,先要确定轮胎扎伤的位置。可先将轮胎充气至允许的最大充气压力,然后将轮胎/车轮总成浸入水箱中或用海绵蘸肥皂水涂在轮胎上,这时泄漏处会冒气泡。用标记粉笔在泄漏处做上标记,以便将轮胎从车轮上拆下后容易找到泄漏的位置。因为现在大多数轿车都使用无内胎轮胎,所以在这里主要介绍无内胎轮胎的维修方法。

(1)塞修补。这是应用非常普遍的一种维修方法,其步骤如下:

①用钢丝刷或抛光轮把扎伤孔附近抛光。

②将一个稍大于扎伤孔尺寸的塞放在插入工具的眼中,用热补液将塞和插入工具弄湿。

③从轮胎内侧将塞插入扎伤孔内,同时夹住并拉动塞的长端,如图 7-19 所示。维修塞的头部应该与轮胎内侧接触。如果塞被拉过了轮胎,则重新进行这一步。

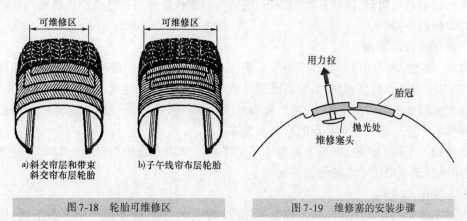

图 7-18　轮胎可维修区　　　　图 7-19　维修塞的安装步骤

④卸掉插入工具,修剪维修塞使其留在胎冠表面 0.8mm,多余部分剪切。注意在剪切时,不要拉动维修塞。

(2)冷补。修理步骤如下:

①用钢丝刷或抛光轮把扎伤孔附近抛光,面积应大于补丁的面积,如图 7-20 所示。

②把硫化液体涂到抛光的面积上,并使其自然晾干直至发黏。

③剥掉补胎片的护皮,使补胎片中心对准扎伤孔,将补胎片贴到扎伤孔上。

④用压合工具在补胎片上前后运动,以使其粘得牢固,如图 7-21 所示。

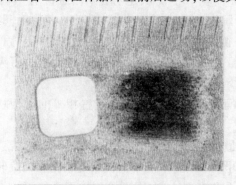

图 7-20　修理区域面积大于补丁面积　　　图 7-21　轮胎修补区的挤压加固

**小提示**

修理子午线轮胎时,只能使用经过批准的专业补片,这些专用补片上有成排的箭头,这些箭头必须与子午线轮胎的径向帘布层平行。

(3)热补。热补修理的方法与冷补修理的方法基本相同,其步骤如下:

①用钢丝刷或抛光轮把扎伤孔附近抛光。

②如果需要的话,把硫化液体涂到抛光的面积上。

③剥掉补胎片的护皮,把补胎片粘到轮胎内侧,使其中心对准扎伤孔。许多热补胎片采用夹到上面的电阻丝加热。电阻丝的夹持位置根据补胎工具或补胎片制造厂推荐的加热时间而定。

④拆掉加热电阻丝,使热补胎片冷却几分钟,再次确认补胎片已经恰当地粘到轮胎上。

3. 车轮的平衡

1)静平衡和动平衡

汽车车轮是旋转构件。如果车轮不平衡,在高速行驶时会引起车轮上下跳动和横向摇摆,影响汽车乘坐舒适性、驾驶员的操纵性及汽车的制动性等,造成很大的安全隐患。不平衡还会大大增加各部件所受的力,加大轮胎的磨损和行驶噪声等。因此,高速汽车的轮胎在使用和维修中心须进行车轮平衡的检测和校准。

车轮的不平衡有两种,即静不平衡和动不平衡。如果发现轮胎有不均匀或不规则的磨损,就应该作车轮定位和车轮的动平衡。

2)车轮的动平衡

由于动平衡的车轮一定是静平衡的,只要检测了动平衡,就不需要检测静平衡,所以在此我们着重讨论动平衡的检测。

(1)轮胎平衡的注意事项。进行车轮平衡时,轮胎和车轮高速旋转,所以松散的杂物会以很高的速度飞离轮胎或车轮,造成周围人员受到伤害或造成财产的损失。因此,在检测车轮的动平衡前,必须先进行以下检查:检查胎冠里面有无杂物,检查轮胎里面有无杂物,检查胎冠和胎侧,检查充气压力,检查车轮轴承的安装情况,检查车轮内有没有污泥堆积。

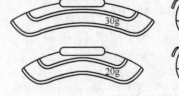

图7-22 卡夹式平衡块

(2)平衡块。平衡块也称配重,通常有两种形式。图7-22所示为卡夹式平衡块,它用于大多数轮辋有卷边的车轮,平衡块上有一个钢钩,可将平衡块很牢固地嵌扣在轮圈边缘上。对于铝镁合金轮辋,因无卷边可夹,使用粘贴式平衡块。

要纠正车轮的动不平衡,需要在与不平衡点处成180°的位置放置相等的平衡块,一块在车轮内侧,一块在车轮外侧,如图7-23所示。

(3)用车辆动平衡仪进行车辆动平衡。最常用的车轮动平衡仪要求将车轮从汽车上卸下,并将车轮总成安装到平衡仪的主轴上,如图7-24所示。平衡机带动车轮总成旋转,通过频闪灯或其他装置指示偏重部位,必须进行两次检测,一次用于检测静不平衡,另一次用于检测动不平衡。加装的一组平衡重块用于校正静不平衡,加装的另一组平衡重块用于校正动不平衡,有时,当校正静不平衡的重块处于恰当定位时也能校正动不平衡。

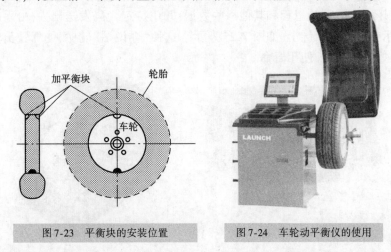

图 7-23　平衡块的安装位置　　图 7-24　车轮动平衡仪的使用

有多种电动的动静平衡机可以对装在汽车上的车轮及轮胎总成进行平衡检测,通过控制台上的开关可以设定进行动平衡检测或静平衡检测。进行静平衡检测时,使车轮旋转到偏重部位垂直向下就会停止转动,通过加装平衡重块使车轮达到静平衡。进行动平衡检测时,车轮总成被驱动高速旋转,观察平衡刻度盘,就可以确定需要加装的平衡块质量及其加装位置。

三、学习拓展

1. 新型轮胎

随着汽车工业的迅速发展,人们对轮胎的要求越来越高,为了满足人们日益增长的需要,世界主要轮胎公司相继推出各式各样的新型轮胎,现简介如下。

(1) 绿色轮胎。

绿色轮胎一般是指滚动阻力低(节油性好),使用寿命长,翻新性好,质量轻以及噪声小和防滑等性能好的轮胎。就滚动阻力来说,绿色轮胎与普通轮胎相比降低22%～35%,因而节油3%～8%,这也是绿色轮胎很快得到广泛推广的重要原因。以法国米其林为例,该公司推出的第一代绿色轿车轮胎有 MXT 和 MXV3-A 两种型号。MXT 胎面有3条较宽的纵向花纹沟,沟边部与底部垂直,从而确保轮胎在各种条件下保持同样性能,MXV3-A 胎面也有3条纵向花纹沟,在干、湿面上都能展现出优良的附着性。它的主要特点是滚动阻力低(比一般子午线轮胎低35%),因而可节油3%～6%,此外这种轮胎还具有附着性、加速性及行驶稳定性好,行驶里程高和噪声低等优点。

这种轮胎还有德国大陆公司的 EOT(最佳节能)轿车轮胎、美国固特异公司的 GFE(燃料用率高)轮胎、日本普利司通公司的 FS(节油者)轮胎、倍耐力公司推出的包括 FH55(前轮用)和 TH65(驱动轮用)的轮胎,等等。

(2) 智能轮胎。

智能轮胎内装有计算机芯片,能够自动监测轮胎行驶温度与气压,并及时予以调整,使轮胎始终保持良好的使用性能,既提高了安全系数,又节约了开支。例如美国固特异公司推出的 Unisteel 系列"会说话"载重轮胎,在轮胎胎壁里埋设一小块单片集成电路,自动测量轮胎的温度、气压、转速、行驶里程和其他一些数据,并用特定代码发送出去,由手提式解码器译成数字显示在液晶显示屏上,如图 7-25 所示。这种"会说话"轮胎,使驾驶员能及时了解轮胎状况,做好维护,延长使用寿命。

a)液晶显示屏　　　　　　　b)单片集成电路

图 7-25　智能轮胎

(3)泄气保用轮胎。

漏气后仍能继续安全行驶一段较长路程的轮胎称泄气保用轮胎或零压轮胎。从结构上,泄气保用轮胎可分为自封式和刚性支撑式两大类。自封式是在胎腔或密封层内预先充入足量密封剂,轮胎遭外物刺穿后,密封剂自动流至穿孔处,堵塞洞孔,从而维护正常行驶状态。刚性支撑式泄气保用轮胎又分为自体支撑型、加物支撑型两种。

虽然各厂家研究开发的泄气保用轮胎不尽相同,但一般都具有如下一些共同特点:泄气后仍可继续安全行驶一段较长路程;需配备气压监控装置;胎侧有所增强;漏气后轮牢固附着于车轮上。泄气保用轮胎的主要技术指标为失压后的行驶速度和行驶距离,就目前技术水平而言,前者一般为时速 80~88km/h,后者一般为 80km/h,最高达到 320km/h。

德国大陆公司的 Gen Seal 系列属于自封式无内胎轮胎,意大利倍耐力公司 EMI(整体组合膨胀泡沫轮胎)属特制车轮+内支撑物型。

(4)超轻量轮胎。

为了减轻轮胎质量,提高轮胎使用性能,日本住友公司与杜邦公司(芳纶生产厂家)合作,1994 年研究开发出超轻量(ULW)轮胎,也称全化纤轮胎。与一般子午线轮胎相比,ULW 轮胎具有如下特点:所有骨架材料全部采用化学纤维,因而轮胎质量可减少 30%,滚动阻力下降 10%,轮胎速度可达 290km/h;在两层带束层上覆盖上一层 0°角无接头缠绕冠带层;优化胎体和气密层设计,减薄胎面,提高加工精度。

2. 轮胎压力监控预警系统(简称 TPMS)

汽车高速行驶时,轮胎故障是所有驾驶者最为担心和最难预防的,也是突发性事故的重要原因。TPMS 能够把爆胎危害扼杀在摇篮里。大多数驾车者不经常进行轮胎气压检测,只是用肉眼观察或用脚踢轮胎来判断轮胎的压力,所以不能提前发现轮胎隐患。美国汽车工程师协会的调查统计表明,美国每年有 26 万起交通事故是由于轮胎故障引起的,而 75% 的轮胎故障是由轮胎气压不足或泄漏造成的。为了有效防止爆胎,监测车辆在高速行驶过程中胎压的变化很有必要。

(1) TPMS 的优点。

①轮胎气压过低时,TPMS 能提前告知,因此安全性得到提高。

②不需要定期检查轮胎气压,因此舒适性得到提高。

③提高了轮胎寿命。

④能保证车辆使用过程中具有正确的轮胎气压,降低了燃油消耗量。

(2) TPMS 的分类。

目前,TPMS 主要分为两种类型。一种是间接式 TPMS(图 7-26),它通过汽车 ABS 的轮速传感器来比较各轮胎之间的转速差别,以达到监测胎压的目的。缺点是无法对两个以上轮胎同时缺气的状况和速度超过 100km/h 的情况进行判断;另一种是直接式 TPMS (图 7-27),在汽车的 4 个轮胎上安装高灵敏的以锂离子电池为电源的传感器,在汽车行驶状态下实时、动态地监测轮胎压力,然后将数据通过无线电信号发射到接收器,并在接收器上以数字形式反映出气压值。任何原因(如铁钉扎入轮胎等)导致的轮胎漏气,系统都能够自动报警,使驾驶员及时发现问题,有效预防事故的发生。

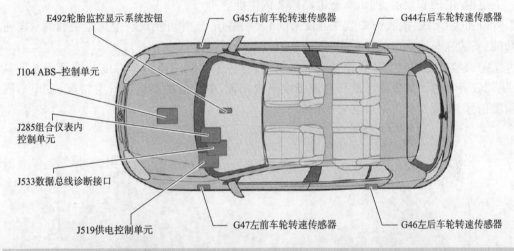

图 7-26 大众轿车间接式 TPMS

(3) 直接式 TPMS 系统的组成与结构。

直接式 TPMS 系统由 RTPM 模块和中央监视器组成。RTPM 模块即远程轮胎压力监视模块,直接安装在每个轮胎里,用于测量轮胎压力和温度,并将测量得到的信号通过高频无线电波发射出去。一个 RTPM 模块由以下几个部分组成。

①压力传感器,如图 7-28 所示,安装在金属气门嘴上,用于测量轮胎内部压力。

②微处理器,管理所有外围设备,进行压力、温度、加速度和电池电压的测量、补偿、校准等工作,以及 RF 发射控制和电源管理。

③温度传感器,测量轮胎内部温度,补偿因温度变化引起的气压波动,当温度高于一定值时,传感器停止发送信号。

④RF 射频发射电路,将检测到的轮胎压力、温度、加速度和电池电压用 RF 射频信号发射出去。

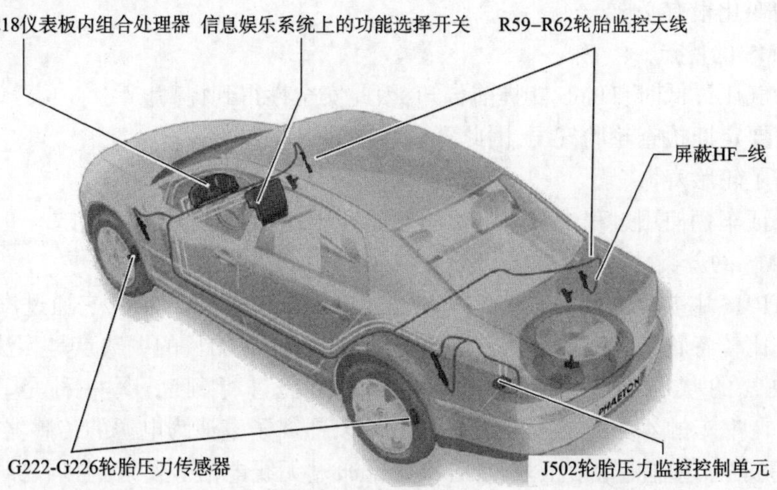

图 7-27　辉腾直接式 TPMS

⑤电池/电能收集器，提供所有电路需要的电能。

⑥LF 低频天线，接收中央监视器发来的 LF 唤醒信号，并可实现与中央监视器的双向通信功能，安装在车轮罩内的衬板后，如图 7-29 所示。

⑦中央监视器接收 RTPM 模块发射的信号，将各个轮胎的压力和温度数据显示在屏幕上，供驾驶者参考。如果轮胎的压力或温度出现异常，中央监视器根据异常情况，发出不同的报警信号，提醒驾驶员采取必要的措施。

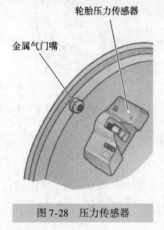

图 7-28　压力传感器

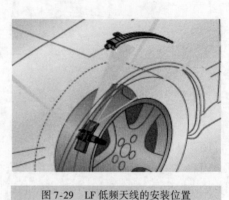

图 7-29　LF 低频天线的安装位置

四、评价与反馈

1. 自我评价与反馈

（1）你知道轮胎的基本组成吗？（　　）

　　A. 知道　　　　　　　　B. 不知道

（2）你能够完成普通轮胎的基本检查吗？（　　）

　　A. 能够完成　　　　　　B. 在小组协作下能够完成　　　　　　C. 不能完成

(3)你能够完成轮胎的拆卸与装配吗？（   ）

  A.能够完成　　　　　　B.在小组协作下能够完成　　　　C.不能完成

(4)完成了本学习任务后，你感觉困难的部分是哪些？

_____

_____

       签名：_____　　_____年_____月_____日

2.小组评价与反馈

(1)你们小组在接到任务之后分工明确吗？_____

(2)你们小组每位组员都能轮换操作吗？_____

(3)遇到难题时你们分工协作吗？_____

(4)对于小组其他成员有何建议？_____

  参与评价的同学签名：_____　　_____年_____月_____日

3.教师评价及回复

_____

_____

_____

    教师签名：_____　　_____年_____月_____日

五、技能考核标准

技能考核标准见表7-2。

技能考核标准　　　　　　　　　　　　　　　　表7-2

序号	项目	操作内容	规定分	评分标准	得分
1	准备	(1)清点工具、量具； (2)清理工位	5分	酌情扣分	
2	基本检查	(1)检查轮胎的气压； (2)检查轮胎	5分 5分	(1)操作不当扣1~5分； (2)操作不当扣1~5分	
3	维修	(1)轮胎的修理； (2)车轮的动平衡	15分 10分	(1)操作不当扣1~15分； (2)操作不当扣1~10分	
4	装配	(1)车轮的拆装； (2)轮胎的拆装； (3)轮胎的换位	10分 10分 10分	(1)操作不当扣1~10分； (2)操作不当扣1~10分； (3)操作不当扣1~10分	
5	时间	40min	10分	(1)超时1~10min扣1~10分； (2)超时10 min以上扣10分	
6	安全文明	无安全隐患，无不文明操作	10分	未达标扣1~10分	
7	结束	(1)工具、量具清洁并归位； (2)工作场地清洁	5分 5分	(1)漏一项扣1分，未做扣5分； (2)清洁不彻底扣1~5分，未做扣5分	
		总分	100分		

学习任务八　车轮定位的检测与调整

> **任务要求**
> 完成本学习任务后,你应该:
> 1. 掌握车轮定位参数的含义;
> 2. 掌握车轮定位仪器的使用;
> 3. 能独立进行四轮定位检测;
> 4. 掌握车轮定位的调整和维修。
> 建议学时:7学时

任务描述

一辆别克威朗轿车转弯后,转向盘回位不良且出现跑偏现象,经初步检查,是车轮定位不准,需对该车进行车轮定位检测,按技术要求进行调整和维修。

一、理论知识准备

1. 车轮定位参数

前轮定位和后轮定位统称为车轮定位。前轮定位指的是汽车的前轮、转向节和前轴三者之间的安装具有一定的相对位置,这种具有一定相对位置的安装又称转向轮定位。前轮定位包括主销后倾角、车轮外倾角、主销内倾角和前轮前束四个内容。车轮定位参数在车上的位置如图8-1所示。

后轮定位指的是对两个后轮来说也同样存在与后轴之间安装的相对位置,后轮定位包括车轮外倾角和车轮前束。

2. 主销后倾

主销是通过悬架上球节或支柱顶端与下球节的连线,如图8-2所示。在双横臂悬架系统中,上下中心点分别是上下横臂球节中心,在麦弗逊悬架系统中,上中心点是上轴承支架的中心,而下中心点是下球节中心。

主销后倾是从车辆的侧面观看,主销轴线相对于垂线向前或向后的倾斜。主销轴线与地面垂线之间的夹角称为主销后倾角,如图8-3所示,其作用是保障汽车行驶的稳定性。

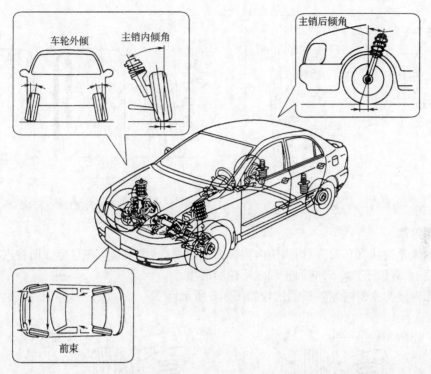

图8-1 车轮定位参数在车上的位置

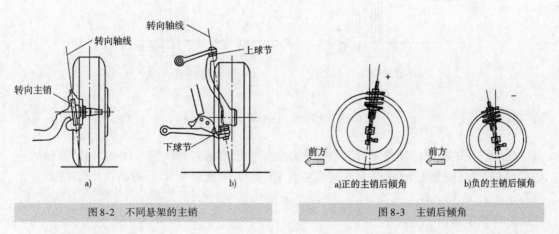

图8-2 不同悬架的主销　　　　　　　　图8-3 主销后倾角

3. 车轮外倾

车轮外倾(图8-4)是从汽车前方看汽车前轮或后轮向内侧或向外偏离地面垂线,作用是补偿路拱、乘员质量和汽车质量。如果轮胎的顶端向内倾斜,那么车轮外倾角是负的;如果轮胎的顶端向外倾斜,那么车轮外倾角是正的。

车轮过度的正外倾角会引起擦伤和轮胎外缘磨损,如图8-5所示。过度的负外倾角会引起擦伤和轮胎内缘磨损。车轮外倾角不正确还可能引起车轮轴承的过度磨损。

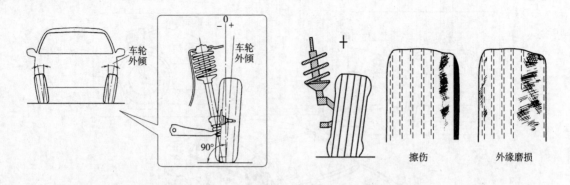

图8-4 车轮外倾　　　　　　图8-5 过度的正外倾角及其对前轮造成的磨损

4. 主销内倾

主销内倾是指从汽车前方看,主销向内偏离地面垂线,作用是保障稳定性而将汽车质量分布在路面上,有助于汽车转向回正和减小轮胎磨损。

主销无内倾与主销内倾效果的比较如图8-6所示。

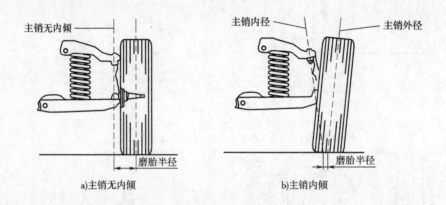

图8-6 主销无内倾与主销内倾效果的比较

检查汽车的主销内倾角还有助于查找影响车轮定位的各种问题。例如,如果两侧的主销内倾角不同,可能是滑柱的上支柱发生了错位、下控制臂发生了弯曲或中间横梁发生移位。

5. 车轮前束

车轮前束(图8-7)是车轮轮胎前端距离与后端距离之差。如果两侧车轮的前端距离小于后端距离,称为正前束;如果两侧车轮的前端距离大于后端距离,称为负前束。

车轮前束对于轮胎磨损至关重要。车轮不能保持直线行驶时,车轮为了直行就会发生滑拖。当车轮的前束(正或负)过大时,由于轮胎发生侧向滑拖,胎面边缘就会产生锯齿状磨损,如图8-8所示。

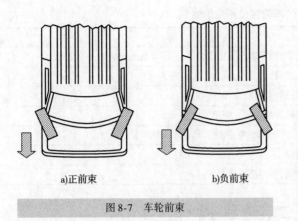

图8-7　车轮前束　　　　　　图8-8　前束不正确引起的轮胎典型磨损

 小提示

一个快速、容易的确定是否是不正确前束引起故障的方法就是，用手摩擦轮胎的表面，如果朝向车辆的中心移动比朝向外侧感觉更光滑，那么这就是过度前束的表现，反之则是后束引起的。

6. 推力角

推进线是车辆后轮总前束的夹角平分线，如图8-9所示。推力角是车体中心线与推进线形成的夹角。

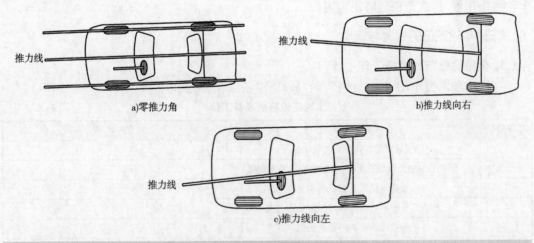

图8-9　推力线方向

当汽车直线行驶时，推力线应与汽车行驶的方向一致，若无法重合，则汽车会出现跑偏现象。有的汽车可以通过调整后轮的前束来改进推力线。

7. 车轮定位不准的后果

车轮定位不准会产生许多问题，见表8-1。

车轮定位不准的后果　　　　　　　　　　　表 8-1

序号	问　题	后　果
1	车轮外倾角不正确	轮胎磨损,球节和车轮轴承磨损,向倾角最大或最小一侧跑偏
2	主销后倾角过大	转向沉重,路面冲击力过大,车轮摇摆
3	主销前倾角过大	摇摆,蛇形,高速稳定性较差
4	车轮后倾角不相等	向倾角较大或较小一侧跑偏
5	车轮内倾角不正确	稳定性差,回正缓慢,向内倾角较小一侧跑偏,转向沉重
6	前束不正确	轮胎磨损
7	转弯半径不正确	轮胎磨损,转向产生啸叫声

二、实 践 操 作

(一)实践准备

(1)别克威朗轿车一辆。
(2)四轮定位仪。
(3)干净的抹布。
(4)维修手册、工单。

(二)技术要求及注意事项

一些技术人员认为:在进行正确定位之前必须安装新轮胎,过度的轮胎磨损,特别是只有一个轮胎过度磨损,能够引起车轮轻微的倾斜。其实重要的是不等的行驶高度,如果四个车轮磨损相等,那么车辆能够正确定位。

(三)车轮定位的检测与调整

1. 车轮定位前的准备工作

在检查和调整车轮定位之前,应做好以下准备工作,见表 8-2。

车轮定位前的准备工作　　　　　　　　　　　表 8-2

序号	项　目	记　录
1	使用规定的盘式车轮和轮胎尺寸	
2	检查轮胎的充气是否正确,轮胎磨损是否不规则	
3	检查车轮和轮胎的跳动量	
4	检查车轮轴承的齿隙以及间隙是否过大	
5	检查球节是否松动或磨损	
6	检查转向横拉杆接头有无松动或磨损	
7	检查控制臂和稳定杆是否松动或磨损	
8	检查转向机在机架处是否松动	
9	检查减振器是否有磨损、泄漏或任何可听到的噪声	
10	检查转向盘是否因僵硬或因连杆或悬架部件生锈而造成过度拖延或回转性能差	

续上表

序号	项　目	记　录
11	检查油箱是否加满、车辆空载	
12	检查轮辋和轮胎是否有裂纹、损坏	
13	检查同轴轮胎花纹是否一致	

2. 使用车轮定位仪进行车轮定位参数的检测

使用车轮定位仪进行车轮定位参数的检测见表8-3。

车轮定位仪进行车轮定位参数的检测　　　　　表8-3

项　目	图　示	检查步骤	工作记录
再次检查车辆停放		(1)确认车辆停放周正,两侧车轮位于举升机板左右位置基本一致。 (2)确认前轮停放在转盘的中心位置。	
车型数据选择	 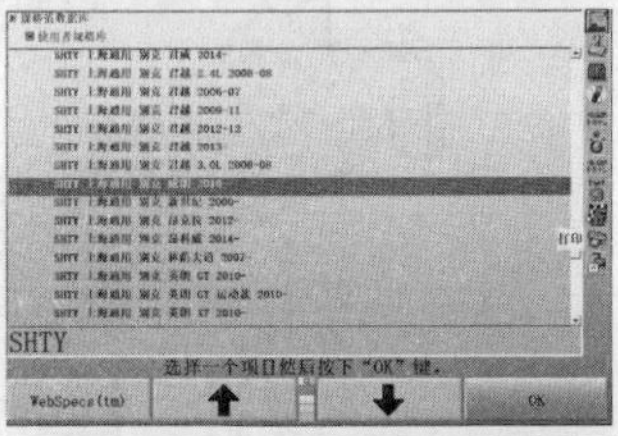	(3)操作四轮定位仪电脑选择车型数据。	
卡具安装		(4)安装车轮卡具。	
轮毂偏位补偿	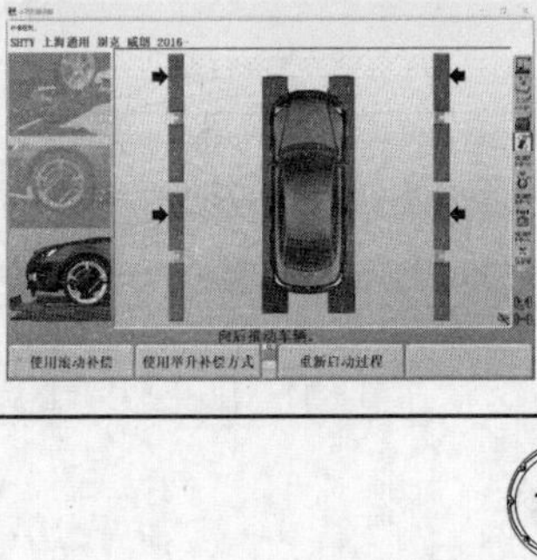	(5)前后推动车辆完成车轮补偿。 (6)车辆实施驻车制动。 (7)使用制动锁顶住制动踏板。 (8)将车轮定位仪的转向盘和滑板固定销取下,并取下垫板。	

续上表

项目	图示	检查步骤	记录
定位检测		(9)按照四轮定位仪的电脑指引完成定位检测操作	

3. 车轮定位的调整

 小提示

车轮定位的正确顺序是后车轮外倾角、后前束、前车轮外倾角、主销后倾角和前轮前束。别克威朗轿车仅前轮前束可调整。

1)调整后车轮外倾角

调整后车轮外倾角之前,应先做以下检查:弹簧、扭杆是否弹性过弱或过载,后轴、纵臂或后控制臂是否弯曲,悬架支架位置或车身尺寸是否正确。

后车轮外倾角不正确的原因可能与偶然事故有关,可视车型选择调整方法,有的可用旋转偏心轮的方法(图8-10),有的可使用垫片进行调整(图8-11)。

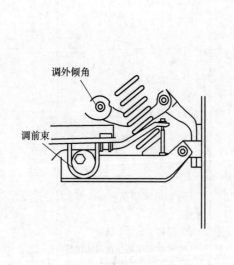

图8-10 旋转偏心轮调整后车轮外倾角

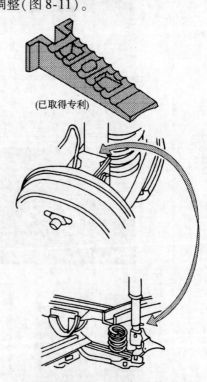

图8-11 使用垫片调整后车轮外倾角

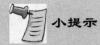 小提示

大部分轿车的后轮外倾角不可调整,如果经检测该数值不在规定范围内,应检查悬架支架是否错位或后悬架是否损坏。

2)调整后轮前束

调整后轮前束可以调节推力角,通常用可调节的横拉杆接头或下控制臂上的偏心轮来调整后轮前束,也可使用售后市场提供的垫片进行调节。图8-12为用可调节的横拉杆接头调整后轮前束。

3)前轮外倾角和主销后倾角的调整

有很多方法可以调整前轮外倾角和主销后倾角。

(1)垫片。许多汽车利用垫片来调整主销后倾角和前轮外倾角(图8-13)。可以在车架内侧和控制臂销轴之间放置调整垫片,调整主销后倾角和前轮外倾角时都需要同时拧松垫片、螺栓。通过在销轴一端增、减垫片就可以调整主销后倾角,然后,在前、后螺栓增加或减少等量垫片来调整前轮外倾角,这样就不会影响调整好的主销后倾角。

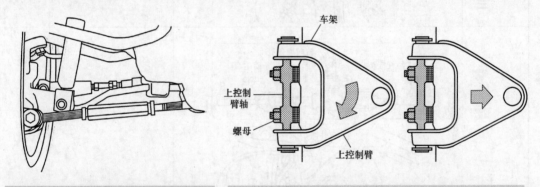

图8-12 用可调节的横拉杆接头调整后轮前束　　图8-13 用垫片调整前轮外倾角和主销后倾角

(2)偏心螺栓和凸轮。利用位于上控制臂和下控制臂内侧的偏心螺栓和凸轮也可进行调节,但与其他结构不同,应先调整主销后倾角。有些车型在转向节和上控制臂之间有一个前轮外倾角调整偏心螺栓,通过旋转这个偏心螺栓来调整前轮外倾角,如图8-14所示,通过可调整螺杆调整主销后倾角。

4)调整前轮前束

除了采用黏接式球头销座以外,各种汽车的前束都用同样的方法进行调整,见表8-4。

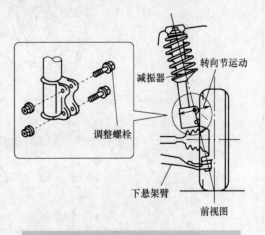

图8-14 调整前轮外倾角的凸轮

调整前轮前束　　　　　表8-4

序　号	图　　示	操作步骤	工作记录
1	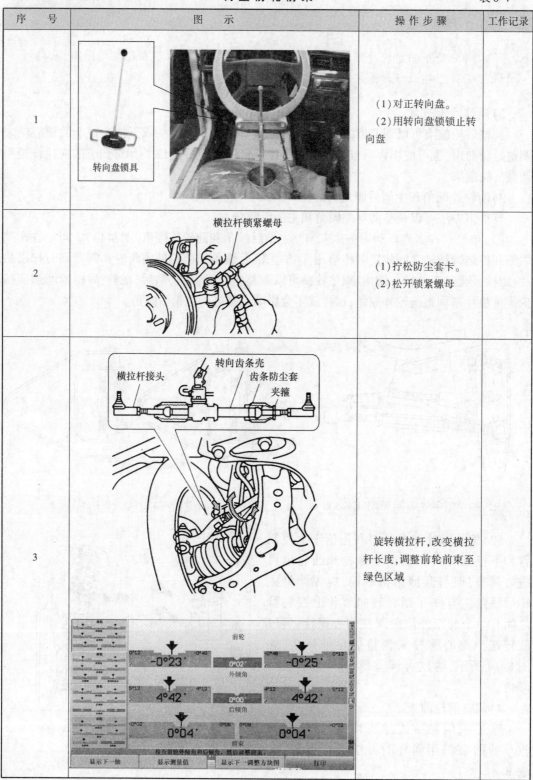	(1) 对正转向盘。 (2) 用转向盘锁锁止转向盘	
2		(1) 拧松防尘套卡。 (2) 松开锁紧螺母	
3		旋转横拉杆，改变横拉杆长度，调整前轮前束至绿色区域	

续上表

序　号	图　示	操 作 步 骤	工作记录
4	防尘套夹箍	(1)拧紧锁紧螺母。 (2)安好防尘套卡	

三、学 习 拓 展

对于前轮驱动汽车和全时四轮驱动汽车,前轮是驱动车轮。当驱动力矩施加在前轮上时,前轮就会有前束的趋势。为了抵消这种趋势,通常要求静态时的前轮前束很小,以保证前轮的行驶前束为0。实际上,这种情况下精确的前轮前束可以是0或略有前张(1.5mm)。

对于短时四轮驱动汽车的前轮而言,前轮有时是自由滚动车轮,其特性与后轮驱动汽车的前轮相同,即前轮是被后轮推动的,而不会拉动后轮。前轮就有前张的趋势,所以,为了在两轮驱动模式下,使前轮的行驶前束为0,前轮在静态下就设定前束。

轮胎磨损与前束偏差是成比例的。如果车轮前束存在3mm偏差,汽车每行驶1.6km轮胎会横向滑移3.6m,这看起来并不太大,但是,如果汽车每行驶1.6km轮胎横向滑移3.6m,就会使轮胎寿命降低一半。

如果轮胎磨损较快,应该检查轮胎的磨损模式。如果车轮具有行驶前束,胎面内侧就会留下明显的边缘。如果车轮具有行驶前张,胎面外侧就会留下明显的边缘。通过感觉会比观察更容易确定磨损模式,将手指在轮胎表面上横向擦过,就可以知道轮胎的磨损模式。

对于大多数四轮驱动汽车,主销后倾角是不可调整的。配件市场会提供一些用于调整汽车主销后倾角的调整配件包,其中可能包括垫片或偏心凸轮和偏心螺栓。对于有些汽车,配件市场可能还提供用于调整车轮外倾角的调整配件。

对于有些四轮驱动汽车,可以通过在心轴与转向节之间加装垫片或在上球节安装偏心衬套来调整车轮外倾角。市场上也会提供各种直径和厚度的车轮外倾角调整垫片,每侧只可以加装一个垫片,绝不能把垫片叠加起来使用。

四、评价与反馈

1. 自我评价与反馈

(1)你知道车轮定位的内容吗?(　　)

　　A. 知道　　　　　　B. 不知道

(2)你能够使用四轮定位仪完成车轮定位的检查吗?(　　)

　　A.能够完成　　　　　B.在小组协作下能够完成　　　C.不能完成

(3)你能够完成车轮定位的调整吗?(　　)

　　A.能够完成　　　　　B.在小组协作下能够完成　　　C.不能完成

(4)完成了本学习任务后,你感觉困难的部分是哪些?

_____

_____

签名:_____　　　____年____月____日

2.小组评价与反馈

(1)你们小组在接到任务之后分工明确吗?_____

(2)你们小组每位组员都能轮换操作吗?_____

(3)遇到难题时你们分工协作吗?_____

(4)对于小组其他成员有何建议?_____

参与评价的同学签名:_____　　　____年____月____日

3.教师评价及回复

_____

_____

教师签名:_____　　　____年____月____日

五、技能考核标准

技能考核标准见表8-5。

技能考核标准　　　　　　　　　　　　　　　　　　　　　表8-5

序号	项目	操作内容	规定分	评分标准	得分
1	准备	(1)清点工具、量具、回收桶; (2)清理工位	5分	酌情扣分	
2	基本检查	车轮定位前的检查	25分	缺一项扣5分	
3	检测	车轮定位的检测	25分	缺一项扣10分	
4	调整	车轮定位的调整	25分	顺序有错漏扣1~20分	
5	时间	30min	5分	(1)超时1~10 min 扣1~5分; (2)超时10 min以上扣5分	
6	安全文明	无安全隐患,无不文明操作	5分	未达标扣1~5分	
7	结束	(1)工具、量具清洁并归位; (2)工作场地清洁	5分 5分	(1)漏一项扣1分,未做扣5分; (2)清洁不彻底扣1~5分,未做扣5分	
		总分	100分		

学习任务九 转向系统的检修

任务要求

完成本学习任务后,你应该:
1. 能叙述转向系统的作用;
2. 能叙述动力转向的种类;
3. 能完成转向盘自由行程测量和判断;
4. 能完成别克威朗轿车转向机的更换操作。

建议学时:16学时

任务描述

一辆别克威朗轿车,行驶时动力转向系统中发出"咔嗒"声,经初步检查,故障在动力转向系统,需检修。

一、理论知识准备

1. 概述

汽车转向系统的作用是改变和保持汽车的行驶方向。机械转向系统由转向操纵机构、转向器和转向传动机构组成,如图9-1所示。

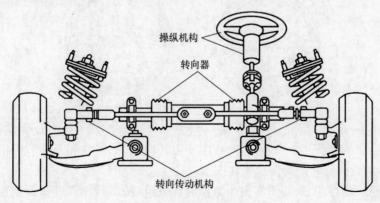

图9-1 机械转向系统的组成

2. 转向操纵机构

转向操纵机构的作用是将驾驶员操纵转向盘的力传递给转向器；同时为了驾驶员的舒适驾驶，可以进行调节，以满足不同驾驶员的需求；为了防止车辆碰撞后对驾驶员的损伤，还有一定的安全保护装置。转向操纵机构的基本结构如图9-2所示。

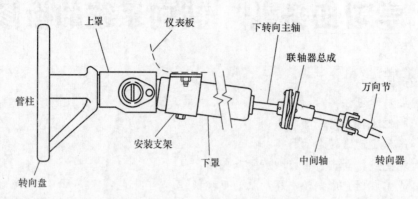

图9-2 转向操纵机构的基本结构

（1）转向盘的组成如图9-3所示，由一个坚硬的轮圈和许多连接轮圈和中心轮毂的辐条组成，中心和转向轴上端装配在一起。多数转向盘的轮毂都有内花键，与转向轴的外花键装配在一起。

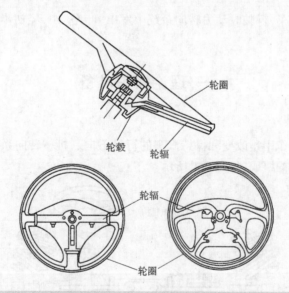

图9-3 转向盘的组成

（2）转向柱结构如图9-2所示，转向柱主要由转向轴、中间轴和万向节等组成。通过转向柱可以把转向盘的旋转运动传递给转向器。

（3）防撞机构的作用是，当汽车发生碰撞时，防撞机构能减小驾驶员因惯性的作用撞击转向盘的力，防止转向轴伤害驾驶员。分为球式、弯曲支架式、内封硅胶粉末式、啮合式和波纹管式。转向柱防撞机构如图9-4所示。

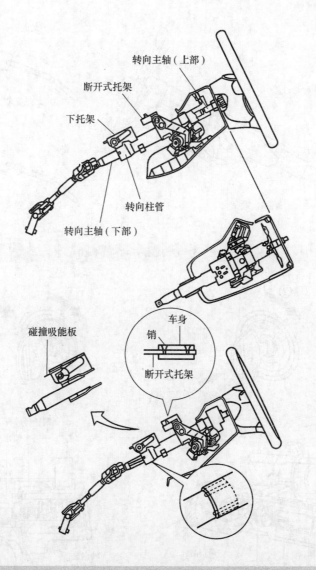

图9-4 转向柱防撞机构

(4)许多转向轴都有倾斜角调节机构(图9-5),它能使驾驶员调节转向盘相对于转向轴的相对角度。一些转向柱还设计成可伸缩式的,这就意味着转向轴和套管的上部能向驾驶员方向向内拉,并且能向仪表板方向往里推,然后再固定到新位置。

查一下可伸缩式转向柱的结构。

(5)锁止机构结构如图9-6所示,在点火开关上通常安装有机械的锁止机构,如果汽车钥匙拔开后,转向轴被锁止,汽车不能转向,起防盗作用。

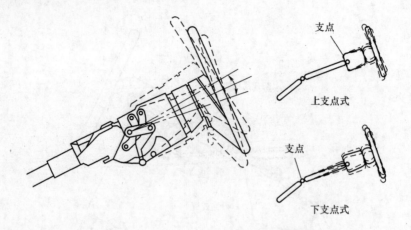

图 9-5 转向轴倾斜角调节机构

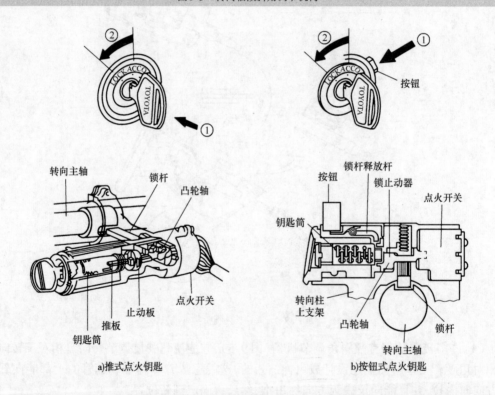

图 9-6 锁止机构结构

 小提示

　　转向操纵机构直接关系驾驶员和乘员人身安全,在发生碰撞事故后,一定要全面检查,更换所有损坏的零件。

3. 转向器

转向器是转向系统中的减速增扭装置，并将转向盘的回转运动转换为转向传动机构的往复运动。机械式转向器分为齿轮齿条式、循环球式、曲柄双销式和蜗杆滚轮式。

（1）齿轮齿条式转向器质量轻、占用空间小而被广泛应用，其工作原理如图9-7所示。

（2）循环球式转向器有两个传动副组成，一个传动副为螺杆、螺母，另一个传动副为齿条、扇形齿轮或曲柄销，如图9-8所示。

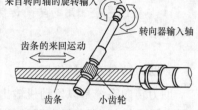

图9-7 齿轮齿条式转向器的工作原理

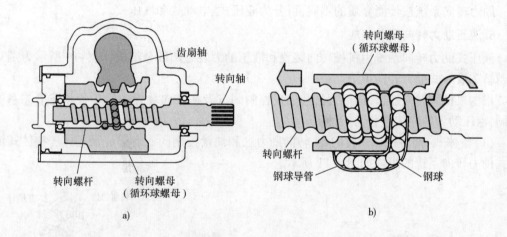

图9-8 循环球式转向器的结构

4. 转向传动机构

转向传动机构的作用是将转向器输出的力和运动传给转向桥两侧的转向节，使两侧转向轮偏转以实现汽车转向，传动杆件之间采用球头连接，其结构如图9-9所示。

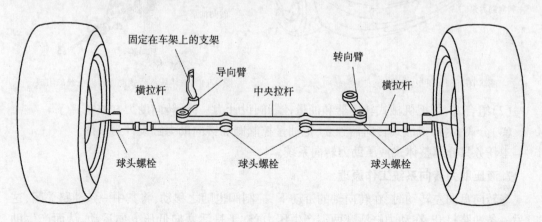

图9-9 转向传动机构的结构

想一想

与独立悬架配用的转向传动机构和与非独立悬架配用的转向传动机构有什么不同,为什么?

5. 助力转向系统的作用

助力转向系统是以发动机输出的部分动力为能源来增大驾驶员操纵转向的力量,从而使转向操纵轻便,同时转向器的角传动比较小,故又能满足转向灵敏的要求,因此广泛应用于轿车中。

助力转向系统按传能介质的不同,可分为液压式、电动式和气压式。

6. 液压助力转向系统组成

液压式助力转向系统由机械转向装置和液压助力装置两部分组成,图9-10所示为别克凯越轿车液压式助力转向系统。

根据机械式转向器、转向助力缸和油量控制阀三者在转向装置中的布置和连接关系的不同,液压动力转向装置分为三种。

(1) 整体式:即将机械式转向器、转向助力缸和油量控制阀三者设计为一体。整体式液压式助力转向系统的组成如图9-11所示。

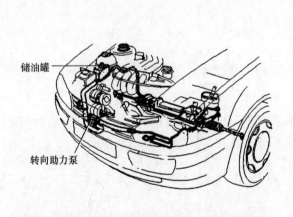

图9-10 别克凯越轿车液压式助力转向系统　　图9-11 整体式液压式助力转向系统的组成

(2) 组合式:即把机械式转向器和油量控制阀设计为一体,转向助力缸独立。

(3) 分离式:即机械式转向器独立,把油量控制阀和转向助力缸设计为一体。

本任务只介绍整体式液压助力转向系统。

7. 液压助力转向系统工作原理

当转向盘向左转动时,在转向轴的带动下,控制阀也随之移动,将其中一条油路关闭,这时另一条油路打开,在动力缸活塞两端产生压力差,于是活塞向低压方向运动,从而产生助力,如图9-12a)所示。同理,如图9-12b)所示,可以分析右转时的情况。

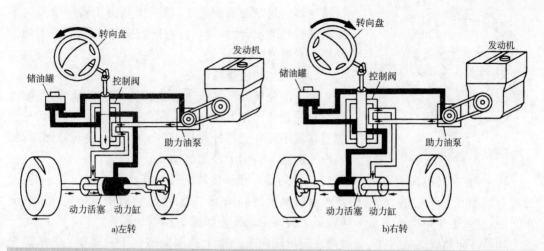

图9-12 助力转向系统的工作原理

二、实 践 操 作

(一)实践准备

（1）别克威朗轿车一辆。
（2）常用工具、常用量具。
（3）干净的抹布。
（4）维修手册、工单。

(二)技术要求及注意事项

（1）拆卸转向盘时，为了安全，请使用正确的拔出器拆卸。
（2）有时横拉杆会被卡住，请使用正确的工具拆卸横拉杆(如叉形撬杆)。
（3）在检查动力转向装置的传动带张紧度之前，请确认蓄电池电源已经断开，以防止检查时发动机突然起动。
（4）检查横拉杆端头和转向机构时，不要把手指放在零部件之间，以防意外发生。
（5）许多部件和总成在拆装时，应按规定的顺序进行；否则可能会引起部件意外掉落或弹出，造成损坏或伤害。故请务必按照生产商要求的程序从转向系统拆卸各零部件。
（6）进行转向系统检修工作时，请戴好安全眼镜。
（7）进行转向系统检修工作时，请使用适当的工具。
（8）按照安全规范升起汽车检修转向系统时，请确认各支撑的牢固可靠。

(三)机械转向系统的检修

1. 转向盘自由行程的检查

转向盘自由行程是指处于直线行驶位置的前轮不发生偏转情况下，转向盘能转过的角度。一般汽车转向盘左右自由转动量不超过30mm，如图9-13所示。如果超过这个范围，将使汽车在行驶中转向盘左右偏摆晃动,这一般是由于转向轴万向节或联轴器的磨损、转向传动杆系的磨损、转向器磨损或超出调整范围造成的。

2. 转向角的检查与调整

为了避免转向不足或车轮碰撞汽车的其他部分,应进行汽车前轮转向角的调整。转向角过大,汽车转弯时,轮胎容易与翼子板和直拉杆碰擦;转向角过小,使转弯困难,影响汽车的最小转弯半径和机动性。

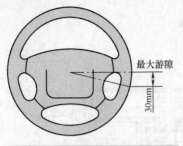

图9-13 测量转向盘自由行程

转向角检查,应在前束调整后进行。将前轴顶起,使转向轮处于直线行驶位置,靠轮胎边缘画出与车轮平行的直线,把转向盘转到底再画出第二条直线,然后用量角规测量转向角。左、右两边车轮检查方法一样。最大转向角的检查如图9-14所示。

如果转向角过大或过小,可旋进或旋出转向节凸缘上的限制螺钉予以调整。一般调至车轮偏转到极限位置时,轮胎距离最近的可能相碰物8~10mm。

3. 转向器的拆装

别克威朗轿车转向器的安装位置如图9-15所示。

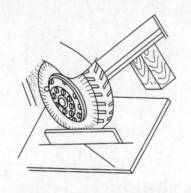

图9-14 最大转向角的检查

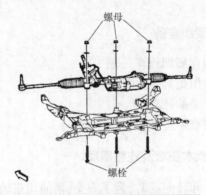

图9-15 别克威朗轿车转向器的安装位置

转向器的更换步骤见表9-1。

别克威朗轿车转向器的更换　　　　表9-1

检修内容	图　示	检修步骤	工作记录
转向器拆卸		(1)断开蓄电池负极电缆的连接。 (2)中间转向轴从转向器上断开。使车辆的车轮处于正前方位置,锁定转向柱。 拆下中间转向轴上螺栓1。 拆下中间转向轴下螺栓2。	

续上表

检修内容	图示	检修步骤	工作记录
转向器拆卸	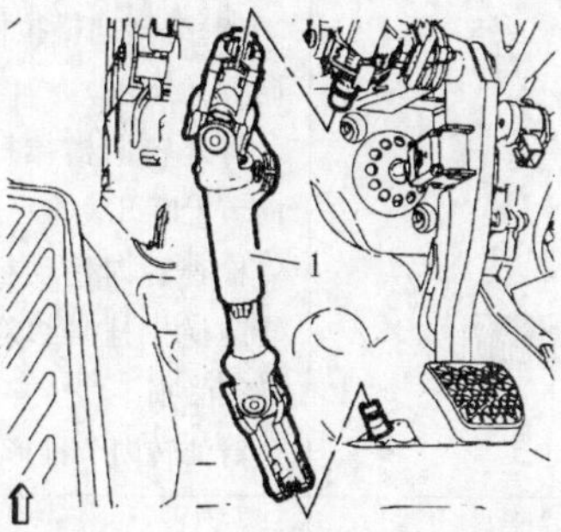	(3)拆下中间转向轴1。	
	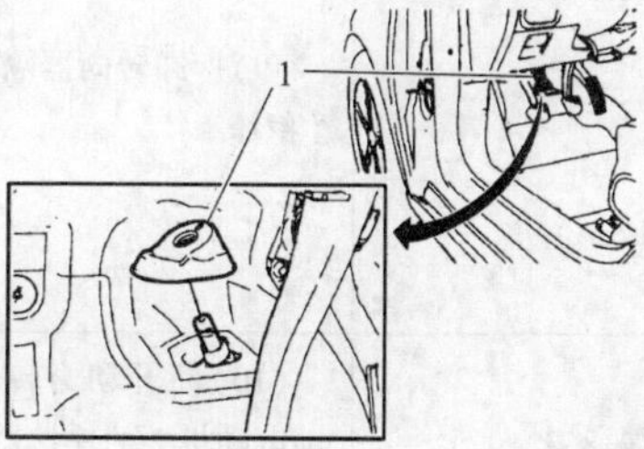	(4)将转向柱前围板内部密封件从转向器上取下,注意方向。	
	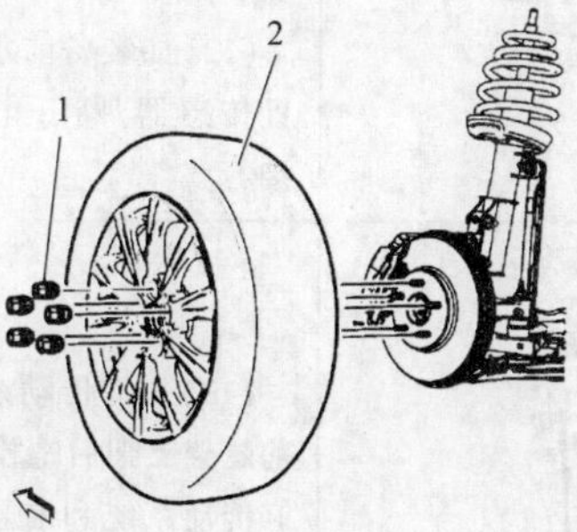	(5)拆下前轮胎和车轮总成。举升并妥善支撑车辆。参见举升和顶起车辆。拆下车轮中心盖。标记车轮2相对于轮毂的位置。拆下车轮螺母1。将轮胎和车轮总成2从车辆上拆下。 (6)拆下前轮罩衬板,拆下前舱防溅罩。	
	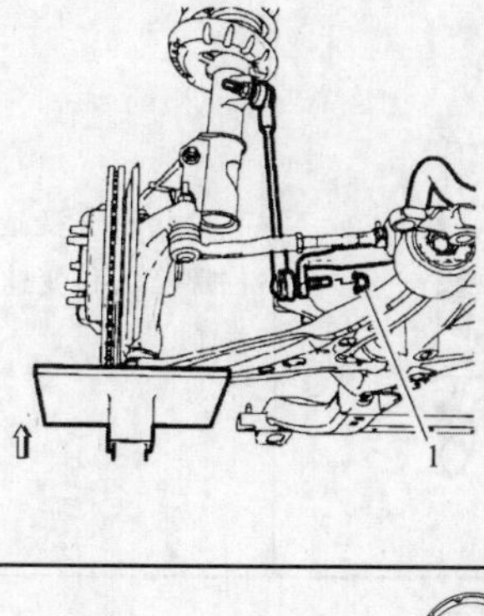	(7)拆下稳定杆连杆螺母1。	

续上表

检修内容	图 示	检修步骤	工作记录
转向器拆卸	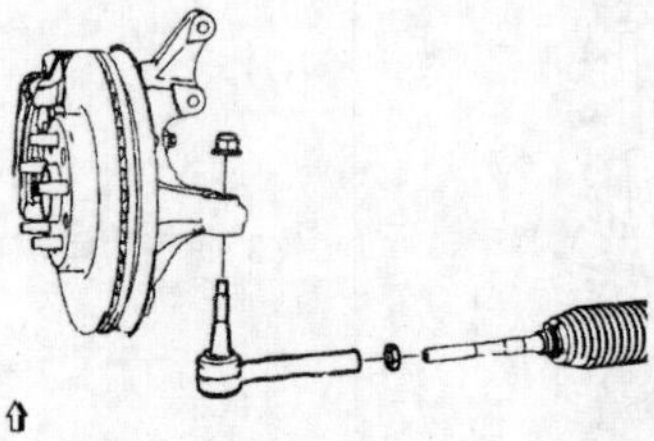	(8)外转向横拉杆从转向节上分开。将外转向横拉杆从转向节上断开。检查转向传动机构内转向横拉杆是否弯曲或螺纹受损。清洁转向节锥形面。	
	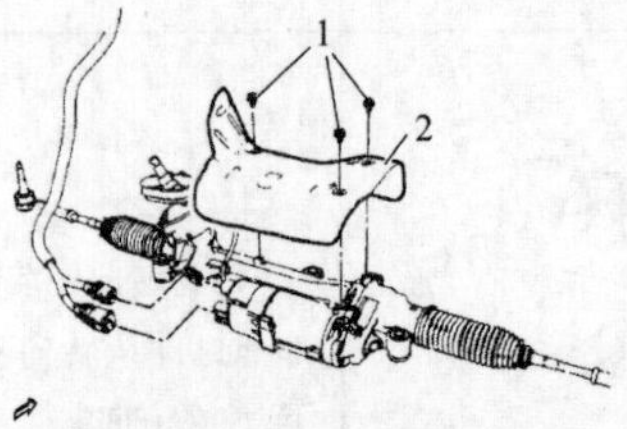	(9)拆卸转向器隔热罩2螺栓1。	
	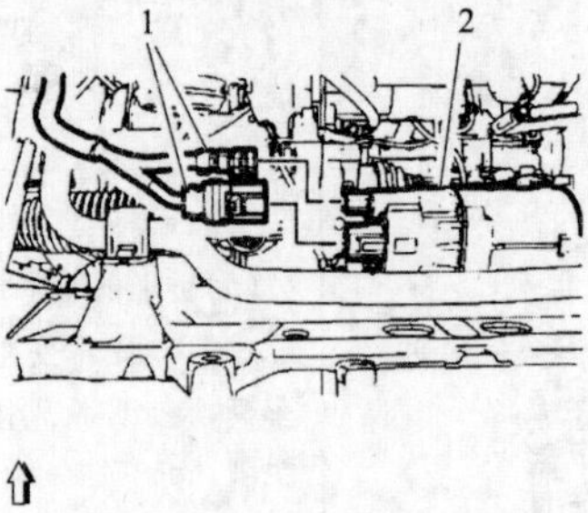	(10)断开动力转向辅助电动机2的连接器1。(11)将2个线束固定件从转向器线束托架上拆下。(12)如装备前水平位置传感器，断开电气连接器。	
	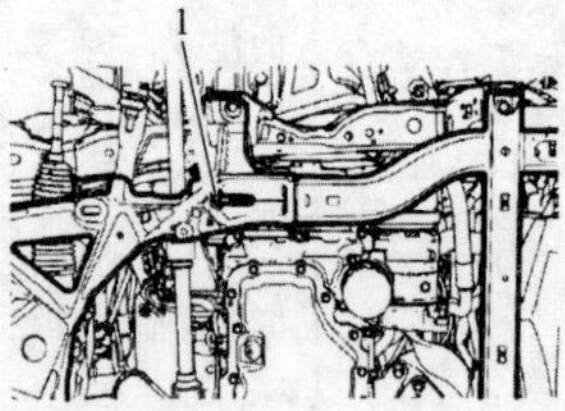	(13)拆卸传动系统和前悬架支架后螺栓1，拆卸传动系统和前悬架横梁加长件。	
	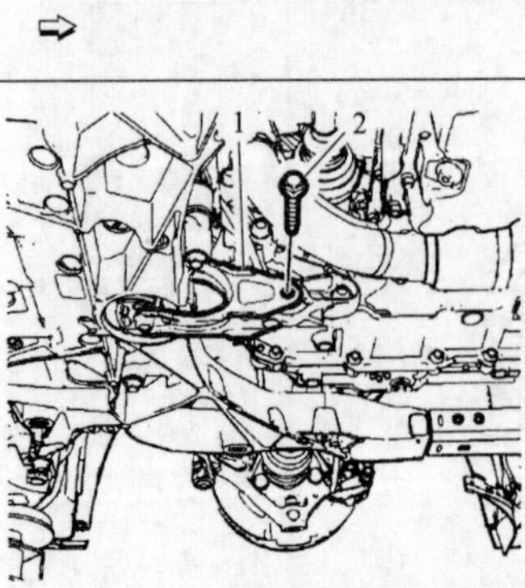	(14)拆下变速器支座柱螺栓2和变速器支座柱1。	

续上表

检修内容	图示	检修步骤	工作记录
转向器拆卸	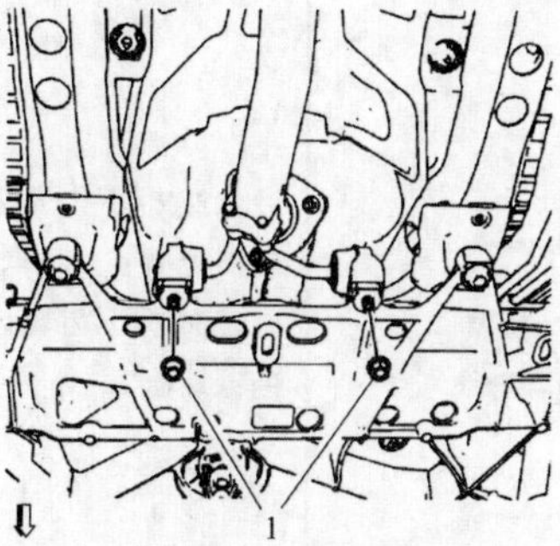	(15)拆下排气消声器隔振垫螺母1。	
	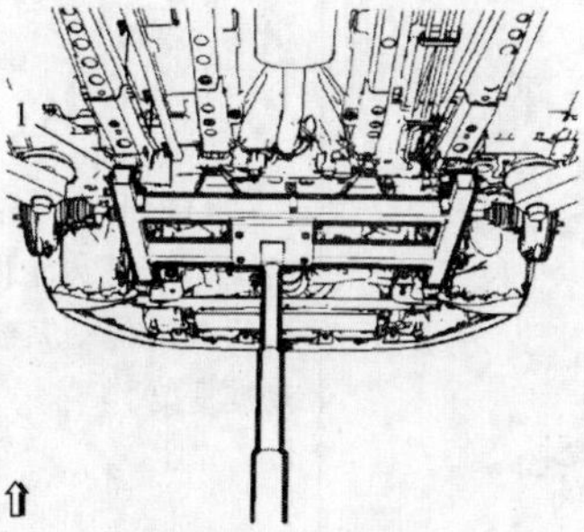	(16)使用液压千斤顶1支撑传动系统和前悬架支架。	
	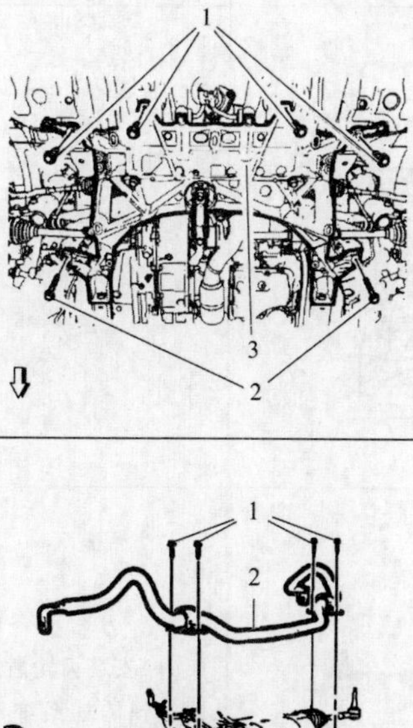	(17)拆下传动系统和前悬架支架3后螺栓1。 (18)拆下传动系统和前悬架支架前螺栓2及传动系统和前悬架支架3并报废2个螺栓。 (19)必要时,降低传动系统和前悬架支架3。	
	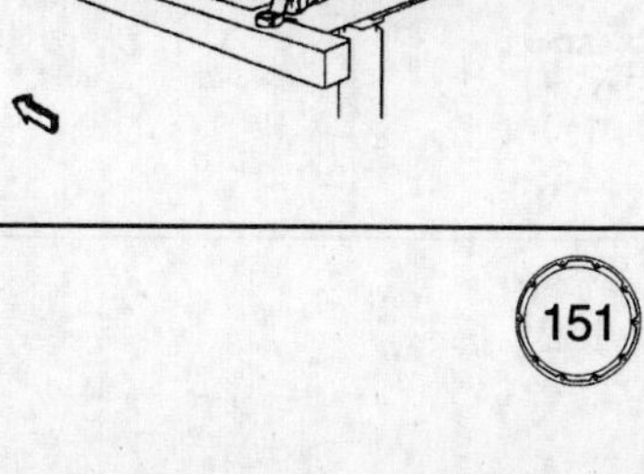	(20)拆下螺栓1。 (21)拆下稳定杆。	

续上表

检修内容	图　示	检修步骤	工作记录
转向器拆卸	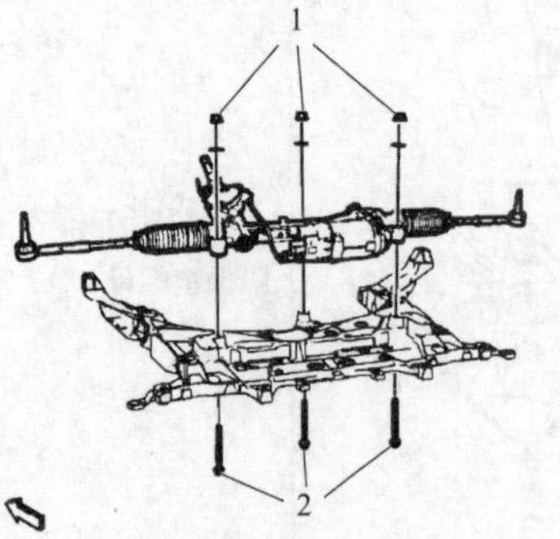	（22）拆下齿轮齿条转向器螺母1。 （23）拆下齿轮齿条转向器螺栓2。	
	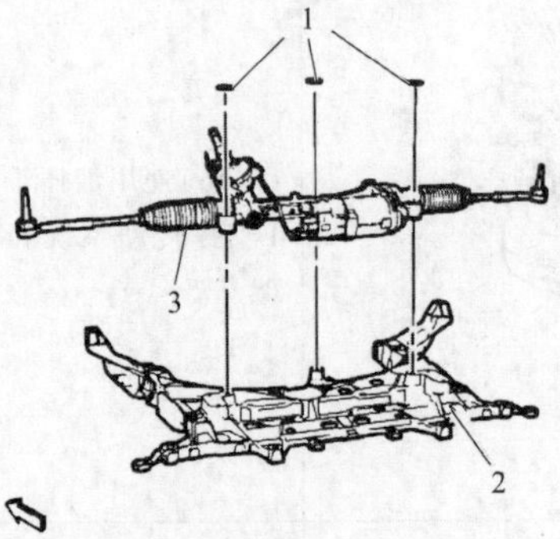	（24）拆下垫圈1。 （25）拆下齿轮齿条转向器3与传动系统和前悬架支架2。	
	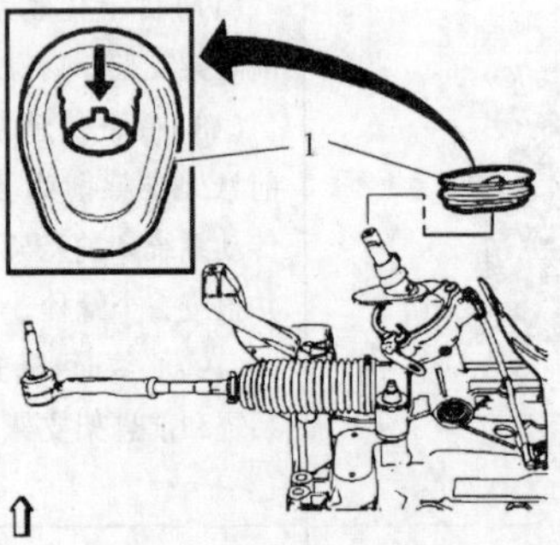	（26）拆下转向柱前围板外部密封件1	
转向器安装	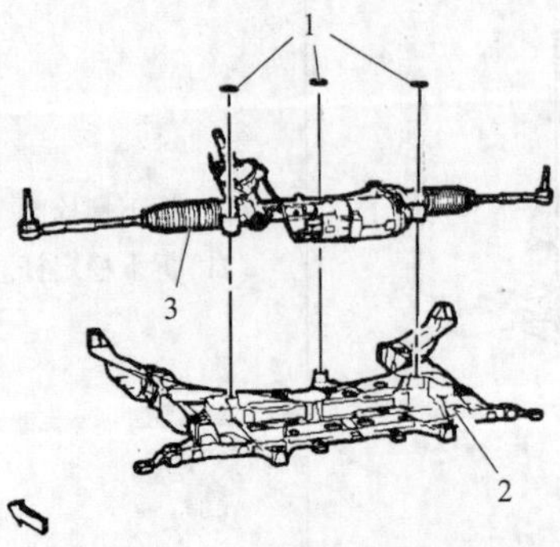	（1）安装齿轮齿条转向器3到传动系统和前悬架支架2。 （2）安装垫圈1。	

续上表

检修内容	图示	检修步骤	工作记录
转向器安装	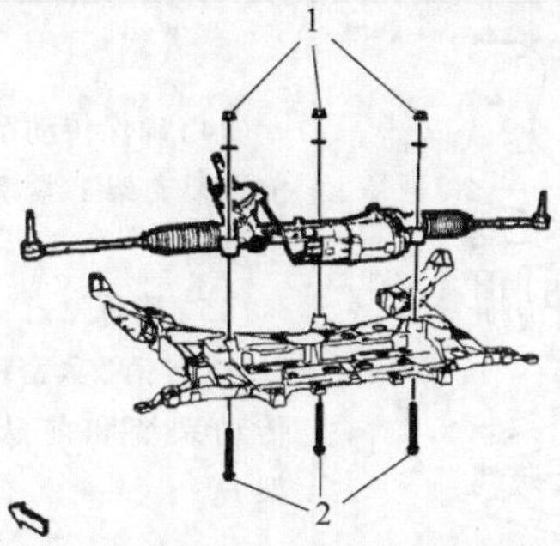	(3) 安装新螺栓2。 (4) 安装新螺母1。 (5) 螺栓先紧固55N·m。 (6) 再紧固150°~165°。	
	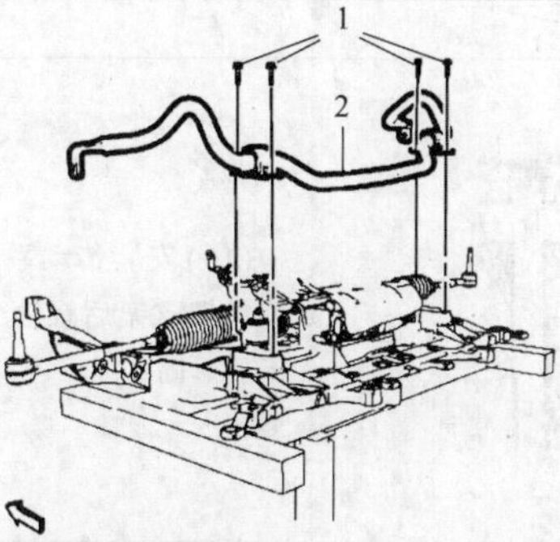	(7) 安装稳定杆2。 (8) 紧固螺栓1。第一遍紧固至22N·m，最后一遍紧固30°~45°。	
	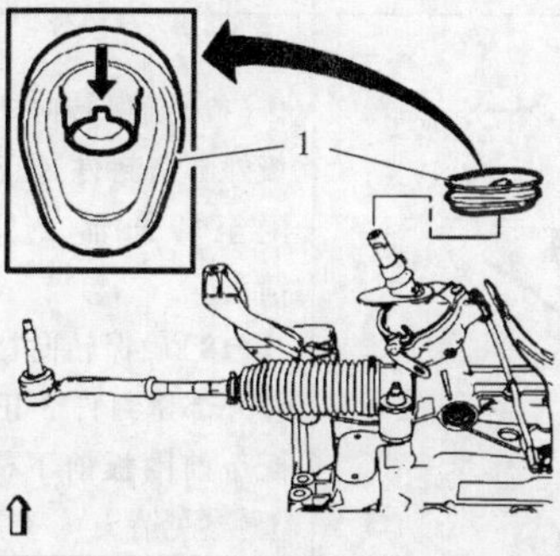	(9) 安装转向柱前围板外部密封件1。 (10) 确保转向柱前围板外部密封件1内的槽口正确对齐至电子皮带驱动式齿轮齿条转向器的突出部分。	
	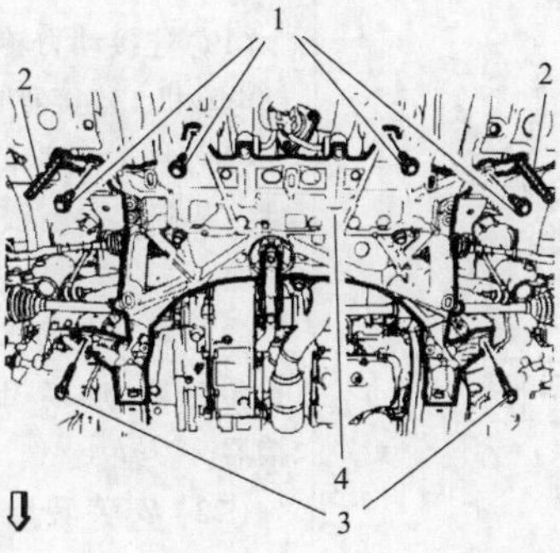	(11) 将传动系统和前悬架支架4定位到车辆上。紧固过程中安装2个CH-51034导销2，以安放传动系统和前悬架支架。 (12) 安装新的传动系统和前悬架支架前螺栓3，连接传动系统和前悬架支架4。请勿紧固。 (13) 安装新的传动系统和前悬架支架后螺栓1，连接传动系统和前悬架支架4。请勿紧固。	

续上表

检修内容	图 示	检修步骤	工作记录
转向器安装	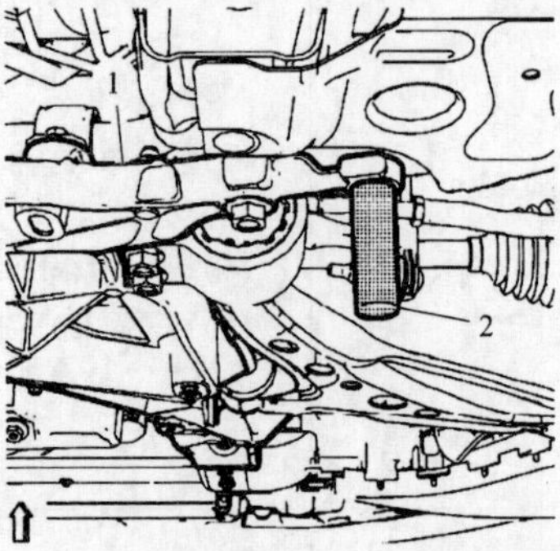	（14）确保传动系统和前悬架支架1紧密装配至车辆。 （15）确保2个CH-51034导销2紧密装配至传动系统和前悬架支架1。	
	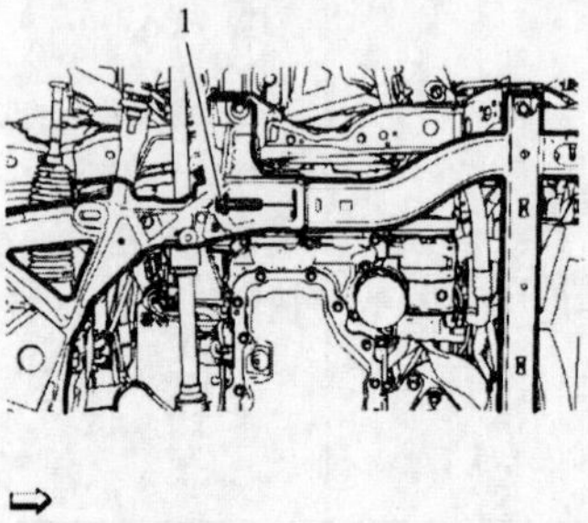	（16）安装传动系统和前悬架支架后螺栓1,但不要紧固。	
	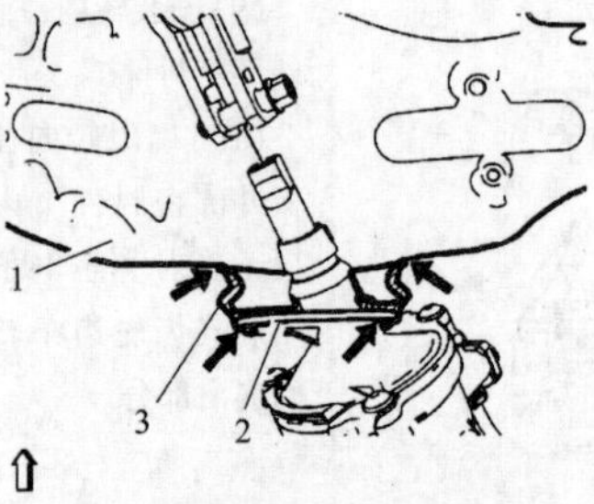	（17）确保转向柱前围板外部密封件3正确装配至转向器2。参见箭头。 （18）确保转向柱前围板外部密封件3正确装配至前围板前下横梁1上（参见箭头）。	
	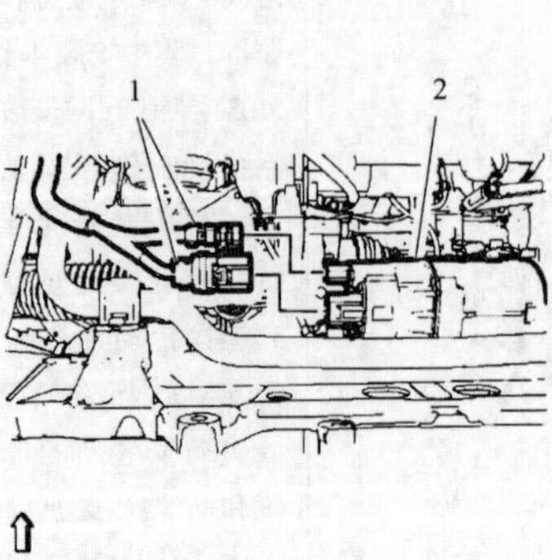	（19）连接动力转向辅助电动机2连接器1。 （20）将2个线束固定件安装到转向器线束托架上。 （21）如装备前水平位置传感器,连接相应连接器。 （22）安装转向器隔热罩。	

续上表

检修内容	图示	检修步骤	工作记录
转向器安装	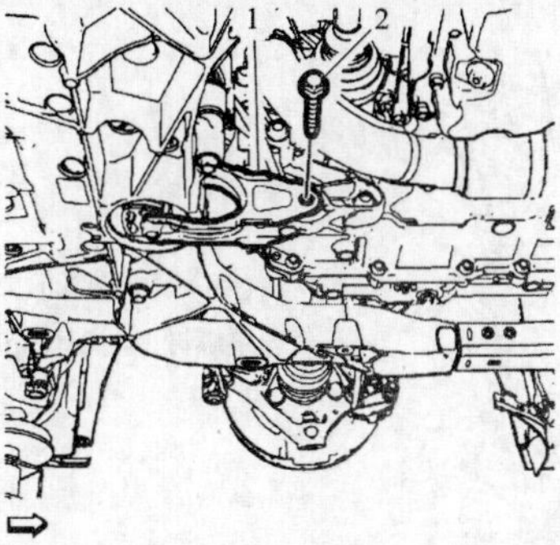	(23) 安装变速器支座柱1新螺栓2。请勿紧固。	
	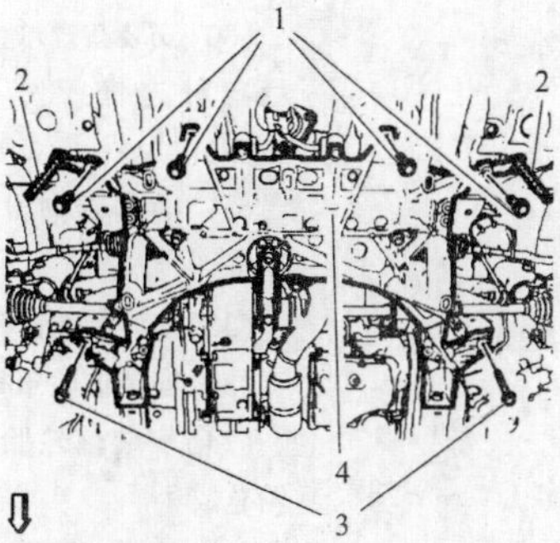	(24) 紧固传动系统和前悬架支架前螺栓3至100N·m。 (25) 安装并紧固传动系统和前悬架支架新的后螺栓。第一遍紧固至100N·m，最后一遍紧固90°~105°。 (26) 拆下CH-51034导销。	
	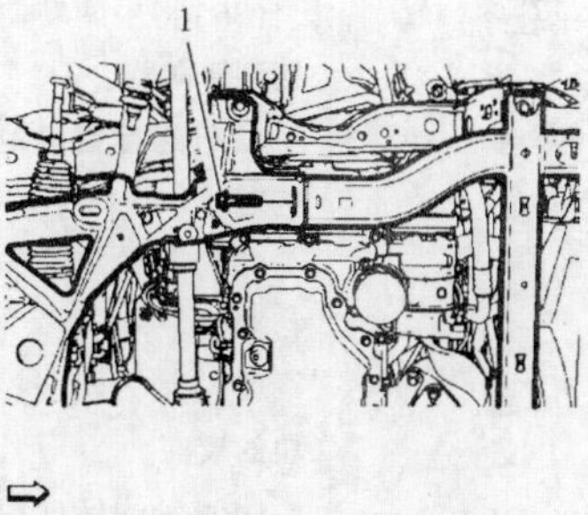	(27) 紧固传动系统和前悬架支架后螺栓1至58N·m。	
	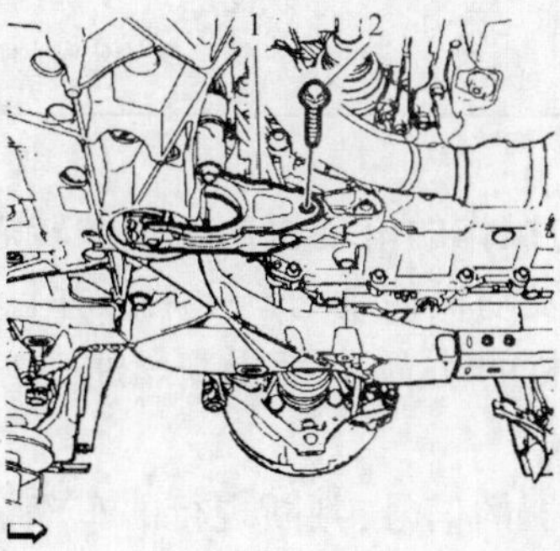	(28) 安装并紧固变速器支座柱新螺栓2。第一遍紧固至100N·m，最后一遍紧固90°~105°。	

续上表

检修内容	图　示	检修步骤	工作记录
转向器安装	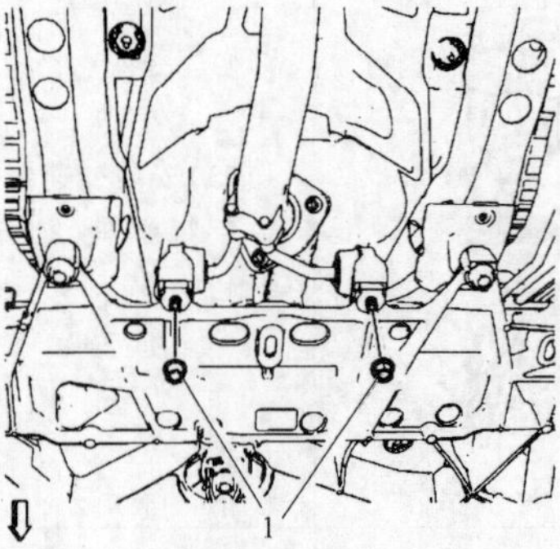	(29)紧固排气消声器隔振垫螺母1至22N·m。	
	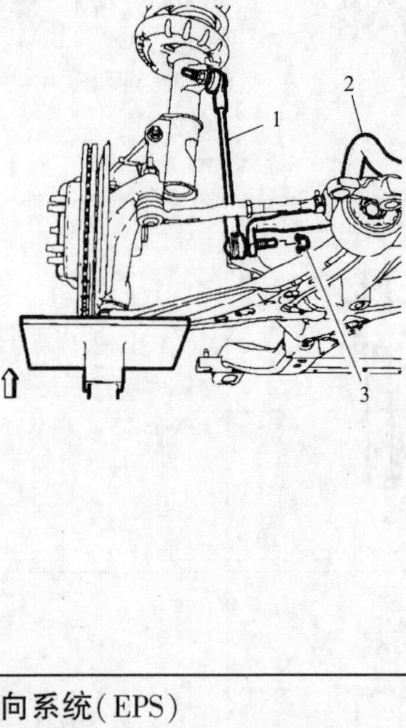	(30)安装新螺母,紧固稳定杆连杆螺母3至65N·m。 (31)将外转向横拉杆连接到转向节上。 (32)安装前舱防溅罩。 (33)安装前轮罩衬板。 (34)安装前轮胎和车轮总成。 (35)安装转向柱前围板内部密封件。 (36)将中间转向轴连接到转向器上。 (37)连接蓄电池负极电缆。 (38)车轮定位的测量与调整。 (39)动力转向控制模块的校准。 (40)动力转向控制模块设置。 (41)车轮定位的测量	

4. 电控动力转向系统(EPS)

电控动力转向系统(EPS)通过用于转向操作的电动机产生辅助转矩并减小转向用力,其组成如图9-16所示。液压动力转向利用发动机的动力产生液压并且获得辅助转矩。因为电动动力转向使用电动机,它不需要发动机的动力,从而提高燃油经济性。

5. 主要部件简介

(1)EPS电控单元。接收来自各种传感器的信号,判断现行的车辆情况,并决定依次施加到DC电动机的辅助电流。

学习任务九 转向系统的检修

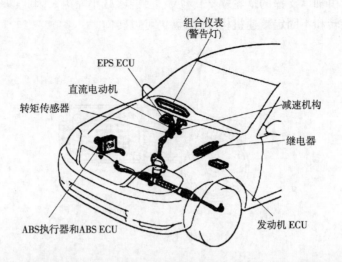

图 9-16　EPS 系统组成

(2) 转矩传感器。如图 9-17 所示,当驾驶员操作转向盘时,转向转矩通过转向主轴把转向转矩施加到转矩传感器输入轴上。检测圈 1 和 2 定位在输入轴(转向盘一侧)上而检测圈 3 则定位在输出轴(转向机一侧)上。输入轴和输出轴通过拉杆连接。同时,检测圈外周上都没有外接触检测线圈以便形成激励电路。当产生转向转矩时,扭转拉杆。在检测圈 2 和 3 之间产生一个相位差。根据这个相位差,把与输入转矩成正比的信号输出到电子控制模块。根据这个信号,电子控制模块计算出当前车速下电动机的辅助转矩并驱动电动机。

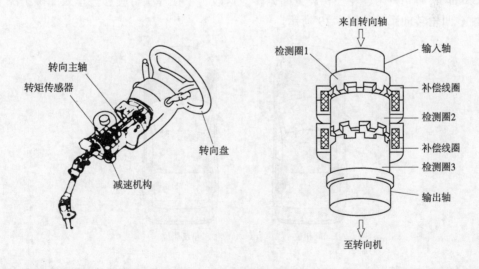

图 9-17　转矩传感器

(3) 直流电动机是由转子、定子和电机轴组成,减速机构是由蜗轮蜗杆装置组成的,如图 9-18 所示。直流电动机把由转子产生的转矩传送给减速机构。然后,减速机构把该转矩传送给转向轴。由轴承支撑的蜗轮蜗杆传动装置,能够减小噪声。因此,即使直流电动机断开转向主轴的旋转和不固定减速机构,转向盘仍可以转向。

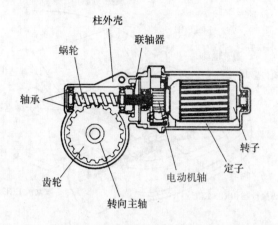

图9-18 直流电动机和减速机构

三、学习拓展

汽车行驶时,四轮转向系统可以让汽车的前轮和后轮同时发生偏转。四轮转向系统使前轮驱动的汽车工作更可靠,由于后轮没有驱动装置,所以安装后轮转向系统也很方便。

在车辆运行时,后轮可以向两个不同方向各偏转大约5°。超过一定行驶速度时,比如35km/h,后轮将与前轮往相同方向偏转。这可使汽车在并线行驶和高速路上转弯等情况下有很好的响应性;同时车身的角运动相对减少,乘坐舒适性提高。汽车行驶速度较低时,如低于35km/h,后轮将与前轮往相反方向偏转。这改善了在掉头行驶和停车入库等工况下的机动性。四轮转向系统如图9-19所示。

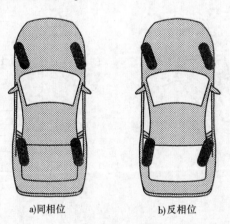

图9-19 四轮转向系统

近年来,三种类型的四轮转向系统得到了较快的发展,即机械式、液压式和电控式四轮转向系统。图9-20为电控式四轮转向系统结构图。

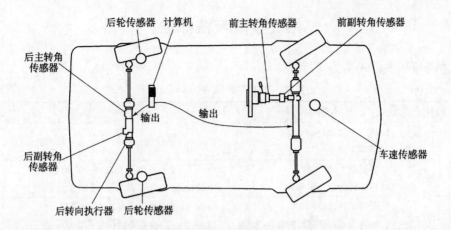

图 9-20　电控式四轮转向系统结构图

四、评价与反馈

1. 自我评价与反馈
(1) 你知道机械式转向系统的基本组成吗？(　　)
　　A. 知道　　　　　　　　B. 不知道
(2) 你知道助力转向装置的基本组成吗？(　　)
　　A. 知道　　　　　　　　B. 不知道
(3) 你能够完成机械式转向系统的基本检查吗？(　　)
　　A. 能够完成　　　　　B. 在小组协作下能够完成　　　　　C. 不能完成
(4) 完成了本学习任务后，你感觉困难的部分是哪些？
_____
_____
_____

　　　　　　　　　签名：_____　_____年_____月_____日

2. 小组评价与反馈
(1) 你们小组在接到任务之后分工明确吗？_____
(2) 你们小组每位组员都能轮换操作吗？_____
(3) 遇到难题时你们分工协作吗？_____
(4) 对于小组其他成员有何建议？_____
　　　　　参与评价的同学签名：_____　_____年_____月_____日

3. 教师评价及回复
_____
_____
_____

　　　　　　　　　教师签名：_____　_____年_____月_____日

五、技能考核标准

技能考核标准见表9-2。

技能考核标准　　　　　　　　　　　　　　　　　表9-2

序号	项目	操作内容	规定分	评分标准	得分
1	准备	(1)清点工具、量具； (2)清理工位	5分	酌情扣分	
2	基本检查	(1)测试最大转向角； (2)测试转向盘自由行程	10分 10分	(1)操作不当扣1~10分； (2)操作不当扣1~10分	
3	检测	(1)干燥车场试验； (2)齿轮齿条式转向器的拆卸、检修	20分 15分	(1)操作不当扣1~20分； (2)操作不当扣1~15分	
4	装配	按顺序组装与调整	20分	顺序有错漏扣10分	
5	时间	40min	5分	(1)超时1~10 min扣1~5分； (2)超时10 min以上扣5分	
6	安全文明	无安全隐患，无不文明操作	5分	未达标扣1~5分	
7	结束	(1)工具、量具清洁并归位； (2)工作场地清洁	5分 5分	(1)漏一项扣1分，未做扣5分； (2)清洁不彻底扣1~5分，未做扣5分	
	总分		100分		

学习任务十　盘式制动器的检修

任务要求

完成本学习任务后,你应该:
1. 掌握制动器的作用及分类;
2. 掌握盘式制动器的结构;
3. 掌握盘式制动器的工作原理;
4. 能够查阅维修手册,规范检修盘式制动器及制动钳;
5. 能够选择合适的工具与仪器,实施教学计划。

建议学时:8学时

任务描述

别克威朗型轿车以中速行驶时,踩下制动踏板,出现金属划擦声,经检查发现制动片磨损,需更换。

一、理论知识准备

(一)制动系统概述

汽车制动系统的作用是使行驶中的汽车按驾驶员的要求减速、停车和驻车,如图10-1所示。

汽车制动系统一般包括两套独立的制动装置,即行车制动装置和驻车制动装置。制动器通过其中的固定元件对旋转元件施加制动力矩,使后者的旋转角速度降低,同时依靠车轮与地面的附着作用,产生路面对车轮的制动力,使汽车减速。

制动系统一般包括制动踏板、液压制动主缸、制动轮缸、制动管路、车轮制动器总成等部分,如图10-2所示。

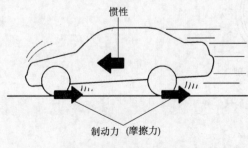

图10-1　汽车制动系统的作用

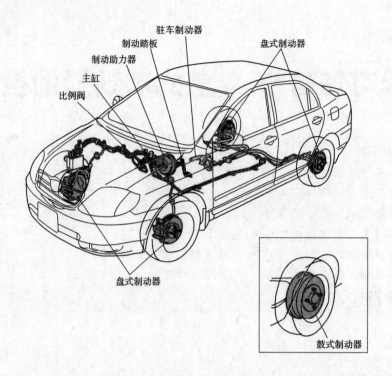

图 10-2 制动系统的组成

旋转元件固装在车轮或半轴上,即制动力矩直接作用于两侧车轮上的制动器称为车轮制动器,主要由旋转元件、固定元件、张开机构和调整机构组成。根据车轮制动器中旋转元件的不同,车轮制动器分为鼓式和盘式两大类,其制动原理的示意图如图10-3所示。

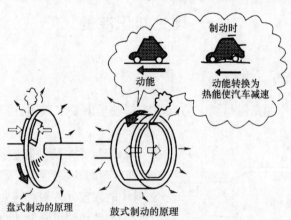

图 10-3 制动原理的示意图

(二)盘式制动器的组成及工作原理

盘式制动器是由制动片夹紧制动盘产生制动的。固定在轮毂上并同车轮一起旋转的制动盘与制动片摩擦材料,在制动系统液压或机械力的作用下产生摩擦作用,使汽车减速或停车。

盘式制动器摩擦副中的旋转元件是以端面工作的金属圆盘,即制动盘。固定元件一般是工作面积不大的摩擦块与金属背板组成的制动块,每个制动器中有2~4个。这些制动块及促动装置都装在横跨制动盘两侧的夹钳形支架中,称为制动钳。这种由制动盘和制动钳组成的制动器称为钳盘式制动器,如图10-4所示。目前,钳盘式制动器越来越多地被各级轿车和载货汽车用作车轮制动器,可分为定钳盘式和浮钳盘式两类。

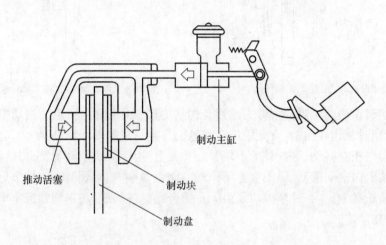

图10-4 钳盘式制动器

1. 定钳盘式制动器

制动钳固定安装在车桥上,既不能旋转也不能轴向移动,内部的两个活塞分别位于制动盘的两侧。制动时,制动油液由制动主缸经进油口进入钳体中两个相通的液压腔中,两活塞在液压作用下移向制动盘,将两侧的制动块压向与车轮固定连接的制动盘,产生制动力。定钳盘式制动器的结构如图10-5所示。

油缸活塞与制动块之间通过消声片传力,可以减轻制动时产生的噪声。定钳盘式制动器的油缸较多,使制动钳既结构复杂,又尺寸过大,难以适应现代汽车的使用要求,已很少使用。

2. 浮钳盘式制动器

浮钳盘式制动器的结构如图10-6所示。制动钳通过导向销与车桥相连,可以相对于制动盘轴向移动。制动钳只在制动盘的内侧设置油缸,而外侧的制动块则附装在钳体上。

制动时,来自制动主缸的液压油通过进油口进入制动轮缸,推动活塞及制动块向右移动,压在制动盘上,于是制动盘给活塞一个向左的反作用力,使活塞连同制动钳整体沿销钉向左移动,直到制动盘右侧的制动块也压紧在制动盘上。此时,两侧的制动块都压在制动盘上,夹住制动盘使其制动。

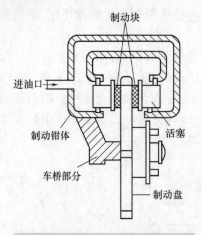
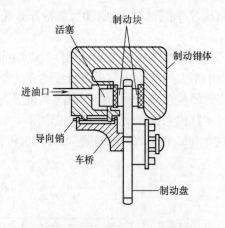

| 图 10-5 定钳盘式制动器的结构 | 图 10-6 浮钳盘式制动器的结构 |

别克威朗轿车的前轮制动器即为浮钳盘式制动器,如图 10-7 所示。制动钳用螺栓与支架相连,螺栓同时兼作导向销,支架固定在前悬架焊接总成的轴承座凸缘上。壳体可沿导向销与支架作轴向相对移动。内、外摩擦块装在支架上,用摩擦块制动弹簧卡住,使内、外摩擦块可以在支架上做轴向移动,但不会上下窜动。制动盘装在内、外摩擦块之间,并通过轮胎螺栓固定在前轮毂上。内、外摩擦块是由无石棉金属材料制成,与钢制背板牢牢黏合在一起组成了内、外制动块。

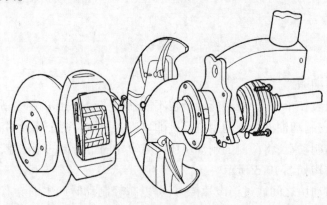

图 10-7 别克威朗轿车的前轮制动器

二、实 践 操 作

(一)实践准备

(1)别克威朗轿车一辆。

(2)配套使用的制动块、游标卡尺、车轮扳手、一字螺丝刀、接杆、棘轮扳手、扭力扳手、尖嘴钳、鲤鱼钳、粗砂布、防护手套、车轮支架、棉纱。

(3)干净的抹布。

(4)维修手册、工单等。

(二)技术要求及注意事项

(1)制动块检查或更换周期的规定:检查周期为7500km,更换周期为4万~5万km。
(2)前轮制动块标准厚度值为11mm,磨损极限为2mm(不带制动衬片)。
(3)车轮螺栓力矩为90N·m;制动钳螺栓力矩为36N·m。
(4)安装时,禁止将油液、油脂和水等黏附到制动块上。
(5)不同车型的技术要求可能不同,请查阅相应的维修手册。

(三)盘式制动器的检修

1.制动块的检查

当过度磨损时,应更换新件。绝不能用砂纸抛光制动摩擦块,否则砂纸的硬颗粒会渗入制动摩擦块内,可能会损坏制动盘,当制动块需要更换时,应使用新件。图10-8所示为测量制动块的厚度。

> **小提示**
>
> 拆卸制动块时,应观察卡钳上有无制动液泄漏,如有泄漏,应修理。

2.轮缸滑销/卡钳销螺栓的检查

检查滑销是否能平滑移动,如图10-9所示。如发现有损坏,应修理或更换,给滑销和卡钳销螺栓外表面涂抹橡胶润滑脂,橡胶润滑脂的黏度在-40℃条件下基本不受影响。

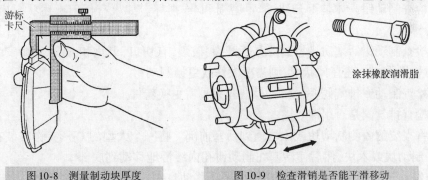

图10-8 测量制动块厚度　　图10-9 检查滑销是否能平滑移动

3.防尘罩和衬套的检查(图10-10)

检查防尘罩和衬套是否有裂纹和损坏,如有损坏,应更换。

4.制动盘

检查制动盘表面与磨损件的擦痕。定期检查或更换时,应注意制动盘表面有擦痕是正常的,制动盘并没有损坏,除非擦痕十分严重。但是当制动盘表面上的擦痕过深或过高时,应更换制动盘。如只有一侧有擦痕,应抛光修理此侧。制动盘厚度的检查如图10-11所示。

使用车轮螺母把制动盘对着轮毂固牢,然后安装百分表测量制动盘的端面圆跳动。制动盘偏差极限是0.10mm。测量前,应检查前车轮轴承是否有松动。

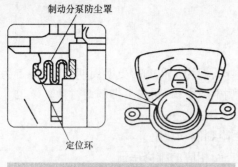

图 10-10 防尘罩的检查

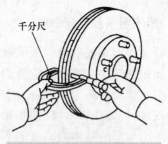

图 10-11 检查制动盘的厚度

5. 制动钳的检查

制动钳的检查如图 10-12、图 10-13 所示。

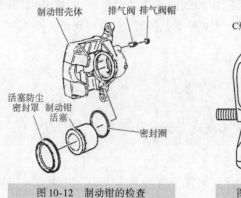

图 10-12 制动钳的检查

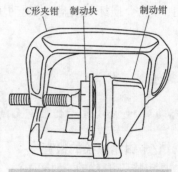

图 10-13 制动钳活塞移动

(1)检查制动钳壳体是否开裂、严重磨损和/或损坏。如果有任何上述状况出现,则需更换制动钳。

(2)检查制动钳活塞防尘密封罩是否开裂、破裂、有切口、老化和/或未正确安装在制动钳体上。如果出现上述任何状况,则需要大修或更换制动钳。

(3)检查制动钳排气阀帽,是否损坏,若丢失需更换新件。

(4)检查排气阀是否阻滞。

(5)将报废的内侧制动块或木块插到活塞前部。将一个大型 C 形夹钳安装在制动钳上并抵住制动块或木块,然后使活塞在制动钳孔内缓慢地移动到底部。

检查制动钳活塞在制动钳孔中是否能平滑移动且完成行程;制动钳活塞在制动钳孔中的移动应平滑且均匀。如果制动钳活塞卡住或难以移动到底,则需要大修或更换制动钳。

(四)前盘式制动器制动块的更换

(1)检修准备。

①小组共同清洁工位、清点工量具,保持场地、设备、工量具干净、整齐及性能良好。

②安装好车轮挡块、使用空挡和驻车制动。

③安装好前栅格布和翼子板布及护套。

(2)检查制动主缸储液罐中的液位。

(3)如果制动液液位处于最满标记和最低允许液位之间的中间位置,则在开始本程序前不必排出制动液。如果制动液液位高于最满标记和最低允许液位之间的中间位置,则在开始前应将制动液排出至中间位置。

(4)拆卸轮胎和车轮。

(5)拆除前制动钳螺栓1(图10-14)。

(6)向上转动制动钳,并用粗钢丝支撑。

(7)拆下盘式制动块1(图10-15)。

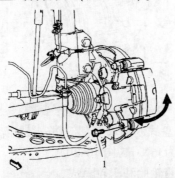

图10-14 拆除前制动钳螺栓1　　图10-15 拆下盘式制动块1

(8)使用制动钳活塞收缩工具,将盘式制动器制动钳活塞1推至制动钳孔内(图10-16)。

(9)取下制动块弹簧1(图10-17)。

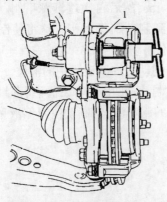
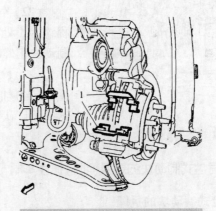

图10-16 将活塞1推至制动钳孔内　　图10-17 取下制动块弹簧

(10)清除制动钳托架上的制动块构件接合面处的所有碎屑和腐蚀物。

(11)检查前制动钳导销是否自由移动,并检查导销护套的状况。在支架孔内,里外移动导销,但不能使滑动脱离护套,并查看是否有制动钳导销移动受限、制动钳安装托架松动、制动钳导销卡死或卡滞、护套开裂或破损状况。

(12)如果发现上述任何状况,则需要更换制动钳导销和/或护套。

(13)确保制动块构件接合面清洁干净。

(14)安装制动块弹簧1(图10-18)。

(15)在制动块固定件上涂上一薄层高温硅酮润滑剂。

(16)安装盘式制动块1(图10-19)。注意：装配磨损传感器的盘式制动块必须安装至制动盘内侧的上部位置。

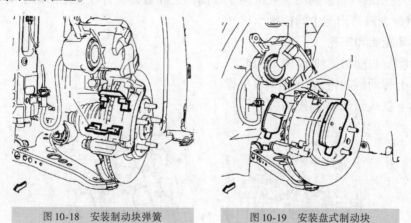

图10-18　安装制动块弹簧　　　图10-19　安装盘式制动块

(17)拆下支架并将后制动钳转动到位,越过盘式制动块至制动钳安装托架。

(18)安装并紧固前制动钳螺栓1,紧固力矩为36N·m(图10-20)。

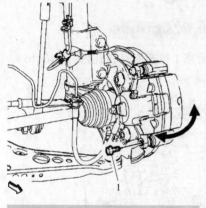

(19)安装轮胎和车轮总成。

(20)关闭发动机,逐渐踩下制动踏板至其行程约2/3处。

(21)缓慢释放制动踏板。

(22)等待15s,然后再次逐渐踩下制动踏板至其行程约2/3处直到制动踏板坚实。这将使制动钳活塞和制动块正确就位。

(23)检查制动主缸储液罐中的液位。

(24)加注制动液,用存放在清洁、密封的制动液容器中原厂认可的制动液,将制动主缸储液罐加注到最高液位。

图10-20　安装并紧固前制动钳螺栓

(五)后盘式制动块的更换(带机械驻车制动器)

1. 后盘式制动块的拆卸

(1)检查制动主缸储液罐中的液位。

(2)如果制动液液位处于最满标记和最低允许液位之间的中间位置,则在开始本程序前不必排出制动液。

(3)如果制动液液位高于最满标记和最低允许液位之间的中间位置,则在开始前应将制动液排出至中间位置。

(4)拆卸轮胎和车轮。

(5)从制动钳1上拆下下后制动钳导销下螺栓2(图10-21)。使用适当的扳手反转后制动钳托架上的六角法兰。

(6)不断开液压制动器挠性软管,向上转动后制动钳1,并用粗钢丝或同等工具固定。

学习任务十　盘式制动器的检修

注意：无论制动钳已从其支座上分离，还是仍连接着液压挠性制动软管，都要用粗钢丝或同等工具支撑住制动钳。若不支撑制动钳，会使挠性制动软管承受制动钳质量，导致制动软管损坏，从而可能使制动液泄漏。

（7）从后制动钳托架2上取下后盘式制动块1（图10-22）。

（8）将后制动块保持弹簧1从后制动钳托架2上拆下（图10-23）。

（9）彻底清理后制动钳托架上的制动块构件接合面处的所有碎屑和腐蚀物。

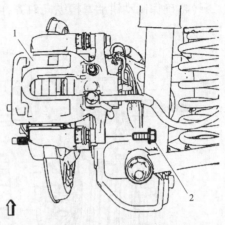

图10-21　拆下后制动钳螺栓2

（10）检查后制动钳导销是否自由移动，并检查导销护套的状况。在支架孔内，里外移动导销，但不能使滑动脱离护套，并查看是否有制动钳导销移动受限、制动钳安装托架松动、制动钳导销卡死或卡滞、护套开裂或破损状况。

（11）如果发现上述任何状况，则需要更换制动钳导销和/或护套。

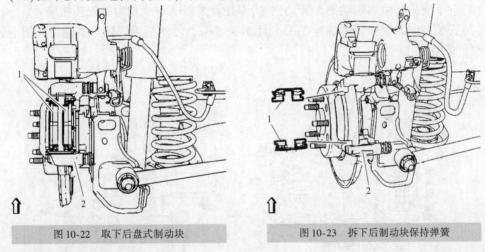

图10-22　取下后盘式制动块　　　　　图10-23　拆下后制动块保持弹簧

2. 后盘式制动块的安装

（1）确保制动块构件接合面清洁干净。

（2）将制动块保持弹簧1安装至后制动钳托架2且在制动块固定件上，涂抹一薄层高温硅润滑剂。

（3）使用带CH-6007-50适配器2的CH-6007-B安装工具将后制动钳活塞1完全缩回至制动钳孔中（图10-24）。缩回制动钳活塞时，确保避免制动钳活塞套沿制动钳活塞旋转。旋转可损坏活塞套且灰尘可进入制动钳活塞内。可导致盘式制动器堵塞。可以使用在相反方向稍微转动活塞直到活塞套停止转动并重置在正常状态，或清洁活塞套以及活塞套至活塞接口的尘土的方法避免制动钳活塞套旋转。完全缩回制动钳活塞时，确保制动钳活塞槽垂直对齐且制动块突出部分装配至活塞槽。安装错误可损坏制动块和制动钳活塞。制动器零件损坏可出现制动力减小。

(4)确保制动钳活塞槽纵向对齐,内制动块凸头 2 与活塞槽 1 配合(图 10-25)。

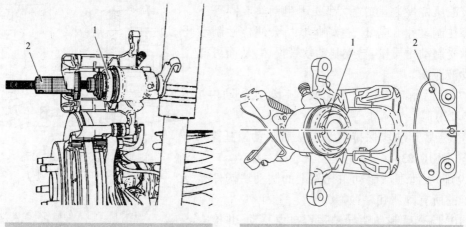

图 10-24　缩回制动钳活塞　　　　　图 10-25　制动钳活塞槽纵向对齐

(5)将后盘式制动块 1 安装至后制动钳托架 2 上(图 10-26)。

注意:装配磨损传感器的盘式制动块必须安装至制动盘内侧的上部位置。

(6)拆下支架并将后制动钳 1 转动到位,卡住盘式制动块至制动钳安装托架。

(7)安装后制动钳导销下螺栓 2,并紧固至 36N·m。使用扳手反转后制动钳托架上的六角凸缘(图 10-27)。

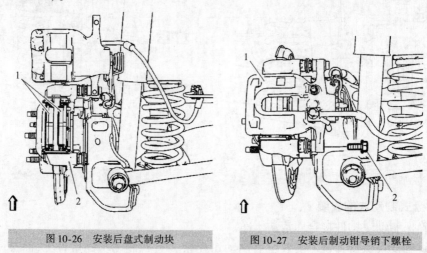

图 10-26　安装后盘式制动块　　　　图 10-27　安装后制动钳导销下螺栓

(8)检查制动钳活塞槽相对于制动块槽的位置是否正确。

(9)安装轮胎和车轮总成。

(10)关闭发动机,逐渐踩下制动踏板至其行程约 2/3 处。

(11)缓慢释放制动踏板。

(12)等待 15s,然后再次逐渐踩下制动踏板至其行程约 2/3 处直到制动踏板坚实。这将使制动钳活塞和制动块正确就位。

(13)加注主缸辅助储液罐至适当液位。

(14)张紧驻车制动器拉索。参见驻车制动器的调整。

小提示

作业项目完成后,要做好工位的清洁、清理、清扫、整理和整顿工作,培养良好的工作习惯。

三、学习拓展

许多现代制动系统采用摩擦块磨损指示器或磨损传感器,用来向驾驶员提出需要更换摩擦块的警告。

1. 磨损指示器

磨损指示器安装在制动摩擦块上,当摩擦块磨损到极限时,指示器轻轻接触制动盘,在行驶中发出响声。磨损指示器工作示意图如图10-28所示。

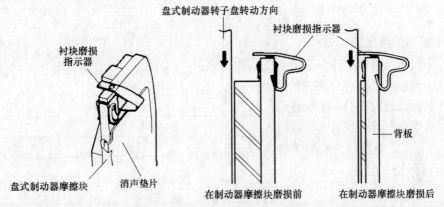

图10-28 磨损指示器工作示意图

2. 磨损传感器

磨损传感器是一种触觉传感器,安装在摩擦材料内,当摩擦块磨损到与传感器接触时,仪表板上的警报灯点亮。图10-29所示为磨损传感器报警装置。

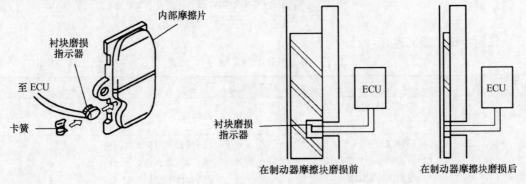

图10-29 磨损传感器报警装置

四、评价与反馈

1. 自我评价与反馈

(1) 你知道盘式制动器的基本组成吗？（   ）
　　A. 知道　　　　　　　B. 不知道
(2) 你能够完成桑塔纳前轮盘式制动器的检修吗？（   ）
　　A. 能够完成　　　　　B. 在小组协作下能够完成　　　　C. 不能完成
(3) 你能够完成桑塔纳前轮盘式制动器的拆卸与装配吗？（   ）
　　A. 能够完成　　　　　B. 在小组协作下能够完成　　　　C. 不能完成
(4) 完成了本学习任务后，你感觉困难的部分是哪些？
_____
_____

　　　　　　　　　　签名：_____　____年____月____日

2. 小组评价与反馈

(1) 你们小组在接到任务之后分工明确吗？_____
(2) 你们小组每位组员都能轮换操作吗？_____
(3) 遇到难题时你们分工协作吗？_____
(4) 对于小组其他成员有何建议？_____
　　　　参与评价的同学签名：_____　____年____月____日

3. 教师评价及回复

_____
_____

　　　　　　　　　　教师签名：_____　____年____月____日

五、技能考核标准

技能考核标准见表 10-1。

技能考核标准　　　　　　　　　　　　表 10-1

序号	项目	操作内容	规定分	评分标准	得分
1	准备	(1) 清点工具、量具； (2) 清理工位	5 分	酌情扣分	
2	拆卸	(1) 拆卸左/右前车轮； (2) 拆卸制动轮缸定位螺栓； (3) 取出内外制动块； (4) 将制动轮缸通过挂钩悬挂于车身上	5 分 5 分 5 分 5 分	(1) 操作不当扣 1~5 分； (2) 操作不当扣 1~5 分； (3) 操作不当扣 1~5 分； (4) 操作不当扣 1~5 分	

续上表

序号	项目	操作内容	规定分	评分标准	得分
3	检测	(1)检查制动块磨损情况； (2)检查轮缸滑销是否能平滑移动； (3)检查防尘罩和衬套是否裂纹和损坏； (4)检查制动盘厚度； (5)检查制动盘端面圆跳动	5分 5分 5分 10分 10分	(1)检查不当扣1~5分； (2)检查不当扣1~5分； (3)检查不当扣1~5分； (4)操作不当扣1~10分； (5)操作不当扣1~5分	
4	装配	(1)安装内外制动块； (2)安装制动轮缸； (3)安装制动轮缸定位螺栓； (4)安装左/右前车轮	5分 5分 5分 5分	(1)操作不当扣1~5分； (2)操作不当扣1~5分； (3)操作不当扣1~5分； (4)操作不当扣1~5分	
5	时间	45min	5分	(1)超时1~10 min扣1~5分； (2)超时10 min以上扣5分	
6	安全文明	无安全隐患,无不文明操作	5分	未达标扣1~5分	
7	结束	(1)工具、量具清洁并归位； (2)工作场地清洁	5分 5分	(1)漏一项扣1分,未做扣5分； (2)清洁不彻底扣1~5分,未做扣5分	
		总分	100分		

学习任务十一　鼓式制动器的检修

任务要求

完成本学习任务后,你应该:
1. 了解鼓式制动器的分类;
2. 掌握鼓式制动器的结构及其工作原理;
3. 能够查阅维修手册,规范检修鼓式制动器;
4. 能够选择合适的工具与仪器,实施教学计划。

建议学时:10 学时

任务描述

一辆雪佛兰科鲁兹型轿车出现制动拖滞。该车在行驶途中,驾驶员发现在松开制动踏板后,后轮制动器不能迅速或完全松脱,有拖滞现象,而且越来越明显,进行检查后发现制动蹄片铆钉全部松动,需对后轮制动器进行检修。

一、理论知识准备

1. 鼓式车轮制动器的分类

按张开机构不同,鼓式车轮制动器可分为分泵式车轮制动器、凸轮式车轮制动器和楔式车轮制动器;根据制动过程中两制动蹄产生制动力矩的不同,可分为领从蹄式(图 11-1)、单向双领蹄式(图 11-2)、双向双领蹄式(图 11-3)、双从蹄式、单向自增力式(图 11-4)和双向自增力式(图 11-5)等几种形式。本任务我们主要介绍分泵式领从蹄式鼓式车轮制动器。

2. 领从蹄式制动器的工作原理

如图 11-6 所示,汽车前进时制动鼓按图示箭头方向旋转。制动时,前后制动蹄在制动轮缸活塞的推力作用下分别绕各自的支点旋转,由于前蹄的张开方向与制动鼓的旋转方向相同,称之为领蹄;反之,后蹄的张开方向与制动鼓的旋转方向相反,称之为从蹄。

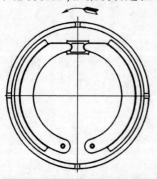

图 11-1　领从蹄式制动器示意图

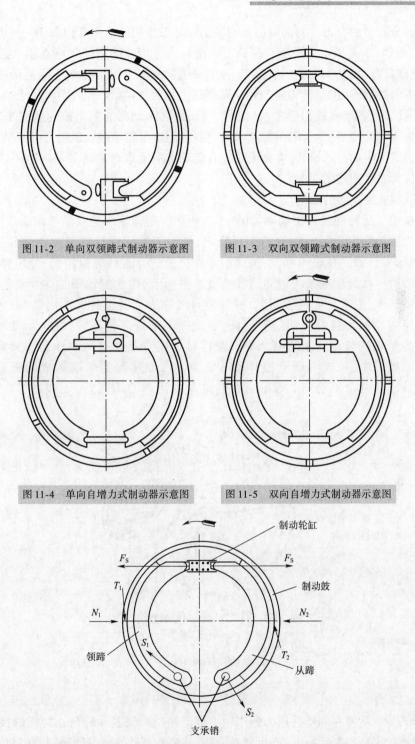

图11-2 单向双领蹄式制动器示意图　　图11-3 双向双领蹄式制动器示意图

图11-4 单向自增力式制动器示意图　　图11-5 双向自增力式制动器示意图

图11-6 领从蹄式制动器
F_s-推力；N_1、N_2-法向反力；T_1、T_2-直向反力；S_1、S_2-支承反力

在制动过程中，制动鼓分别对领、从蹄作用有法向反力和切向反力，这些力均为作用在

制动蹄上的分布力的合力。制动蹄所承受的由制动鼓作用的法向反力和切向反力的合力由其支点(支承销)的支承反力平衡。领蹄上切向合力作用的结果使领蹄在制动鼓上压得更紧,表明领蹄具有"增势"作用;与此相反,从蹄具有"减势"作用。因此,领、从蹄所产生的制动力矩不等(领蹄产生的制动力矩约为从蹄制动力矩的 2~2.5 倍),相同尺寸的领、从蹄磨损程度不同(领蹄的磨损较为严重)。此外,领从蹄式制动器的制动鼓受到的来自领、从蹄的法向反力 N_1 和 N_2 不平衡,则两蹄法向力之和只能由车轮轮毂轴承的反力来平衡,这就对轮毂轴承造成了附加径向荷载,寿命缩短。凡制动鼓所受来自两蹄的法向力不能互相平衡的制动器称为非平衡式制动器。

3. 领从蹄式制动器的结构

科鲁兹轿车后轮的鼓式制动器如图 11-7 所示。制动轮缸是双活塞内张式液压轮缸,制动底板由螺栓固定在后桥轴端的支承座上,制动轮缸用螺钉固定在制动底板上方,支架、止挡板用铆钉紧固在底板下方,构成制动底板总成。制动蹄稳定销、稳定弹簧及弹簧座将制动蹄紧压在制动底板的带储油孔的支承平面上,防止制动蹄轴向窜动。制动蹄上固定有斜楔支承,用来支承调节间隙用的楔形块,称为带斜楔装置的制动蹄总成。制动蹄上铆有可以绕销轴自由转动的制动杆,制动杆下端做成钩形,与驻车制动钢索相连,制动蹄称为带杠杆装置的制动蹄总成。摩擦衬片用空心铆钉与制动蹄铆接在一起,铆钉头埋入摩擦片中,深度为新摩擦片的 2/3 左右。制动蹄的两端做成圆弧形,制动蹄复位弹簧分别将两个制动蹄上端贴靠在轮缸左右活塞的端面上,下端贴靠在止挡板两端面上。

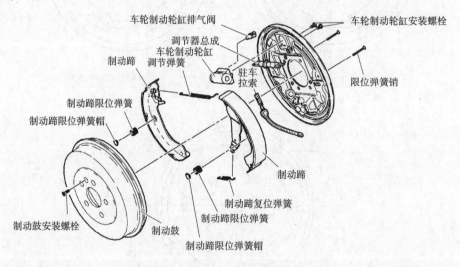

图 11-7 科鲁兹轿车后轮鼓式制动器结构

制动时,轮缸活塞在制动液压力的作用下推动制动蹄绕制动蹄与止挡板的接触点向外旋转,使摩擦片紧压在制动鼓上,产生制动力矩,使汽车制动。解除制动时,在复位弹簧的作用下制动蹄复位。

4. 制动蹄的支承

制动蹄的支承方式可分为固定式和浮动式两种,如图 11-8 所示。

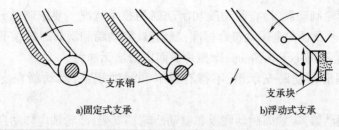

图 11-8 制动蹄的支承方式

固定式支承是把制动蹄的一端套在或顶在支承销上,只能绕支承销摆转,只有一个自由度。如果摩擦表面的几何形状加工不正确,摩擦片只能部分与制动鼓表面接触。

浮动式支承蹄的支承端呈弧形,支靠在制动底板上的支承块上,需用两个复位弹簧来拉紧定位。可使整个制动蹄向制动鼓的方向张开,又可沿支承块的支承平面(图中垂直方向)有一定量的滑移,具有两个自由度。浮动式支承蹄优点是在制动时,制动蹄与制动鼓可以自动定心,保证两者全面贴合。浮动式支承可以省掉一个调整点,调整制动蹄与制动鼓的间隙时,需踩下制动踏板使制动蹄贴合在制动鼓上,转动轮缸端的调整机构使制动蹄与制动鼓能刚脱离接触即可。为了防止不制动时制动蹄片滑移,多把轮缸布置在相当于时钟3时和9时的位置上。此种结构在小型汽车的制动器上广泛使用。

二、实践操作

(一)实践准备

(1)科鲁兹型轿车一辆。
(2)配套的制动片、游标卡尺、弓形内径百分表、车轮扳手、接杆、棘轮扳手、扭力扳手、尖嘴钳、鲤鱼钳、粗砂布、防护手套、车轮支架、棉纱。
(3)干净的抹布。
(4)维修手册、工单等。

(二)技术要求及注意事项

(1)制动蹄检查周期为7500km,更换周期为4万~5万km。
(2)制动蹄标准厚度值为5mm,磨损极限为1.6mm(不包含底板厚度值)。
(3)制动器的制动鼓内径为254mm,最大磨损制动鼓直径为256mm。
(4)制动器安装螺栓力矩为7N·m。
(5)安装时,禁止将油液、油脂和水等黏附到制动片上。
(6)不同车型的技术要求可能不同,具体数据参考对应的维修手册。

(三)鼓式制动器的检修与维护

1. 车轮制动器的维护

车辆进行二级维护时,需进行下列有关车轮制动器的作业项目。

(1)拆检各车轮制动器,检查制动鼓和制动蹄的技术状况。要求制动鼓内圆柱面的圆度误差、圆柱度误差及径向全跳动符合标准;制动鼓、制动蹄和制动蹄衬片不得有裂纹;摩擦片铆钉头的沉入量不得小于 0.5mm,摩擦片表面应清洁无油污。

(2)检查和润滑制动蹄支承销,不得有发卡和锈蚀现象,制动蹄在支承销上应转动自如。

(3)凸轮式制动器,应紧固制动底板和制动凸轮轴支架,凸轮轴应转动自如不松旷。

(4)按规定对轮毂补给润滑脂。

(5)车轮制动器装复后,按规定调整制动蹄与制动鼓的间隙。气压制动系在制动状态下,制动气室推杆与调整臂应保持垂直。

2. 鼓式车轮制动器的检修

(1)制动鼓的常见损伤主要是工作表面的磨损、变形和裂纹。制动鼓不得有任何性质的裂纹,否则更换新件。按图 11-9 所示的方法测量制动鼓内径,内圆柱面的圆度误差不得大于 0.15mm,圆柱度误差不得大于 0.05mm,直径不得超过车辆规定的极限值。进口汽车制动鼓内圆柱面一般都标有允许的最大直径,超过规定应更换。科鲁兹轿车制动鼓直径的标准为 200mm,极限直径为 201mm。

制动鼓内圆工作表面对旋转轴线的径向全跳动误差不得大于 0.10mm。制动鼓圆度、圆柱度、径向全跳动误差超过规定时,应对制动鼓进行镗削,镗削后的制动鼓内径不得超过极限值,同轴两侧制动鼓的直径差应小于 1mm。

制动鼓内圆表面的锉削,应在专用的制动鼓镗削机上进行。将制动鼓装在轮毂上,以轮毂内外轴承外座圈内锥面的公共轴线为基准配镗。因此,镗削前应检查两轴承内锥面的滚道有无斑点、剥落、松旷,轮毂承孔有无损伤等,若需更换轴承,应在轴承更换以后再进行镗削。

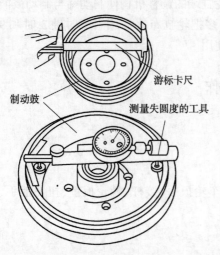

图 11-9 科鲁兹轿车后轮制动鼓直径的测量

(2)制动蹄的常见损伤形式为摩擦片磨损、龟裂、制动蹄支承孔的磨损等。制动蹄不得有裂纹和变形,支承销孔与支承销的配合应符合原设计规定。制动蹄衬片的磨损不得超过规定值。当铆钉头的沉入量小于 0.5mm,衬片龟裂和严重油污时,应更换衬片。衬片与制动蹄应严密贴合。不得垫入石棉垫,以免影响摩擦热的散热,局部最大缝隙不得超过 0.10mm。

(四)科鲁兹轿车鼓式制动器的检修

1. 检修准备

(1)小组共同清洁工位、清点工量具,保持场地、设备、工量具干净、整齐及性能良好。

(2)安装好车轮挡块、使用空挡和驻车制动。

2. 科鲁兹型轿车鼓式制动器的检修

科鲁兹型轿车鼓式制动器的检修见表11-1。

科鲁兹型轿车鼓式制动器检修步骤　　　　　　表11-1

检修内容	图　示	检修步骤	工作记录
制动鼓的拆卸		(1)检查以确保驻车制动器操纵杆已完全释放。 (2)举升和顶起车辆。 (3)拆下后轮胎和车轮总成。 (4)拆下制动鼓螺钉1。 (5)拆下制动鼓2。 (6)使用表面修整工具清除制动鼓2的轮毂/法兰接合表面上的锈蚀。 (7)使用表面修整工具清洁轮毂凸缘	
制动器构件检查		(1)目视检查鼓式制动器制动蹄弹簧1是否存在：制动蹄弹簧在任何弹簧点出现弯曲、损坏或开裂、制动鼓部件的严重腐蚀、制动鼓部件的严重拉伸、扭曲或卡滞、车轮制动轮缸护套2的损坏或者泄漏状况。如果出现上述任何状况，则更换制动蹄弹簧和/或车轮制动轮缸。 (2)目视检查调节器执行器杆是否存在执行器杆出现弯曲或开裂、执行器杆至调节器表面出现过度磨损、弹簧附件凸舌断裂、缺失的状况。如果发现上述任何状况，更换受影响的部件	
制动蹄的拆卸		(1)拆下调节器弹簧1，将调节器弹簧弯钩端与调节器执行器杆上的凸舌分离，然后释放制动蹄辐板孔上的弹簧。 (2)将调节器执行器杆1与调节器总成2分离。拆下调节器总成2。	

续上表

检修内容	图示	检修步骤	工作记录
制动蹄的拆卸	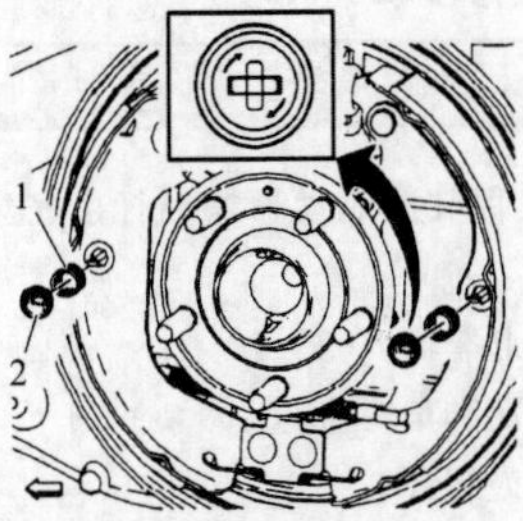	(3)拆下制动蹄弹簧1,使用专用安装工具拧动弹簧帽2。	
	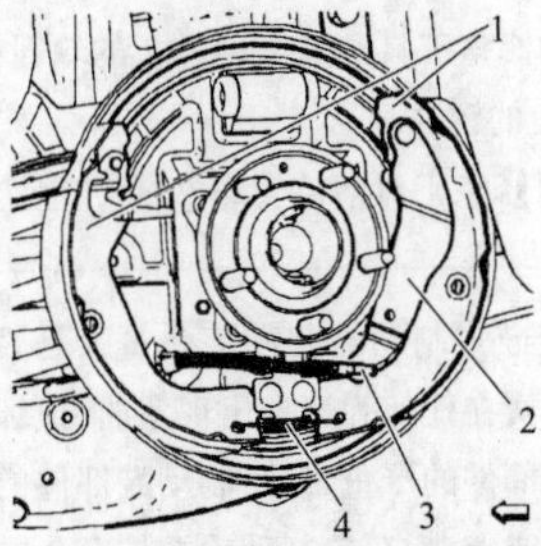	(4)拆下制动蹄1。 将下弹簧4从前制动蹄上拆下。 将驻车拉索3从驻车制动杆2上拆下	
制动蹄的安装	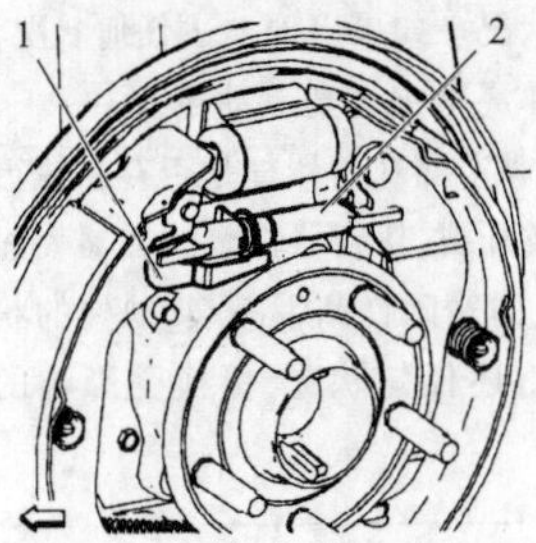	(1)将调节器总成2安装至调节器执行器杆1。尽可能旋转调节器。	
	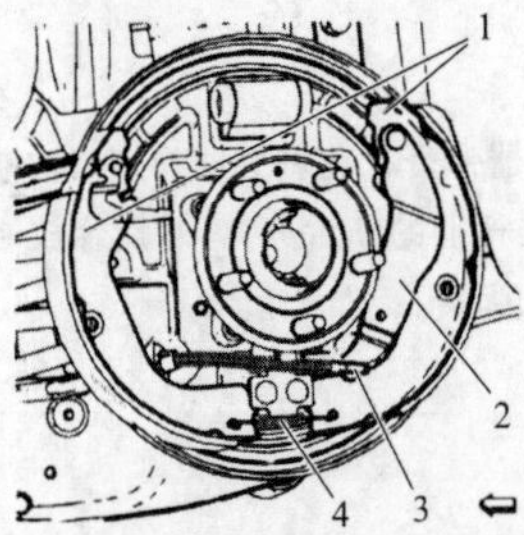	(2)将驻车拉索3安装至驻车制动杆2上。 将下弹簧4安装至前制动蹄。 安装制动蹄1。	
	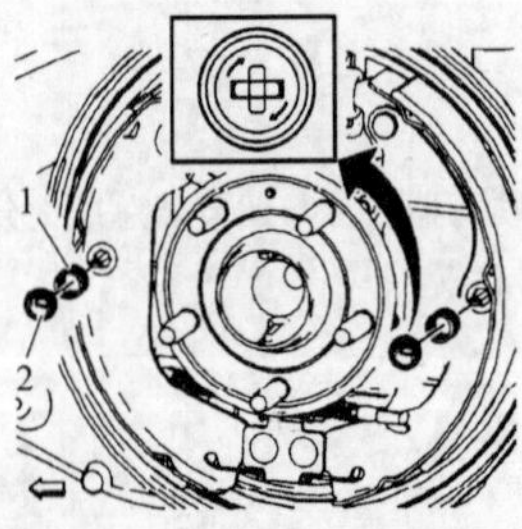	(3)安装制动蹄弹簧1,使用专用安装工具拧动弹簧帽2。	

续上表

检修内容	图示	检修步骤	工作记录
制动蹄的安装	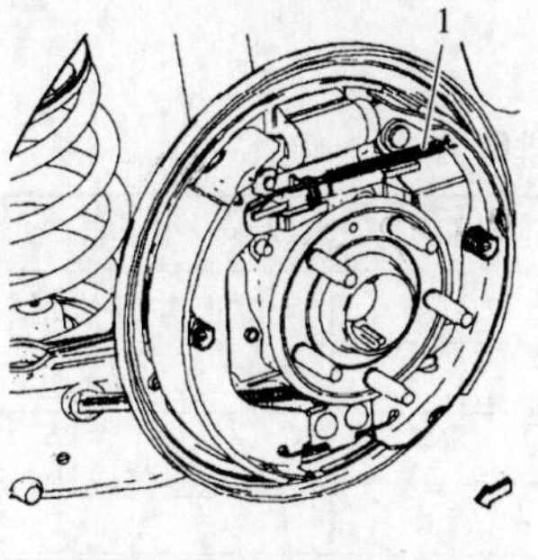	(4)安装调节弹簧1。确保弹簧上的搭扣与执行器杆上的凸舌充分接合	
调节鼓式制动器		(1)将制动鼓至制动蹄间隙规定位至制动鼓内径的最宽点处。 (2)手动牢牢紧固制动鼓至制动蹄间隙量规上的固定螺钉。 (3)从制动鼓上拆下制动鼓至制动蹄间隙规,并将其安置到相应的制动蹄上的最宽点处。 (4)将制动鼓至制动蹄间隙规保持在适当位置,在制动鼓至制动蹄间隙规的一侧与相应的制动蹄摩擦衬片之间插入厚薄规(制动蹄摩擦衬片至制动鼓间隙应为0.4~0.9mm)。 (5)转动制动蹄调节器螺钉,直到制动蹄衬片接触到制动鼓至制动蹄间隙规和测隙规。 (6)在另一侧制动鼓和制动蹄总成上重复上述步骤	
制动鼓安装	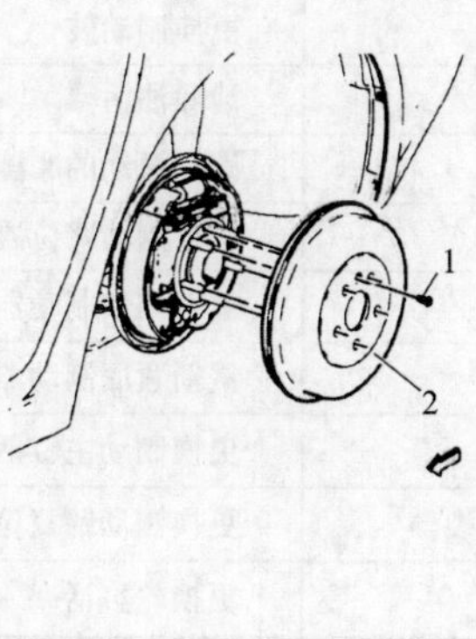	(1)如安装制动鼓2为全新的,使用工业酒精或同等制动器清洗剂和干净的抹布,清除制动鼓摩擦表面上的保护涂层。 (2)安装鼓式制动器。 (3)安装鼓式制动器螺钉1,并紧固至7N·m。 (4)安装轮胎和车轮总成。 (5)降下车辆。 (6)踩下制动器踏板约3次,以便安装和对中制动鼓中的制动蹄。 (7)踩下制动踏板至少10次。确认调节器产生"咔塔"声响	

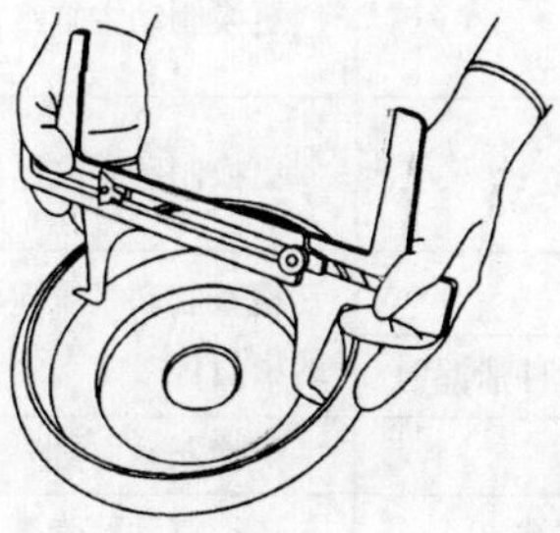

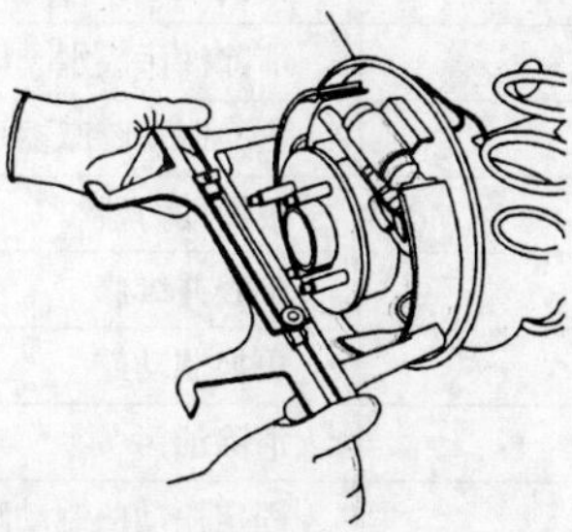

三、学习拓展

鼓式制动器基本故障及排除方法见表11-2。

鼓式制动器基本故障及排除方法　　　　　表11-2

故障现象	故障原因	排除方法
制动踏板行程过长,踏板触及驾驶室地板	摩擦片过度磨损	检查并维修泄漏处,或更换摩擦片
	制动系统泄漏	
制动踏板行程过长且踩踏板时有海绵感	制动系统中有空气	排除空气或补充制动液
	制动液不足	
制动系统排除空气后,踏板行程长	制动主缸活塞损坏	更换制动主缸活塞
制动踏板行程过长,但连踏数次后可以缩短	制动主缸活塞密封性不好	更换制动主缸活塞密封件
最初制动踏板可以保持正常高度,但随后可踏至驾驶室地板	制动管路泄漏	检查制动系统泄漏处并更换损坏的密封件
	制动主缸或轮缸中的密封件泄漏	
行车时制动器发热	制动主缸活塞复位慢	更换制动主缸
	制动蹄弹簧由于老化而太软	更换制动蹄弹簧
	使用的制动液不当而造成橡胶件膨胀	检查是否使用标定的制动液
驾驶员未踩踏板便产生制动作用	后桥外侧球轴承保持架破损	更换轴承保持架
制动性能很差或根本没有制动作用	制动蹄摩擦片沾油或水	清除油污或水
	制动蹄摩擦片有故障	更换制动蹄摩擦片
	助力器有故障	更换助力器
	制动系统泄漏	检查并维修
左右轮制动器制动不平衡	制动鼓失圆	更换制动鼓
	制动蹄摩擦片沾油污	清除油污
制动器发咬,性能不稳定,制动器趋于抱死	制动蹄摩擦片松动	固定松动的制动蹄摩擦片
	制动蹄摩擦片铆钉碰制动鼓	更换制动鼓
	制动鼓失圆	
	制动蹄复位弹簧过软	更换制动蹄复位弹簧
制动时制动器有噪声	制动鼓失圆	更换制动鼓
	摩擦片脏污	清除油污
	摩擦片铆接不牢固	固定松动的摩擦片
	金属蹄碰制动鼓	调整制动蹄位置
尽管踏板力很小,制动器仍发咬	制动器调整不当	重新调整制动器
	制动器底板松动	重新紧固制动器底板螺栓
一个或数个制动器不能解除制动	制动主缸活塞卡滞	更换制动主缸活塞
	制动蹄复位弹簧过软或断裂	更换制动蹄复位弹簧
	轮缸活塞卡滞	更换轮缸活塞

四、评价与反馈

1. 自我评价与反馈

（1）你知道鼓式制动器的基本组成吗？（　　）

　　A. 知道　　　　　　　　B. 知道部分　　　　　　　　C. 不知道

（2）你能够完成桑塔纳后轮鼓式制动器的拆装吗？（　　）

　　A. 能够完成　　　　　　B. 在小组协作下能够完成　　C. 不能完成

（3）你能够完成桑塔纳后轮鼓式制动器的检修吗？（　　）

　　A. 能够完成　　　　　　B. 在小组协作下能够完成　　C. 不能完成

（4）完成了本学习任务后，你感觉困难的部分是哪些？

_____

_____

　　　　　　　　签名：_____　　_____年_____月_____日

2. 小组评价与反馈

（1）你们小组在接到任务之后分工明确吗？_____

（2）你们小组每位组员都能轮换操作吗？_____

（3）遇到难题时你们分工协作吗？_____

（4）对于小组其他成员有何建议？_____

　　　　　参与评价的同学签名：_____　_____年_____月_____日

3. 教师评价及回复

_____

_____

　　　　　　　　教师签名：_____　_____年_____月_____日

五、技能考核标准

技能考核标准见表11-3。

技能考核标准　　　　　　　　　　　　　　　　　　　　　　　表11-3

序号	项目	操作内容	规定分	评分标准	得分
1	准备	（1）清点工具、量具； （2）清理工位	5分	酌情扣分	
2	拆卸	（1）拆卸左/右后车轮； （2）拆卸车轮外轴承； （3）拆卸制动蹄	10分 5分 10分	（1）操作不当扣1~10分； （2）操作不当扣1~5分； （3）操作不当扣1~10分	

续上表

序号	项目	操作内容	规定分	评分标准	得分
3	检测	(1)检查制动蹄摩擦片; (2)检查制动蹄的接触面积和接触位置; (3)测量制动蹄厚度; (4)测量制动鼓的内径; (5)检查制动鼓内径圆柱度误差	5分 5分 5分 5分 10分	(1)检查不当扣1~5分; (2)检查不当扣1~5分; (3)检查不当扣1~5分; (4)操作不当扣1~5分; (5)操作不当扣1~10分	
4	装配	(1)安装内外制动蹄; (2)安装左/右后车轮	10分 10分	(1)操作不当扣1~10分; (2)操作不当扣1~10分	
5	时间	40min	5分	(1)超时1~10 min扣1~5分; (2)超时10 min以上扣5分	
6	安全文明	无安全隐患,无不文明操作	5分	未达标扣1~5分	
7	结束	(1)工具、量具清洁并归位; (2)工作场地清洁	5分 5分	(1)漏一项扣1分,未做扣5分; (2)清洁不彻底扣1~5分,未做扣5分	
		总分	100分		

学习任务十二　驻车制动器的检测与调整

> **任务要求**
> 完成本学习任务后,你应该:
> 1. 掌握驻车制动系统的作用与组成;
> 2. 掌握驻车制动器的工作原理;
> 3. 掌握驻车制动器各部件的结构;
> 4. 掌握驻车制动系统各部件的拆装;
> 5. 能够查阅各车型维修手册,并能按维修手册的要求检修驻车制动系统。
>
> 建议学时:6 学时

任务描述

一辆别克威朗轿车,拉紧驻车制动操纵杆后,车辆不能在坡道上停稳,松手后,制动会自动消除,经初步检查,是驻车制动装置故障,需检修。

一、理论知识准备

1. 驻车制动器的作用

驻车制动器的作用是在车辆停驶后防止滑溜,使车辆在坡道上能够顺利起步,行车制动系失效后临时使用或配合行车制动器进行紧急制动。

2. 驻车制动器的类型

1) 按驻车制动器的位置分类

按驻车制动器的位置不同,可分为车轮制动式和中央制动式两种。大多数驻车制动装置与车轮制动器共用一个制动器总成,只是传动机构是相互独立的,称为车轮制动式或整体式,如图 12-1 所示。

驻车制动系统的制动器可能是盘式或鼓式。整体式驻车制动器操纵装置的结构如图 12-2 所示。

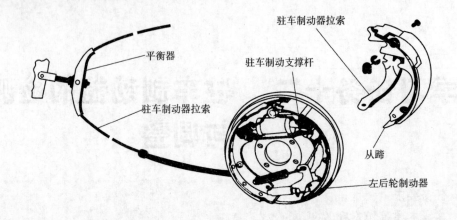

图 12-1　整体式驻车制动器

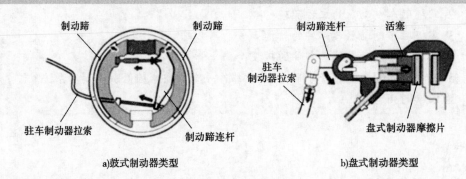

a) 鼓式制动器类型　　　　　　　　　b) 盘式制动器类型

图 12-2　整体式驻车制动器操纵装置的结构

有的驻车制动器安装在变速器后面,制动力矩作用在传动轴上,称为中央制动式,如图 12-3 所示。

2) 按操纵方式分类

按操纵方式的不同,驻车制动器可分为脚踩式和手柄式两种,如图 12-4 所示。两种都是利用拉索式机械操纵机构使后制动器(FF 车为前制动器)的制动蹄压紧在制动鼓上。手柄式驻车制动器通过棘轮机构实现锁止,当棘轮齿轮与锁止钩脱开时,驻车制动解除。对于脚踩式,再踩一次驻车制动踏板驻车制动解除。驻车制动器只在汽车停止后才能工作,它不能让行驶中的汽车停止。

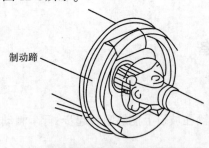

图 12-3　中央制动式驻车制动器

3. 拉索

大多数驻车制动器使用拉索,它将驻车制动操纵杆或踏板与制动总成连接起来,拉索由多股高抗拉强度的钢丝紧紧扭在一起组成。

有些平衡器被连接到一些杠杆上,驻车制动时,将驾驶员施加的力放大。拉索每一端都连接到各自一侧的制动器上,如果拉锁一边的拉力大于另一边,可以通过平衡器上的导向装置滑动,平衡拉索两侧的拉力。常用的平衡器总成如图 12-5 所示。

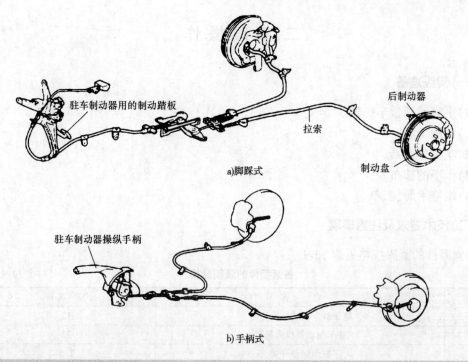

图12-4 脚踏式和拉柄式驻车制动器

4. 鼓式驻车制动器总成

鼓式驻车制动器采用普通的后鼓式制动器。制动拉索穿过一个通过制动底板的金属导管,拉索端被连接到驻车制动杠杆的下端。驻车制动杠杆铰接在第二蹄腹板的顶端和通过一撑杆连接到第一蹄上。鼓式驻车制动撑杆总成如图12-6所示。当制动后,杠杆和撑杆移动制动蹄,离开支承销轴和轮缸,进入与制动鼓接触。当拉索上的拉力解除时,复位弹簧拉动制动蹄回到它未施力的位置。

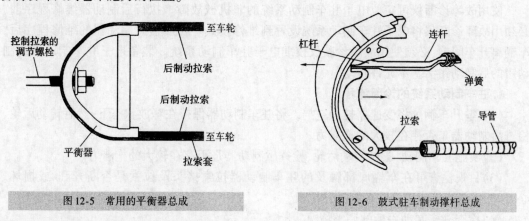

图12-5 常用的平衡器总成　　　图12-6 鼓式驻车制动撑杆总成

5. 盘式驻车制动器总成

盘式驻车制动器中,盘式制动卡钳是由机械装置驱动的,此装置把制动卡钳活塞往里推向摩擦块,继而推向制动盘。

二、实 践 操 作

(一)实践准备

(1)别克威朗轿车一辆。
(2)常用工具。
(3)车辆举升器。
(4)干净的抹布。
(5)维修手册、工单。

(二)技术要求及注意事项

各紧固件的紧固规格见表12-1。

各紧固件的紧固规格　　　　　　　　　表12-1

序号	名　　称	力矩(N·m)
1	电子驻车制动器执行器	12
2	驻车制动器拉索托架	22
3	驻车制动开关	2.5
4	驻车制动器拉杆螺母	9

(三)驻车制动器的检修

别克威朗轿车的驻车制动器为电子驻车制动系统。按下驻车制动器开关,各后盘式制动钳上的执行器将激活且后制动钳活塞施加压力至后盘式制动盘,直到后轮胎和车轮总成锁止。红色制动灯显示激活的驻车制动器的状态且在点火开关处于"ON(打开)"位置时点亮。通过再次按下驻车制动器开关,电子驻车制动器将释放且红色制动灯熄灭。

使用故障诊断仪可定位电子驻车制动系统的非机械故障。执行后制动器维修程序前,必须用故障诊断仪将电子驻车制动系统设置到维修模式。在后盘式制动器的维修程序后,车辆离开车间前,必须使用故障诊断仪校准电子驻车制动系统。装备电子驻车制动系统制动钳的后制动钳活塞不允许转动。

1. 驻车制动系统的诊断流程

(1) 举升车辆。将变速器挂入空挡。将驻车制动器保持在释放状态下,然后转动后轮,检查后制动器是否存在较大的拖滞力。

(2)实施驻车制动,尝试转动后轮,检查后制动器是否存在较大的拖滞力。

(3)目视检查可在车辆底部触及的驻车制动器拉索接头及拉索是否断开和/或损坏。必要时,重新连接或更换驻车制动器拉索。

(4)检查驻车制动手柄的调整情况。

(5)拆下后盘式制动块。检查盘式制动块是否松动、损坏、折断或有缺失的部件。检查制动钳活塞密封件是否破裂。检查制动钳活塞是否移动。检查驻车制动器执行器是否存在卡滞状况。

学习任务十二　驻车制动器的检测与调整

注意:在制动盘(制动鼓)拆下时,或制动钳离开制动盘时,不要踩制动踏板,否则可能导致制动系统损坏。

(6)在助手的帮助下,接合和释放驻车制动器,同时观察拉索是否能自由移动。

2. 驻车制动器拉杆和拉索的更换

驻车制动器拉杆和拉索的更换见表12-2。

驻车制动器拉杆和拉索的更换步骤　　　　　　　　　　　表12-2

检修内容	图示	检修步骤	工作记录
拆卸程序		(1)释放驻车制动器操纵杆。拆下驻车制动器拉杆护套。 (2)拆卸排气消声器。 (3)拆卸排气消声器隔热罩。 (4)断开驻车制动器拉索2与驻车制动器拉杆总成1的连接。 (5)拆卸前地板控制台。 (6)断开驻车制动指示器开关连接器。	
		(7)拆卸驻车制动器拉杆螺母1。 (8)拆下驻车制动器拉杆总成2。 (9)取下驻车制动器指示灯开关	
驻车制动器拉索的更换		(1)将后驻车制动器拉索1的调节螺母2从车辆上拆下。	
		(2)将后驻车制动器拉索1从车辆上拆下。	

续上表

检修内容	图示	检修步骤	工作记录
驻车制动器拉索的更换	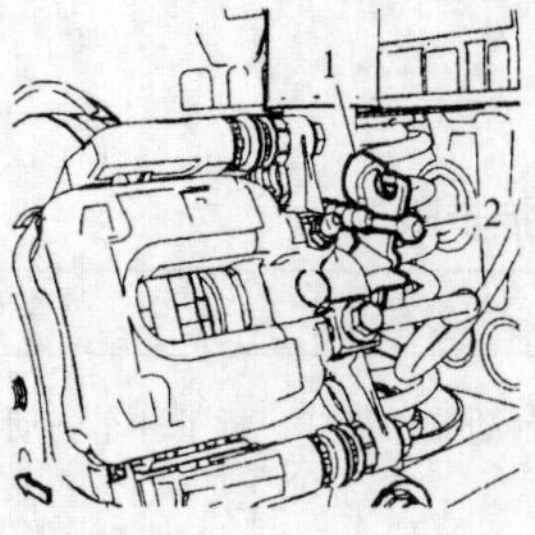	(3)驻车制动器拉索2从后制动钳1上移除。按拆卸相反顺序安装拉索	
安装程序		(1)安装驻车制动器指示灯开关。 (2)安装驻车制动器拉杆总成2。 (3)安装并紧固驻车制动器拉杆螺母1,紧固力矩为9N·m。 (4)连接驻车制动指示器开关电气连接器。 (5)安装前地板控制台。 (6)连接驻车制动器拉索2和驻车制动器拉杆总成1。 (7)安装排气消声器隔热罩。 (8)安装排气消声器。 (9)压下驻车制动器。 (10)安装驻车制动器拉杆护套	
驻车制动器的调整	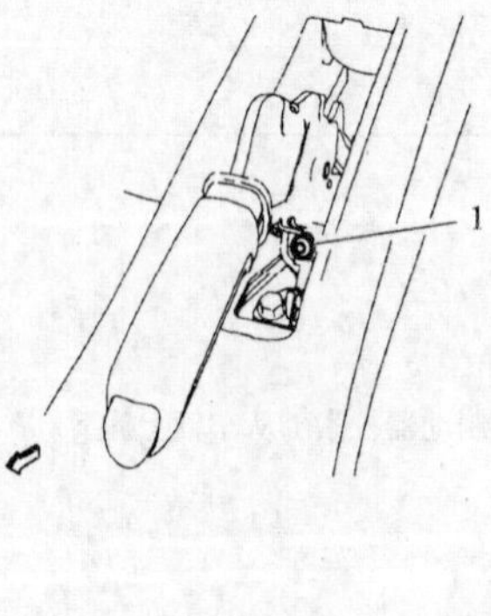	(1)举升并支撑车辆直到后轮与地面不紧密接触。 (2)将驻车制动器拉杆接合至第三个齿,并检查后轮是否可用手转动。 (3)如果后轮紧固且不可用手转动,则驻车制动器调节正确。 (4)如果后轮可转动,则紧固驻车制动器拉索调节螺母1直到后轮紧固且不可用手转动。 (5)松开并接合驻车制动器拉杆多次以消除驻车制动器拉索松弛。 (6)将驻车制动器拉杆接合至第三个齿并再次检查后轮是否可用手转动。 (7)如果后轮仍可转动,调整操作。 (8)如果后轮紧固且不可用手转动,则驻车制动器调节正确	

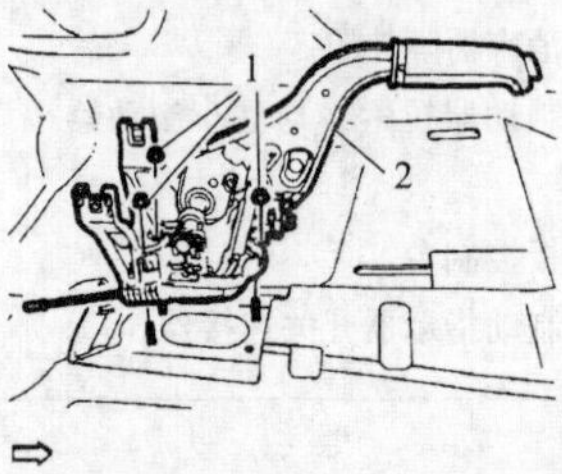

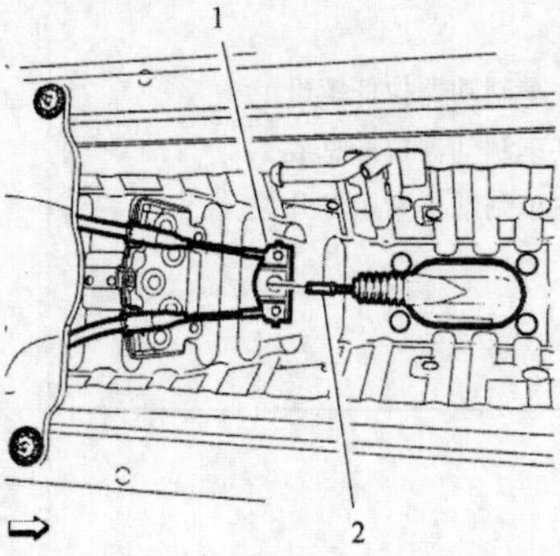

三、学习拓展

电子驻车制动系统(EPB)是将行车过程中的临时性制动和停车后的长时间制动功能整合在一起,并且由电子控制方式实现停车制动的系统。

1. EPB 的功能

(1)基本功能:通过按钮实现传统驻车制动的静态驻车和静态释放功能。

(2)动态功能:在行车状态,速度大于12km/h时,若按下EPB按钮,ECU指挥电动机带动拉索实施驻车制动;当车轮要抱死、有滑移的倾向时,ECU通过控制器局域网络(CAN)得到这个信号后,会使拉索拉力减小,使车轮不抱死;如此循环,直至停车为止。虽然EPB有此功能,但各汽车生产厂家并不推荐把EPB当作行车制动器使用,并且明确要求客户,此功能只能在行车制动器失效或不可使用制动踏板的紧急情况下才能使用。这是因为在行车中,驻车制动器工作后,就把制动力全部加在后轮,对后制动器的损害是很大的。

(3)"熄火控制"模式:当汽车拔钥匙熄火时,自动启用驻车制动功能,发动机不点火驻车制动功能不能解除。

(4)开车释放功能:当驾驶员开车时,踩加速踏板、挂挡后自动解除驻车制动功能。

(5)起动约束:点火开关关闭,不用操作制动踏板,即可释放驻车约束模式。

(6)紧急释放功能:当电子驻车装置没电需要解除驻车功能时,可用专门的释放工具释放驻车功能。

2. EPB 的优点

(1)EPB系统可以在发动机熄火后自动施加驻车制动力,驻车方便、可靠,可防止意外的释放(比如小孩、偷盗等)。

(2)不同驾驶员的力量大小有别,施加在手动驻车制动器拉杆的驻车制动力也不同,而对于EPB,制动力是固定的,不会因人而异,出现偏差。

(3)可在紧急状态下配合行车制动器共同对车辆实施制动。

3. EPB 的组成

电子驻车制动系统由ECU、后轮制动执行器、离合器位置传感器、EPB按钮、自动驻车按钮和指示灯组成,如图12-7所示。

后轮制动执行器由电动机、多级齿轮机构和丝杆组成,如图12-8所示。

4. EPB 的工作原理

通过内置在电控单元中的纵向加速度传感器测算坡度,计算出车辆在斜坡上由于重力作用而产生的沿坡道下滑力,ECU通过电动机对后轮施加制动力来平衡下滑力,使车辆能停在斜坡上。当车辆起步时,ECU通过离合器踏板上的位移传感器以及节气门的大小来测算需要施加的制动力,同时通过高速CAN与发动机ECU通信来获知发动机牵引力的大小。ECU自动计算发动机牵引力的增加,相应地减少驻车制动力。当牵引力足够克服车辆坡道下滑力时,ECU驱动电动机解除驻车制动力,从而实现车辆在坡道上的顺畅起步。

该系统可以保证车辆在30%的斜坡上稳定驻车。另外该系统自动实现热补偿,即如果车辆经过强制动后驻车,后制动盘会因为温度下降与摩擦片之间产生间隙,此时电动机会自动起动,驱动压紧螺母来补偿温度下降产生的间隙,保证可靠的驻车效果。

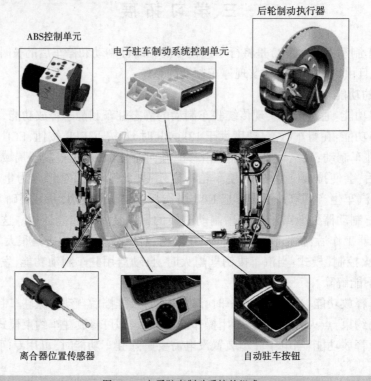

图 12-7　电子驻车制动系统的组成

5. EPB 指示灯的含义

EPB 指示灯如图 12-9 所示。

图 12-8　后轮制动执行器

图 12-9　EPB 指示灯

EPB 指示灯的含义见表 12-3(以宝马为例)。

EPB 指示灯的含义　　　　　　表 12-3

系统功能	(P)	Auto P
驻车制动器已松开	熄灭	熄灭
驻车制动器已启用	亮红灯	熄灭

续上表

系统功能	(P)	Auto P
动态紧急制动	亮红灯	亮红灯
自动驻车处于准备状态	熄灭	亮绿灯
自动驻车功能已启用	亮绿灯	亮绿灯
系统故障	亮黄灯	亮黄灯

四、评价与反馈

1. 自我评价及反馈

(1)你知道基本调整项目和具体内容吗？(　　)
　　A. 知道　　　　　　B. 不知道
(2)你能够完成驻车制动器的基本检查和调整吗？(　　)
　　A. 能够完成　　　　B. 在小组协作下能够完成　　　　C. 不能完成
(3)你能够完成驻车制动拉杆的检查吗？(　　)
　　A. 能够完成　　　　B. 在小组协作下能够完成　　　　C. 不能完成
(4)你能够完成驻车制动效能的检查吗？(　　)
　　A. 能够完成　　　　B. 在小组协作下能够完成　　　　C. 不能完成
(5)完成了本学习任务后,你感觉困难的部分是哪些?
_____
_____

签名:_____　____年____月____日

2. 小组评价及反馈

(1)你们小组在接到任务之后分工明确吗? _____
(2)你们小组每位组员都能轮换操作吗? _____
(3)遇到难题时你们分工协作吗? _____
(4)对于小组其他成员有何建议? _____

参与评价的同学签名:_____　____年____月____日

3. 教师评价及回复

_____
_____
_____

教师签名:_____　____年____月____日

五、技能考核标准

技能考核标准见表12-4。

技能考核标准　　　　　　　　　　　表12-4

序号	项目	操作内容	规定分	评分标准	得分
1	准备	(1)清点工具、量具； (2)清理工位	5分	酌情扣分	
2	性能检查	(1)驻车制动器拉杆的检查； (2)驻车制动效能的检查	10分 10分	(1)操作不当扣1~10分； (2)操作不当扣1~10分	
3	调整	(1)举升车辆； (2)调整蹄片总成； (3)检查拖滞	10分 10分 10分	(1)操作不当扣1~10分； (2)操作不当扣1~10分； (3)操作不当扣1~10分	
4	拆装	(1)拆卸控制台罩； (2)拆卸后轮； (4)拆卸驻车制动拉索； (5)安装	5分 5分 5分 10分	(1)操作不当扣1~5分； (2)操作不当扣1~5分； (3)操作不当扣1~5分； (4)操作不当扣1~10分	
5	时间	30min	5分	(1)超时1~10 min扣1~5分； (2)超时10 min以上扣5分	
6	安全文明	无安全隐患，无不文明操作	5分	未达标扣1~5分	
7	结束	(1)工具、量具清洁并归位； (2)工作场地清洁	5分 5分	(1)漏一项扣1分，未做扣5分； (2)清洁不彻底扣1~5分，未做扣5分	
		总分	100分		

学习任务十三 制动主缸、轮缸的检修

任务要求
完成本学习任务后,你应该:
1. 了解制动主缸的作用与组成;
2. 掌握制动主缸的工作过程;
3. 掌握液压管路的分布;
4. 掌握制动主缸的作业项目和内容;
5. 掌握手动排空气的步骤。
建议学时:7 学时

 任务描述

一辆别克威朗轿车制动时,出现制动器不能完全释放,制动器仍阻止车辆移动。对制动系统进行检查,已确认制动轮缸活塞工作异常,需对制动主缸、轮缸进行检查与维修。

一、理论知识准备

1. 液压制动概述
液压制动是利用制动液将踏板力传递给制动器,其工作原理如图 13-1 所示。
液压制动管路的布置方式有单管路和双管路两种,如图 13-2 所示。

2. 制动主缸的作用
制动主缸是汽车液压制动系统的核心,它将驾驶员作用在制动踏板上的机械力转变成液压力。制动主缸利用液压原理增加驾驶员所施加的踏板力。液压传动原理图如图 13-3 所示。

3. 制动主缸的组成
制动主缸按活塞数分为单活塞制动主缸与串联双活塞制动主缸(图 13-4),由于单活塞制动主缸对应的单管路制动系统安全性较差,现在,在双管路制动系统中常用串联双活塞制动主缸。

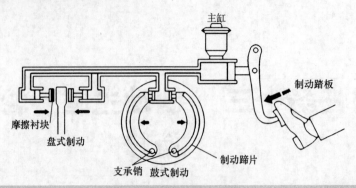

图 13-1　液压制动的工作原理

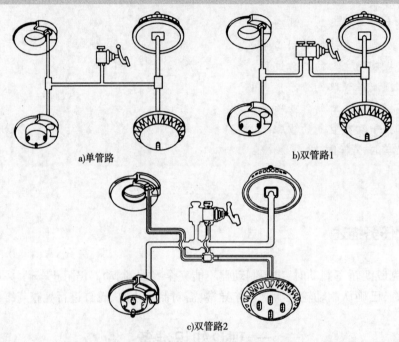

图 13-2　液压制动管路的布置方式

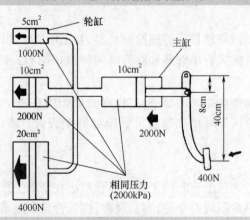

图 13-3　液压传动原理图

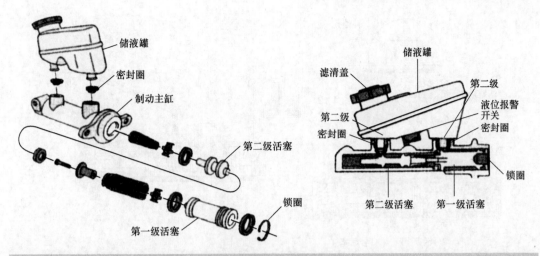

图 13-4 串联双活塞制动主缸

4. 制动主缸的工作过程

1) 不制动时

如图 13-5 所示,1 号活塞和 2 号活塞的活塞皮碗定位在进油口与补偿口之间,主缸与储油箱之间形成一个通道。由 2 号复位弹簧的力把 2 号活塞推到右边,但是,用一个止动螺栓防止其继续进入。

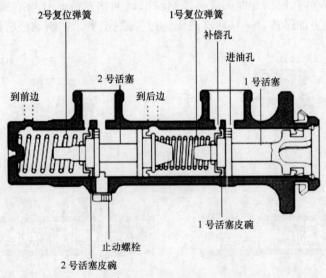

图 13-5 不制动时制动主缸的工作过程

2) 踩下制动踏板时

如图 13-6 所示,活塞向前移动旁通孔被关闭,随着推杆的前移,活塞皮碗前端封闭的工作腔液压升高,活塞的后端通过补偿孔填充制动液,避免活塞的后部形成真空。2 号活塞在 1 号活塞的压力下向前移动。如果由于某种原因,如发生泄漏,1 号活塞将不能产生压力,1 号活塞前端的机械联动机构将与 2 号活塞接触,将其往前推进并产生液压,保证车辆仍然具有一半的制动能力。

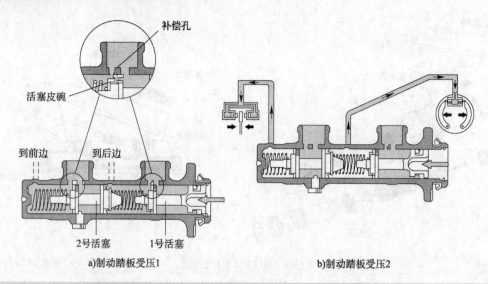

图 13-6 踩下制动踏板时制动主缸的工作过程

3) 松开制动踏板时

如图 13-7 所示,推杆和制动主缸活塞上的压力解除,制动踏板联动机构上的复位弹簧使踏板回到正常的静止状态。主缸前端的弹簧张开,将活塞往后推,同时整个制动系统压力释放。在活塞向后移时,向前卷曲的皮碗使制动液流向活塞前。有些活塞上有一些小孔可以使制动液的流动更加迅速。一旦活塞皮碗越过旁通孔,剩余的制动液将流回储液罐。

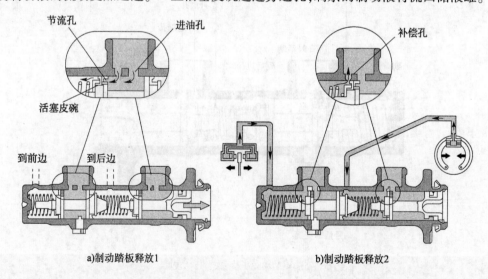

图 13-7 松开制动踏板时制动主缸的工作过程

想一想

如果其中一个系统出现泄漏,会出现什么情况?

5. 液压管路

液压管路由钢管与软管组成,用来在主缸和每个车轮制动器之间传递有压力的制动液,如图 13-8 所示。

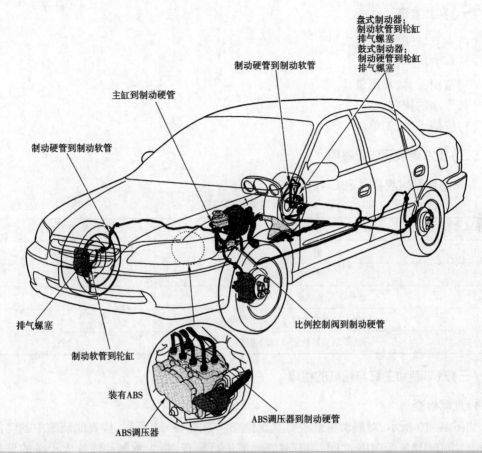

图 13-8 液压管路

6. 制动轮缸

制动轮缸将来自主缸的液压转换成作用在制动器上的机械作用力,其结构如图 13-9 所示。

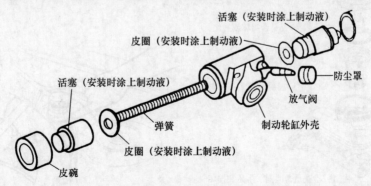

图 13-9 制动轮缸

二、实 践 操 作

(一)实践准备

(1)别克威朗轿车一辆。
(2)举升机一台。
(3)常用工具、常用量具。
(4)干净的抹布。
(5)维修手册、工单。

(二)技术要求及注意事项

各紧固件紧固规格见表13-1。

紧固件紧固规格　　　　　表13-1

序号	名　　称	力矩(N·m)
1	排气螺塞	8
2	制动器管路	16
3	制动踏板至踏板支架六角螺母	18
4	前盘式制动器软管至制动钳螺母	40
5	后盘式制动器软管至制动钳螺母	32

(三)汽车制动主缸与轮缸的检修

1. 直观检查

如图13-10所示,对制动主缸进行直观检查。如图13-11所示,检查储液罐中制动液液面高度,应在MAX与MIN之间,同时对制动液进行检查,将少量制动液放入干净的玻璃瓶中,如果制动液很脏或出现分层,说明制动液已被污染,必须更换。

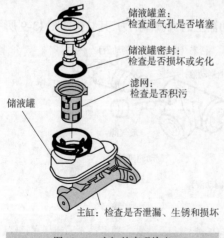
图13-10　主缸的直观检查

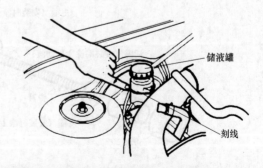
图13-11　制动液液面高度的检查

 **小提示**

在打开储液罐盖之前,一定要将其清理干净,以免脏物掉入污染制动液。

2. 制动液泄漏的制动踏板试验

液压制动系统的泄漏分为内漏和外漏。当皮碗丧失其对活塞的密封能力时,主缸出现大量内漏。制动液内漏通过皮碗,随着使用、经久变质或制动液污染,内外橡胶件会损坏。液压系统中的水分或污物能引起腐蚀或者在缸中沉积,导致缸径或其零件的磨损。虽然内漏不会损失制动液,但能导致制动性能的丧失。制动蹄和制动块磨损时,主缸储液罐中的制动液也会滴漏,发生外漏时,系统将损失制动液。裂纹或制动器系统连接松动、密封件损坏、或制动管路泄漏等,都会引起外漏。检查制动液是否泄漏,按以下步骤。

(1)变速器空挡,怠速运转发动机。

(2)踩下制动踏板并对踏板保持恒定的压力,如图13-12所示。

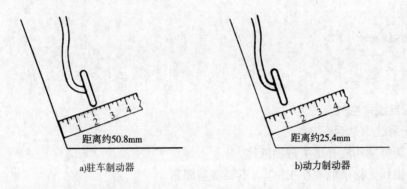

a)驻车制动器　　b)动力制动器

图13-12　踩下制动踏板的距离

(3)以中等力保持踩下的踏板约15s,确保踏板在稳定的压力下不降落。在稳定的压力下,若踏板降落,则主缸可能有内漏或者在制动管路或软管中可能有泄漏。

3. 更换制动液

制动液具有吸湿性,若制动液含水量过高,就会腐蚀制动系统,且本身的沸点也会降低,严重影响制动效果和安全性。因此,制动液必须每两年更换一次。

制动液的更换有两种方法,即人工更换和用机器更换。人工更换制动液需要两人协作完成,如图13-13所示。

(1)加注清洁的制动液到合适的液面。

(2)用举升机适当升起车辆。

(3)将透明软管一端连接到右后轮排气螺塞上,另一端放入装有制动液的容器。

(4)一人踩下制动踏板,另一人旋开制动轮缸排气螺塞,使制动液流出。

(5)反复踩下制动踏板,直到有新鲜的制动液流出。

(6)按右后—左后—右前—左前车轮的顺序,重复操作。

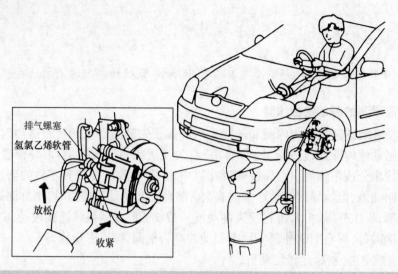

图 13-13 人工更换制动液

 小提示

在操作过程中,要注意补充制动液,以确保制动液一直保持在适当的液位。

4. 液压系统排空气

1) 检查系统中是否有空气

(1) 将新鲜制动液补足主缸储液罐。

(2) 将垫和盖松松地放在主缸上,不要将盖固紧。

(3) 让助手迅速踩下制动踏板约 20 次,每次将踏板踩到底。

(4) 卸下主缸盖并观察储液罐中的制动液。

(5) 让助手迅速松开制动踏板。若系统中混入了空气,会产生气泡。

2) 制动主缸排空气

在更换制动主缸后,必须排除制动主缸和制动管路中的空气。制动主缸排空气过程如图 13-14 所示。

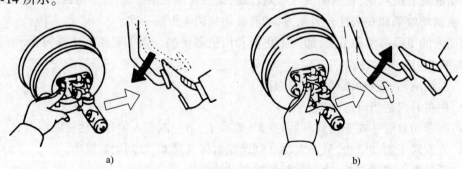

a)   b)

图 13-14 制动主缸排空气过程

(1) 加注制动液到合适的位置,从制动主缸上拆下制动管。
(2) 如图 13-14a) 所示,慢慢踩下制动踏板,踩到底后保持住。
(3) 如图 13-14b) 所示,在松开制动踏板之前,先用手指堵住输出孔,再松开制动踏板。
(4) 踩下踏板之后,松开手指。重复(2)、(3)两步3~4次,直至输出孔无空气喷出为止。
(5) 将各制动管路连接到制动主缸上。

3) 制动管路排空气的步骤

排空气有手工排空气与压力排空气两种方式,其中手工排空气用得较多,其步骤见表 13-2。

制动管路手工排空气步骤　　　　　表 13-2

序号	图示	操作步骤	工作记录
1	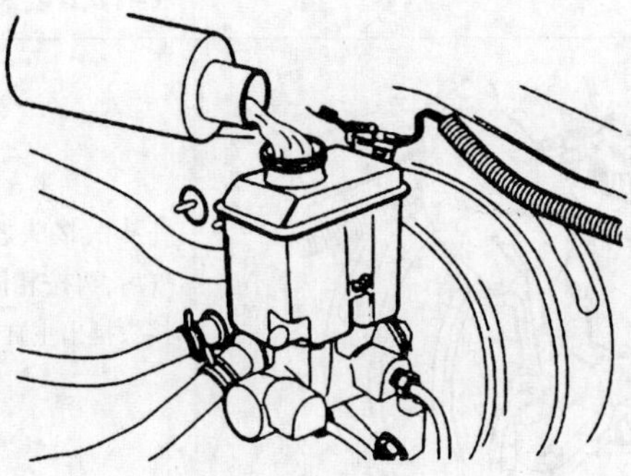	(1) 在发动机熄火时,连踩制动踏板数次,直到完全消除助力器中的压力。 (2) 向主缸储液罐中加注制动液。在放气操作中,主缸液面至少达到满量的一半	
2	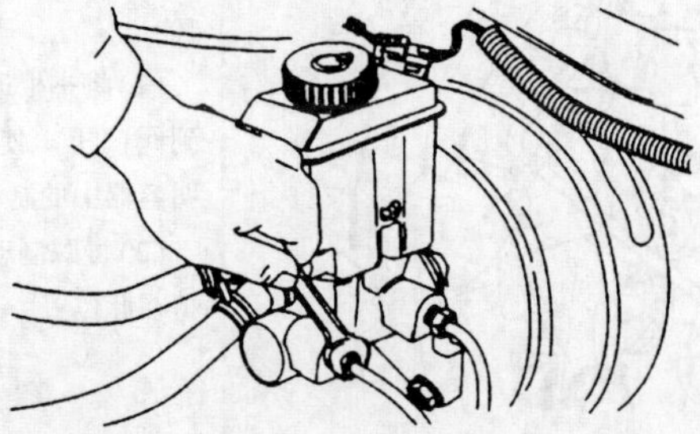	(1) 从主缸上断开前制动管。 (2) 将制动液注入主缸,直到开始从前管接头端口流出。 (3) 将前制动管连接到主缸上	
3	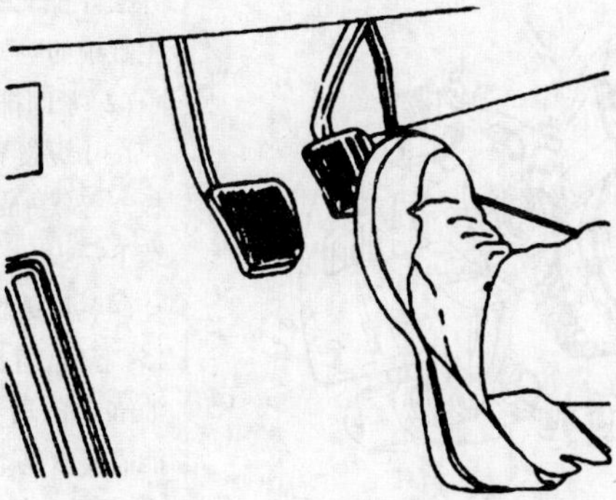	慢踩制动踏板并保持在此位置	

续上表

序号	图示	操作步骤	工作记录
4	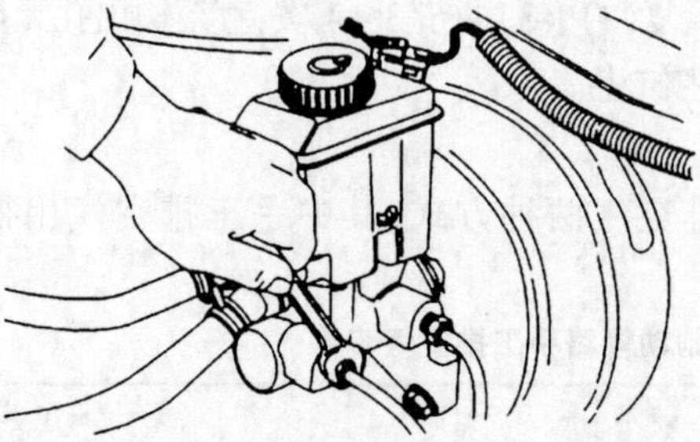	（1）从主缸上松开前制动管，放出主缸中的空气。 （2）紧固制动管，然后缓慢松开制动踏板。 （3）等候15s，然后再继续下一步。 （4）重复本程序，包括15s等候，直到放出主缸中的所有空气	
5	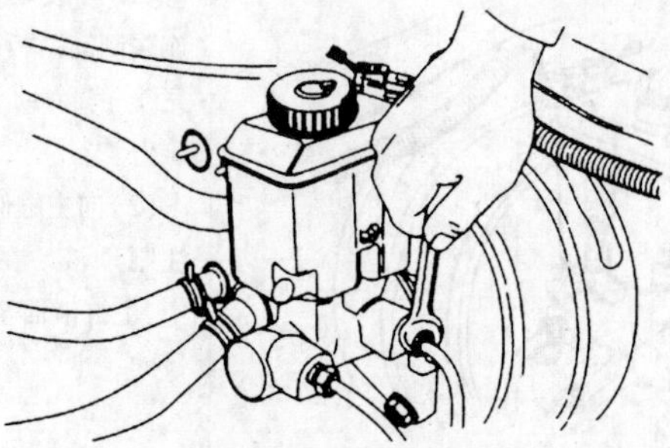	从前接头放出所有空气后，再按相同方法从后接头排出主缸中的空气	
6	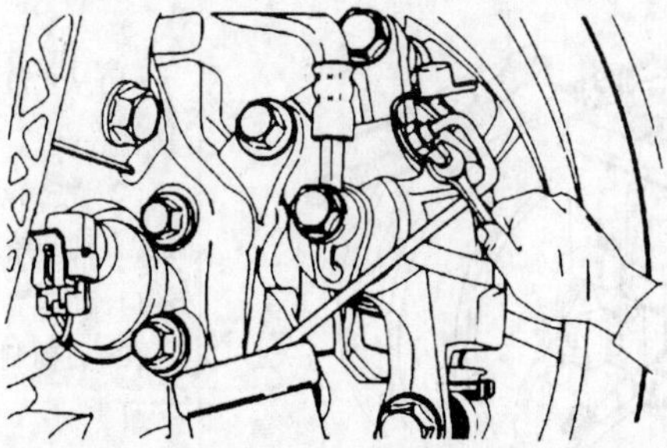	（1）将一根透明管连接到阀门上。使管浸入透明容器中的制动液。 （2）慢踩制动踏板并保持在此位置	
7	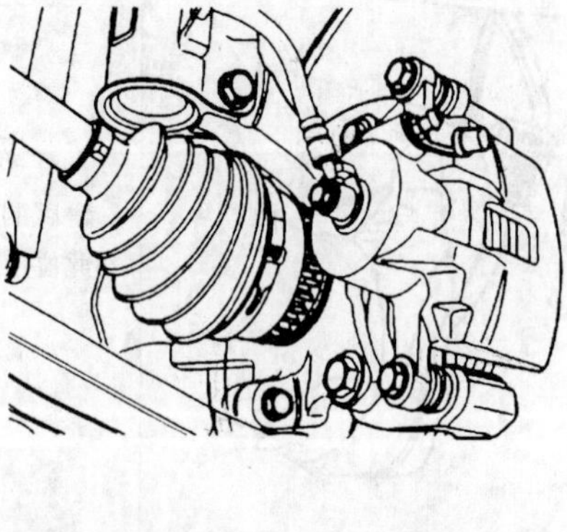	（1）拆卸放气门防尘帽并松开排气螺塞，以放出主缸中的空气。 （2）紧固排气螺塞。 （3）缓慢松开制动踏板。等候15s，然后再继续下一步。 （4）重复本程序，包括15s等候，直到放出主缸油缸中的所有空气。可能需要重复本程序10次以上，才能排出所有空气	

续上表

序号	图示	操作步骤	工作记录
8		（1）继续按合适的顺序排放前制动器中的空气。 （2）检查制动踏板是否绵软。重复整个放气程序，校正该状况	

**小提示**

如主缸有排气螺塞,先给主缸放气;每个轮缸的放气,从距主缸最远的开始;如一个车轮上有两个排气螺塞,先放低处的一个。

5. 制动轮缸的检修

拉开制动器轮缸防尘套,如图13-15所示,检查轮缸是否泄漏。若存在少量制动液是正常的,如果有大量制动液,则表明制动液通过活塞密封圈泄漏,应进行仔细检查,彻底检修或更换产生泄漏的轮缸。

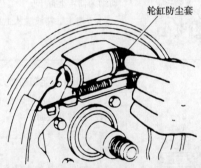

图13-15 检查防尘套后是否有泄漏的制动液

6. 制动主缸的检修

别克威朗轿车制动主缸(总泵)的检修见表13-3。

别克威朗轿车制动主缸(总泵)的检修步骤　　表13-3

检修内容	图示	检修步骤	工作记录
制动主缸拆卸		（1）断开蓄电池负极电缆。 （2）移除仪表板上加长板开口盖 （3）移除散热器缓冲罐卡2。 注意:不可断开发动机冷却液软管。 （4）移开散热器缓冲罐1。	

续上表

检修内容	图　示	检修步骤	工作记录
制动主缸拆卸		(5)将制动液液位指示灯开关塞1从制动液液位指示灯开关2上断开。 (6)将制动液回流软管3(如装备)从制动液储液罐4上拆下。	
		(7)从制动主缸3上拆下制动压力调节阀副管2。 (8)从制动主缸3上拆下制动压力调节阀主管1。 注意：堵塞制动主缸出口和制动压力调节器进口以防止制动液流失和污染	
		(9)将2个制动主缸螺母3从制动主缸1上拆下并报废。 (10)将制动主缸1和主缸储液罐2从电动制动助力器4上拆下。 (11)将主缸储液罐从主缸上拆下	
制动主缸内漏检查		(1)松开主缸至制动助力器的安装螺母。 (2)从制动助力器中小心地适量拔出主缸，检查主缸的安装面。 检查主活塞2上的主缸安装面制动液是否泄漏。 (3)如果主缸的主活塞2周围出现任何泄漏，主活塞的主密封件4和/或辅助密封件3发生泄漏，则主缸需要更换。 (4)如果主缸主活塞2没有泄漏迹象，则用压力排出制动系统中的空气	
制动主缸安装		(1)将制动主缸储液罐安装至制动主缸。 (2)将制动主缸1和制动主缸储液罐2安装至电动制动助力器4。 (3)将2个新的制动主缸螺母3安装至主缸1并紧固至23.5N·m	

续上表

检修内容	图示	检修步骤	工作记录
制动主缸安装		(4)将制动压力调节阀主管1安装至制动主缸3。将制动压力调节阀主管接头紧固至20N·m。 (5)将制动压力调节阀副管2安装至制动主缸3。将制动压力调节阀副管接头紧固至20N·m。	
		(6)将制动液液位指示灯开关塞1连接至制动液 液位指示灯开关2上。 (7)将制动液回流软管3(如装备)安装至制动液储液罐4上。	
		(8)安装散热器缓冲罐1。 (9)安装散热器缓冲罐卡夹2。 (10)安装仪表板上加长板开口盖。 (11)连接蓄电池负极电缆。 (12)给制动系统放气	

7. 检修制动软管

液压制动软管每年至少应检查两次。应检查制动器软管外罩是否出现道路损坏、开裂、磨损,是否泄漏或隆起,如图13-16所示。检查软管敷设和安装是否正确。与悬架部件摩擦的制动器软管很快就会磨损并最终失效。检查时需要一支手电筒和一个镜片。如果在制动器软管上观察到上述任何情况,必要时可调整或更换软管。

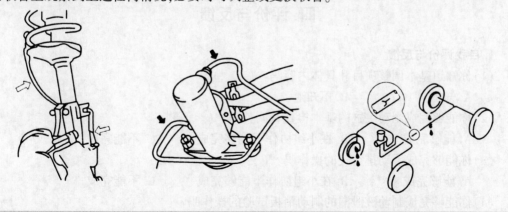

图13-16 制动管路检查

三、学习拓展

在制动液压系统中还有几个部件,它们依据车辆的类型和生产年份的不同而不同,包括快速补偿制动主缸、制动报警灯开关、比例阀和计量阀等。

1. 快速补偿制动主缸

该系统有一个带有两个不同孔径的制动主缸。它的作用是在制动踏板移动的初始阶段,为液压系统提供更多的制动液。这有助于快速补偿制动蹄复位弹簧机构形成的间隙。

2. 制动报警灯开关

在制动主缸中直接安装一个报警灯开关,这个开关能感知制动主缸中的压力,如果制动主缸有一半失效,则另一半的压力会快速上升。这个压力的变化会闭合一个电路开关和点亮制动报警灯。

3. 比例阀

比例阀的作用是按比例分配前、后轮上的制动力。它安装在制动主缸后面的制动管路中。车辆的制动效果越好,由于惯性的作用,其质量向前轮转移越多。如果四个车轮平均分配制动压力,两个后轮由于制动过程中车辆的质量转移使承重减小,这可能会使后轮先于前轮抱死,从而引起车辆失控。

当增加制动踏板力时,比例阀调节前后轮上的制动力,使后轮的制动力小于前轮的制动力,这样会减小后轮打滑的可能性。

4. 计量阀

计量阀用于同时装有盘式制动器和鼓式制动器的系统。计量阀控制前轮盘式制动器在后轮鼓式制动器工作之后才开始工作。因为盘式制动器的工作比鼓式制动器开始得快,所以这个控制是有必要的。

在工作时,通向前轮盘式制动器的制动液流经计量阀,计量阀就相当于节流阀,它控制流向前轮制动器的制动液,直到管路中产生一定的压力。当达到设定的压力,计量阀开启,制动系统正常工作。

四、评价与反馈

1. 自我评价与反馈

(1)你知道基本调整项目和具体内容吗?(　　)

    A. 知道　　　　　　B. 不知道

(2)你能够完成制动主缸的基本检查和调整吗?(　　)

    A. 能够完成　　B. 在小组协作下能够完成　　C. 不能完成

(3)你能够完成手动排空气的操作吗?(　　)

    A. 能够完成　　B. 在小组协作下能够完成　　C. 不能完成

(4)你能够完成制动液泄漏的制动踏板试验的操作吗?(　　)

    A. 能够完成　　B. 在小组协作下能够完成　　C. 不能完成

(5)完成了本学习任务后,你感觉困难的部分是哪些?
_____
_____

签名:_____ _____年_____月_____日

2. 小组评价及反馈
(1)你们小组在接到任务之后分工明确吗?_____
(2)你们小组每位组员都能轮换操作吗?_____
(3)遇到难题时你们分工协作吗?_____
(4)对于小组其他成员有何建议?_____

参与评价的同学签名:_____ _____年_____月_____日

3. 教师评价及回复
_____
_____

教师签名:_____ _____年_____月_____日

五、技能考核标准

技能考核标准见表13-4。

技 能 考 核 标 准　　　　　　表13-4

序号	项目	操作内容	规定分	评分标准	得分
1	准备	(1)清点工具、量具; (2)清理工位	5分	酌情扣分	
2	试验准备	制动液泄漏试验	10分	顺序有错漏扣10分	
3	试验操作	手动排空气	10分	错漏一项扣3分	
4	主缸大修	(1)拆下主缸; (2)分解主缸; (3)清洗主缸; (4)检查主缸; (5)组装主缸; (6)安装主缸	10分 10分 5分 10分 10分 10分	(1)操作不当扣1～10分; (2)操作不当扣1～10分; (3)操作不当扣1～5分; (4)操作不当扣1～10分; (5)操作不当扣1～10分; (6)操作不当扣1～10分	
5	时间	30min	5分	(1)超时1～10min扣1～5分; (2)超时10min以上扣5分	
6	安全文明	无安全隐患,无不文明操作	5分	未达标扣1～5分	
7	结束	(1)工具、量具清洁并归位; (2)工作场地清洁	5分 5分	(1)漏一项扣1分,未做扣5分; (2)清洁不彻底扣1～5分,未做扣5分	
		总分	100分		

学习任务十四　真空助力器的检修

任务要求

完成本学习任务后,你应该:
1. 掌握真空助力器的作用与组成;
2. 掌握真空助力器的工作原理;
3. 掌握真空助力器的基本结构;
4. 掌握真空助力器的常规检查;
5. 掌握真空助力器的拆装;
6. 掌握踏板行程的检查。

建议学时:6 学时

任务描述

一辆别克威朗轿车,踩制动踏板时感觉踏板过硬,制动力明显不足,经初步检查,是真空助力装置失效,需要对真空助力器进行检修。

一、理论知识准备

1. 助力器的作用与类型

许多车辆都用助力制动系统减轻驾驶员用于制动的力。助力器有两种常用的形式,即真空助力装置和液压助力装置,现在轿车上一般采用真空助力装置(图 14-1)。

2. 真空制动助力器的工作原理

真空制动助力器(图 14-2)安装在制动踏板和制动主缸之间,利用发动机进气歧管真空或辅助真空泵产生的真空帮助驾驶员减轻用于制动的力。

如图 14-3 所示,当制动系统不工作时,空气阀连接在阀操纵杆上,并由空气阀复位弹簧将其向右拉动。控制阀由控制阀弹簧向左推动,这样使空气阀接触到控制阀。因此,防止通过空气滤清器滤芯的大气进入变压力室。在这种情况下,阀体的真空阀是与控制阀分开的,在通道 A 与通道 B 之间形成一个开口。由于在恒压室里始终有一个真空,所以此时在可变压力室也有一个真空,结果是膜片弹簧将活塞向右推动。

如图14-4所示,当制动系统工作时,踩下制动踏板,阀操纵杆推动空气阀,使它向左移动。由控制阀弹簧推动顶住空气阀的控制阀也向左移动,直至它接触到真空阀为止,这样阻塞通道 A 与通道 B 之间的开口。当空气阀向左更远移动时,它将移动离开控制阀,这样让大气通过通道 B(通过空气滤清器滤芯后)进入可变压力室。恒压室与可变压力室之间的压力差使得活塞向左移动。这样又依次使反作用盘向左移动助力器推杆并增加制动力。

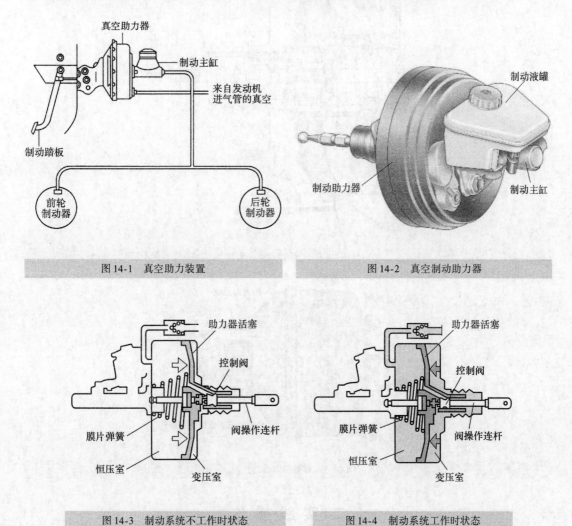

图 14-1　真空助力装置　　　　　图 14-2　真空制动助力器

图 14-3　制动系统不工作时状态　　　图 14-4　制动系统工作时状态

真空助力器分为单膜片(图14-3)和双膜片(图14-5)两种,双膜片真空助力器用两个较小的膜片进行串联,因此壳体较小。

3. 止回阀

所有真空助力装置中都装有止回阀,止回阀一般装在助力器前,真空软管连接处,即发动机进气歧管和真空助力装置之间。图14-6为真空助力器的止回阀,止回阀使真空到达助力装置,但不能回流。因此,发动机关闭后,真空助力器内仍能保持真空。

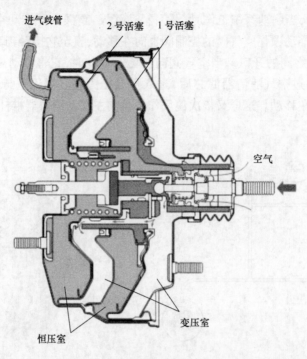

图 14-5　双膜片真空助力器

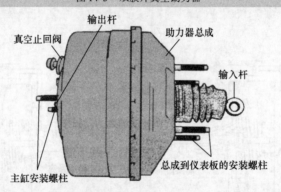

图 14-6　真空助力器的止回阀

二、实 践 操 作

(一)实践准备

(1)别克威朗轿车一辆。
(2)举升器一台。
(3)常用工具、量具。
(4)干净的抹布。
(5)维修手册、工单。

(二)技术要求及注意事项

紧固件紧固规格见表14-1。

紧固件紧固规格　　　　　　　　　表14-1

序号	名　　称	力矩(N·m)
1	助力器至支架螺母(右驱动)	22
2	助力器至仪表板螺母(左驱动)	22
3	助力器六角螺母和推杆U形钩	18
4	制动液管路接头	16

(三)真空助力器的检修

1. 基本检查

1)工作检查

真空助力器的工作检查如图14-7所示。

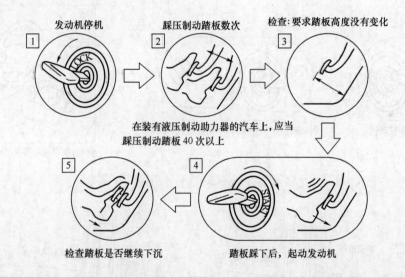

图14-7　真空助力器的工作检查

2)气密性检查

真空助力器的气密性检查如图14-8所示。

3)真空检查

真空助力器的真空检查如图14-9所示。

2. 制动踏板的检查

(1)检查制动踏板高度。如图14-10所示,在松开踏板的情况下量取踏板到地板的高度。

(2)检查制动踏板自由行程。如图14-11所示,首先踩下制动踏板数次,以消除助力器的真空助力效果,然后轻轻而缓慢地将制动踏板压下,直至感到有阻力时为止,测量此过程中踏板所经过的行程,即为制动踏板自由行程。

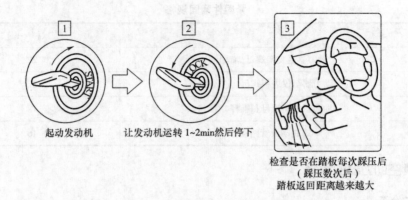

图 14-8　真空助力器的气密性检查

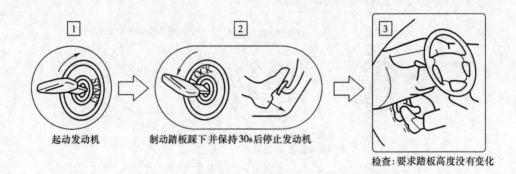

图 14-9　真空助力器的真空检查

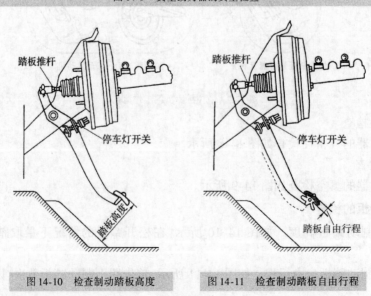

图 14-10　检查制动踏板高度　　　图 14-11　检查制动踏板自由行程

(3) 检查制动踏板行程余量。如图14-12所示,在发动机运转的情况下放开驻车制动拉杆,用大约490N的力,踩下踏板并测量从踏板到地板的距离。

3. 止回阀的测试

如图14-13所示,从助力器上断开真空软管(不要从管内拆除止回阀),起动发动机并怠速运转,使用真空手动泵来检查止回阀的作用,确信真空软管有真空。

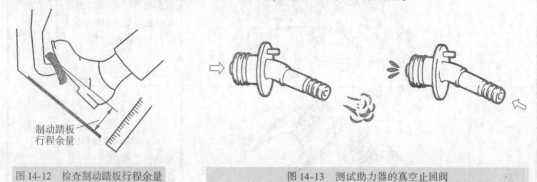

图14-12 检查制动踏板行程余量　　　　图14-13 测试助力器的真空止回阀

4. 更换真空助力器

真空助力器的拆卸步骤见表14-2。

真空助力器的拆卸步骤　　　　表14-2

序号	图示	拆卸步骤	工作记录
1		(1) 拆卸主缸。 (2) 拆卸轴和橡胶O形圈	
2		(1) 拆卸助力器真空软管接头上的卡夹。 (2) 断开制动停车灯开关。 (3) 拆卸制动踏板弹簧。 (4) 从踏板托架总成上断开卡夹和推杆销	

续上表

序号	图示	拆卸步骤	工作记录
3	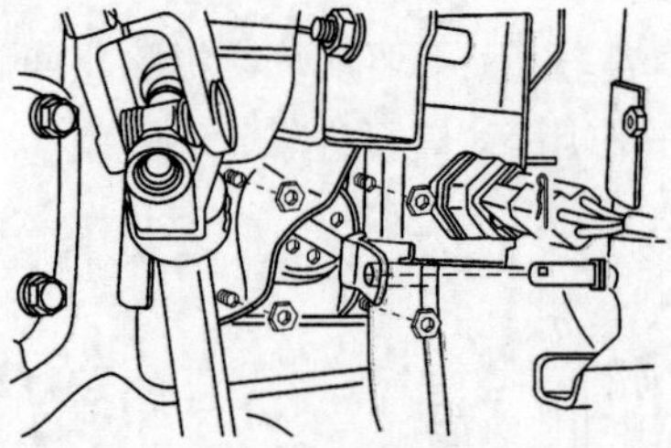	（1）从仪表板中伸出的双头螺栓上拆卸助力器安装螺母并拆卸助力器。 （2）拆卸橡胶护套	
4	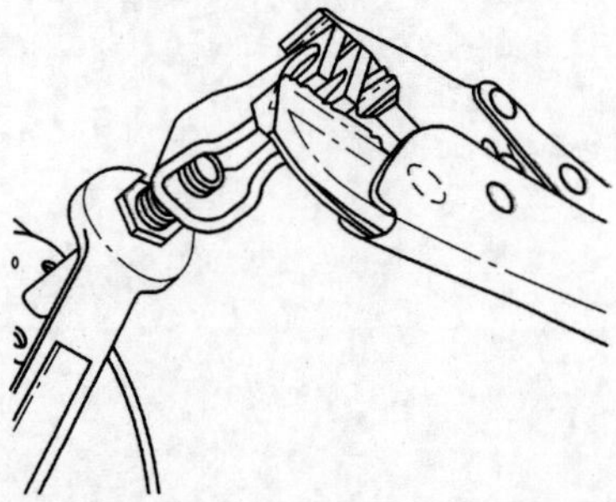	（1）握住六角螺母，拧动推杆U形钩。 （2）从推杆上拆卸六角螺母	

真空助力器的安装步骤见表14-3。

真空助力器的安装步骤　　　　　　　表14-3

序号	图示	安装步骤	工作记录
1	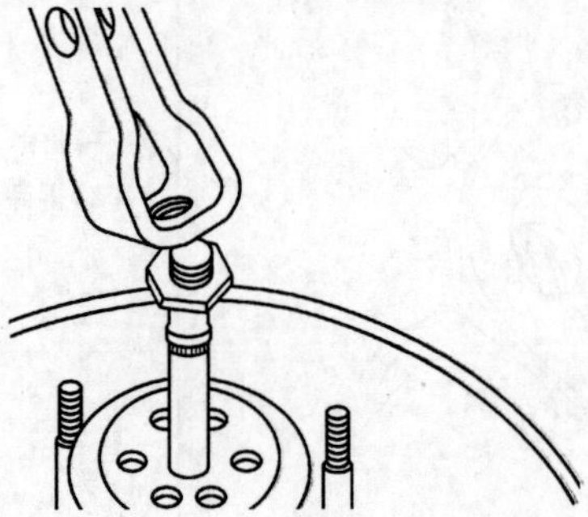	（1）检查推杆和推杆U形钩是否损坏，装配是否正确。 （2）将六角螺母和推杆U形钩安装在助力器轴上	
2	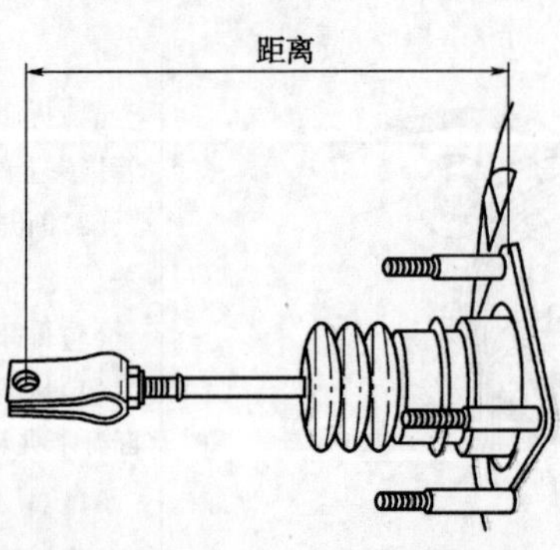	测量助力器至拨叉销孔中心的距离。该距离应为120mm	

续上表

序号	图示	安装步骤	工作记录
3		按拆卸时的相反顺序安装。注意拧紧力矩	

三、学 习 拓 展

有些车辆发动机罩下空间较小,或不能连续提供足够的真空,如柴油发动机车辆,没有进气歧管真空做真空源,涡轮增压发动机及高负载下运转的发动机等,容易导致真空过低。为了解决这些问题,有时会增加辅助真空泵,另一种方法则是用液压力代替真空做动力源。液压助力器通常有两种形式:用助力转向泵做动力源,装在制动踏板和主缸之间,其主要组成如图 14-14 所示,一个蓄压器提供储存压力并降低泵的运转时间,称为动力助力;或采用独立的液压动力源,装在制动主缸内,操作压力来自一个电动泵,由一个蓄压器提供储存压力并降低泵的运转时间,为液压助力。液压助力器装在与真空助力器相同的位置,位于制动踏板与主缸之间。它的作用同样也是放大驾驶员踩到踏板上的力。

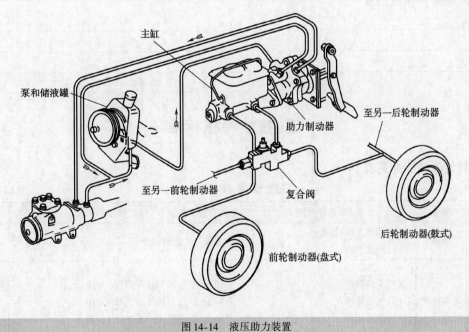

图 14-14 液压助力装置

四、评价与反馈

1. 自我评价与反馈

(1)你知道真空助力器的基本组成吗?(　　)

　　A. 知道　　　　　　　　B. 不知道

(2)你能够完成真空助力器的基本检查吗?(　　)

　　A. 能够完成　　　　　B. 在小组协作下能够完成　　　　　C. 不能完成

(3)你能够完成制动踏板的检查吗?(　　)

　　A. 能够完成　　　　　B. 在小组协作下能够完成　　　　　C. 不能完成

(4)完成了本学习任务后,你感觉困难的部分是哪些?

_____

_____

_____

　　　　　　签名:_____　_____年_____月_____日

2. 小组评价与反馈

(1)你们小组在接到任务之后分工明确吗?_____

(2)你们小组每位组员都能轮换操作吗?_____

(3)遇到难题时你们分工协作吗?_____

(4)对于小组其他成员有何建议?_____

　　　　　参与评价的同学签名:_____　_____年_____月_____日

3. 教师评价及回复

_____

_____

_____

　　　　　　教师签名:_____　_____年_____月_____日

五、技能考核标准

技能考核标准见表14-4。

技能考核标准　　　　　　　　　　　　　　　　表14-4

序号	项目	操作内容	规定分	评分标准	得分
1	准备	(1)清点工具、量具; (2)清理工位	5分	酌情扣分	
2	基本检查	(1)工作检查; (2)气密性检查; (3)真空检查	10分 10分 10分	(1)操作不当扣1~10分; (2)操作不当扣1~10分; (3)操作不当扣1~10分	

续上表

序号	项目	操作内容	规定分	评分标准	得分
3	检测	(1)制动踏板高度的检查； (2)制动踏板自由行程的检查； (3)制动踏板行程余量的检查	10分 10分 10分	(1)操作不当扣1~10分； (2)操作不当扣1~10分； (3)操作不当扣1~10分	
4	装配	真空助力器的拆装	10分	操作不当扣1~10分	
5	时间	30min	10分	(1)超时1~10 min扣1~10分； (2)超时10 min以上扣10分	
6	安全文明	无安全隐患，无不文明操作	5分	未达标扣1~5分	
7	结束	(1)工具、量具清洁并归位； (2)工作场地清洁	5分 5分	(1)漏一项扣1分,未做扣5分； (2)清洁不彻底扣1~5分,未做扣5分	
		总分	100分		

学习任务十五　ABS 的检修

任务要求

完成本学习任务后,你应该:

1. 了解 ABS 对汽车制动的影响;
2. 熟悉 ABS 的组成与工作原理;
3. 掌握 ABS 的检修方法;
4. 能准确分析与排除 ABS 的故障。

建议学时:10 学时

任务描述

一辆别克威朗轿车在行驶中,ABS 指示灯闪亮,经维修人员初步检查和分析,需对 ABS 进行检修。

一、理论知识准备

防抱死制动装置,简称 ABS。ABS 可以在汽车制动时,自动控制车轮在旋转方向上的滑移程度,以免车轮在制动过程中抱死拖滑。

1. ABS 的作用

ABS 的作用如图 15-1 所示。

a)缩短制动距离

b)提高制动稳定性,
防止侧滑和甩尾

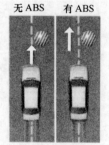
c)具有最佳制动效能,
保持良好转向能力

图 15-1　ABS 的作用

(1)缩短制动距离。
(2)使车辆操控性提高。
(3)延长轮胎使用寿命。
(4)降低驾驶员劳动强度。

2. ABS 的组成和基本原理

如图 15-2 所示,ABS 是在普通制动系统的基础上增加了传感器、ABS 执行机构和 ABS 电控单元三部分。

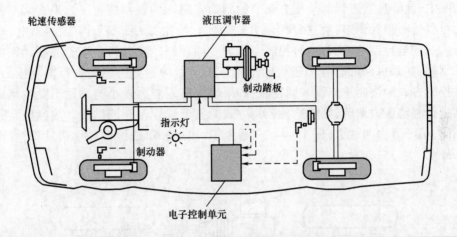

图 15-2 ABS 的组成

传感器识别车辆的运行状况,并将它转变为电信号传送给 ABS 电控单元;ABS 电控单元接收并判断由传感器送来的数据信号,决定 ABS 是否应介入制动压力调节的工作,再向 ABS 执行机构发出指令;ABS 执行机构根据这个信号,调节制动器制动压力的大小。ABS 的基本回路如图 15-3 所示。

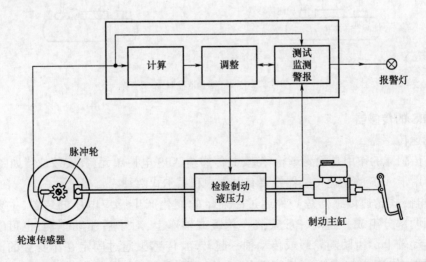

图 15-3 ABS 的基本回路

> 小提示
>
> 常规制动系统出现故障，ABS 随之失去控制作用；ABS 出现故障，ECU 自动关闭 ABS，同时 ABS 警告灯点亮并存储故障码，但常规制动系统仍可正常工作。

3. ABS 控制回路的形式

ABS 中，能够独立进行制动压力调节的制动管路称为控制通道。如果对某车轮的制动压力可以进行单独调节，称这种控制方式为独立控制；如果对两个（或两以上）车轮的制动压力一同进行调节，则称这种控制方式为一同控制。在对两个车轮的制动压力进行一同控制时，如果以保证附着力较大的车轮不发生制动抱死为原则进行制动压力调节，称这种控制方式为按高选原则一同控制；如果以保证附着力较小的车轮不发生制动抱死为原则进行制动压力调节，则称这种控制方式为按低选原则一同控制。按照控制通道数目的不同，ABS 分为四通道（图 15-4）、三通道、双通道和单通道四种形式，而布置形式却多种多样。

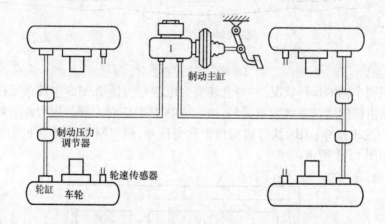

图 15-4 四通道控制

4. ABS 的传感器

1）轮速传感器

轮速传感器的作用是检测车轮转速，并传递给 ABS 电控单元，其安装位置如图 15-5 所示。目前用于 ABS 的轮速传感器主要有电磁式和霍尔式两种。

（1）电磁式轮速传感器是一种通过磁通量的变化产生感应电压的装置，主要由传感头和齿圈两部分组成。齿圈一般安装在轮毂或轴座上，对于后驱动车辆，也可安装在差速器或传动轴上。齿圈随轮毂或传动轴一起转动，传感头通过固定在车身上的支架安装在齿圈附近，传感头与齿圈间的间隙约 1mm。头部结构有凿式和柱式两种，如图 15-6 所示。

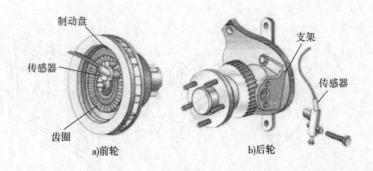

图15-5　轮速传感器的安装位置

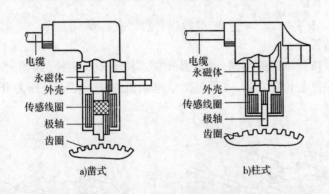

图15-6　电磁式轮速传感器

（2）霍尔式轮速传感器也由传感头和齿圈组成，如图15-7所示。

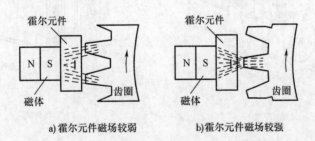

图15-7　霍尔式轮速传感器

2）G传感器（加速度传感器）

ABS控制系统最重要的控制参数是车速（汽车行驶速度），以往设计的ABS都是根据汽车车轮的最大转速来估算车速的。随着对制动时的车速计算尽可能精确的要求提高，目前，一些新设计的ABS控制系统中采用了G（加速度）传感器。汽车加速度传感器的作用是测出汽车制动时的减速度，识别是否是雪路、冰路等易滑路面。通过此传感器可以对由车轮转速计算而来的车速进行补偿，使汽车制动时的车速检测更为精确。现在只用于四轮驱动汽车。G传感器有水银开关型、摆型和应变仪型三种，如图15-8所示。

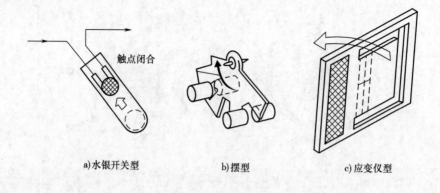

图 15-8　G 传感器类型

5. 液压控制装置

液压控制装置按照结构的不同,可分为分置式和整体式两种,如图 15-9 所示。液压控制装置装在制动主缸与轮缸之间,主要包括泵电动机总成、蓄压器、压力开关和电磁阀等相关部件。

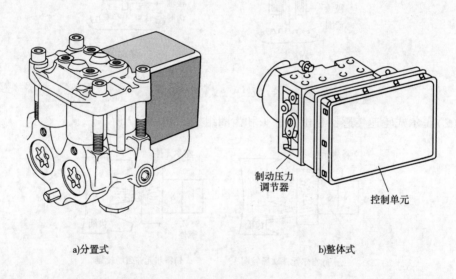

图 15-9　液压控制装置

按照调节方式的不同,液压控制装置可分为循环式制动压力调节器和可变容积式调节器两种。

1) 循环式 ABS 工作过程

ABS 通过压力调节器工作,分别实现升压状态、保压状态和减压状态。

(1) 升压控制过程:当驾驶员踩下制动踏板,制动主缸的压力升高,或者当 ABS 的 ECU 根据轮速传感器传来的信号判断车轮滑移率太低时,ECU 控制制动压力调节器中的电磁阀不通电,此时电磁阀处于如图 15-10 所示位置,来自制动主缸的制动液直接进入轮缸,轮缸压力随主缸压力增加而增加。此时压力调节器的回油泵不工作。

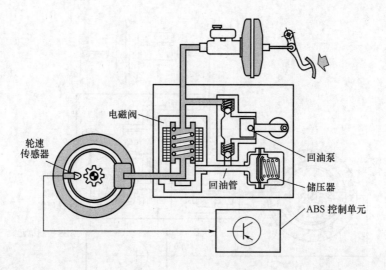

图 15-10　升压状态

（2）保压控制过程：当驾驶员继续踩住制动踏板，制动主缸的压力继续升高，此时 ABS 的 ECU 根据轮速传感器传来的信号判断车轮有抱死的趋势，开始控制制动压力调节器中的电磁阀通小电流，此时电磁阀处于如图 15-11 所示位置，来自制动主缸的制动液不进入轮缸，轮缸压力不变。此时压力调节器的回油泵不工作。

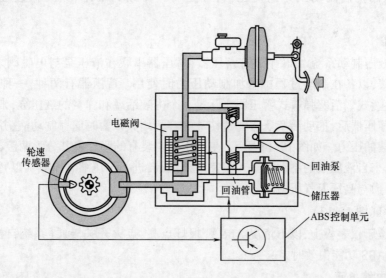

图 15-11　保压状态

（3）减压控制过程：当 ABS 的 ECU 根据轮速传感器传来的信号判断车轮仍然有抱死的趋势，开始控制制动压力调节器中的电磁阀通大电流，此时电磁阀处于如图 15-12 所示位置，来自轮缸的制动液由回油泵送回主缸，轮缸压力减小。此时制动压力调节器的回油泵工作。

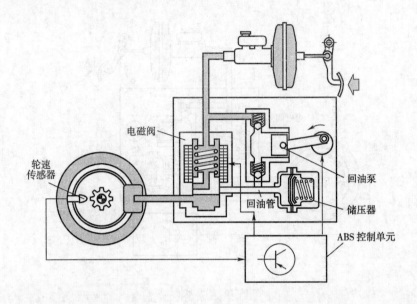

图 15-12 减压状态

2) 变容积式 ABS 工作过程

变容积式 ABS 是在汽车原有的制动管路上增加一套液压装置,用它控制制动管路容积的增减,从而控制制动压力的变化,特征是有一个动力活塞,其工作过程如图 15-13 所示。

6. 蓄压器

在部分液压制动系统 ABS 中装有蓄压器,蓄压器串联在液压泵与电磁阀之间,用于储存高压制动液,以备在制动过程中增加制动压力时使用。蓄压器有两种,一种是活塞弹簧式,一种是气囊式。活塞弹簧式蓄压器实际是一个内装活塞和弹簧的液压缸,来自液压泵的制动液进入蓄压器后,推动活塞压缩弹簧使油缸容积增大以暂时储存制动液,并靠弹簧的弹力保持制动液的压力。如图 15-14 所示,在蓄压器内装有的膜片将其分为两腔,膜片后部充入高压氮气,来自液压泵的制动液进入膜片前部油腔,进一步压缩高压氮气以暂时储存制动液,制动液压力与高压氮气压力相等。

7. 指示灯(图 15-15)

指示灯位于仪表板上,以下情况 ABS 警报灯点亮:点火开关接通(系统自检,自检结束后熄灭),当 ABS 功能失效时。

8. ABS 电控单元

ABS 电控单元的功能是接收轮速传感器及其他传感器输入的信号,对这些输入的信号进行测量、比较、分析、放大和处理,通过精确计算,得出制动时车轮的滑移率、车轮的加速度和减速度,以判断车轮是否有抱死趋势,再由其输出级发出控制指令,控制制动压力调节器去执行压力调节任务;出现故障时执行失效保护功能,并点亮警告灯。ABS 的控制过程如图 15-16 所示。

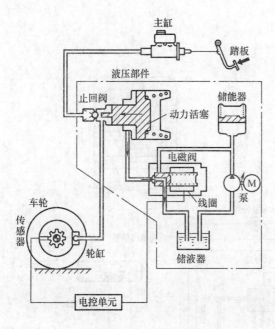
a) ABS 不工作（常规制动过程）

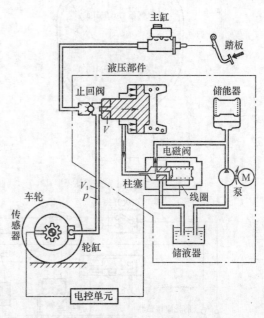
b) ABS 工作（减压过程）

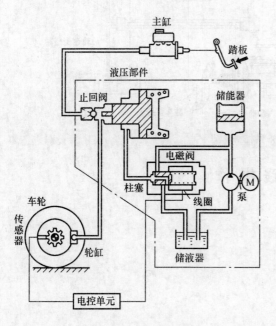
c) ABS 工作（保压过程）

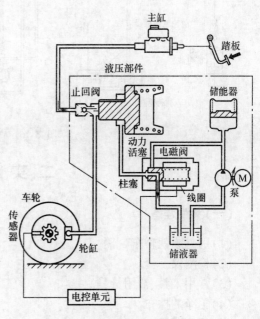
d) ABS 工作（增压过程）

图 15-13 变容积式 ABS 的工作过程

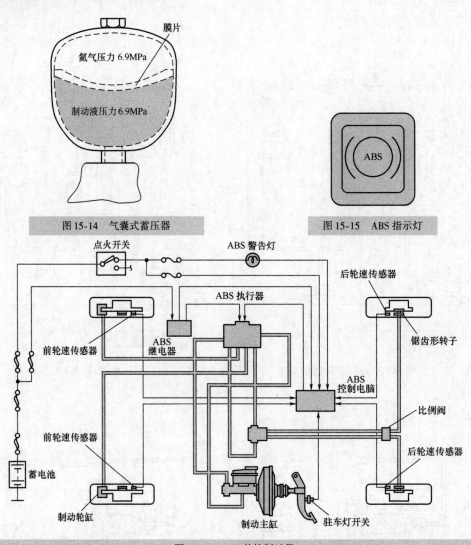

图 15-14 气囊式蓄压器

图 15-15 ABS 指示灯

图 15-16 ABS 的控制过程

二、实 践 操 作

(一)实践准备

(1)别克威朗轿车一辆。
(2)检测仪一套。
(3)常用工具、常用量具。
(4)干净的抹布。
(5)维修手册、工单。

(二)技术要求及注意事项

(1)如果 ABS 警告灯和制动警告灯不亮,但制动效果仍不理想,则可能是系统放气不干净或在常规的制动系统中存在故障。

（2）维修ABS前,应先读取故障码,以确定故障原因。如装上新的液压控制单元,应检查其代码。

（3）拔下ABS插头之前,必须关闭点火开关。

（4）开始修理前,应关闭点火开关,查取收录机防盗码并断开蓄电池搭铁线。

（三）ABS的检修

1. ABS故障诊断的一般程序

ABS故障诊断的一般程序如图15-17所示。

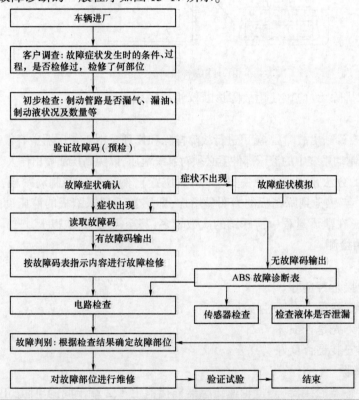

图15-17　ABS故障诊断的一般程序

2. 初步检查

初步检查是在ABS出现明显故障而不能正常工作时首先采取的检查方法,例如ABS故障指示灯亮着不熄,系统不能工作。检查方法如下：

（1）检验驻车制动是否完全释放。

（2）检查制动液液面是否在规定的范围之内。

（3）检查ABS电控单元导线插头、插座的连接是否良好,连接器及导线是否损坏。

（4）检查导线连接器（插头与插座）和导线的连接或接触是否良好。

（5）检查所有的继电器、熔断丝是否完好,插接是否牢固。

（6）检查蓄电池容量和电压是否在规定的范围内;检查蓄电池正、负极导线的连接是否牢靠,连接处是否清洁。

(7)检查ABS电控单元、液压控制装置等搭铁端的接触是否良好。

3. 故障码的读取与清除

(1)读取故障码可通过故障诊断仪进行检查(图15-18)。

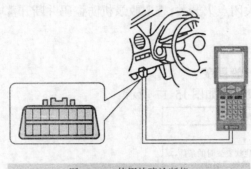

图15-18 使用故障诊断仪

(2)当系统故障排除后,应该使用故障诊断仪将故障码清除。

4. ABS的泄压

通过ABS的检查,诊断出故障后,就可进行故障排除和修理。由于蓄压器中有很高的压力,因此只要修理防抱死制动系统中的液压部件就必须对系统泄压,以免高压油喷出伤人。

一般ABS泄压的方法是将点火开关关闭(OFF位置),然后反复踏制动踏板,踩踏的次数至少在20次以上,当感觉到踩踏板的力明显增加,即感觉不到踩踏板的液压助力时,ABS泄压完成。有的ABS在泄压过程中需踩踏的次数较多,甚至需要40次以上。

5. 轮速传感器的检测

1)直观检查

(1)检查插头连接是否良好。

(2)拔出插接器观察是否有锈蚀松动。

(3)检查传感器外壳是否损坏。

(4)检查传感器安装是否良好。

2)检查轮速传感器

(1)拆下轮速传感器插接器,测量轮速传感器插接器上1、2端子间的电阻,正常电阻为1.4~1.8KΩ。轮速传感器电路如图15-19所示。

(2)分别测量轮速传感器插接器1、2端子与车身搭铁之间的电阻,正常应为无穷大。

3)检查各轮速传感器和ABS电控单元间线路

检查各轮速传感器和ABS电控单元间线束和插接器是否存在断路或短路现象,若有异常,进行更换。

4)检查轮速传感器端部

拆下轮速传感器,检查传感器端部是否有划痕或异物。

6. 别克威朗轿车前轮速传感器的检修

车辆轮速传感器故障时,车辆仪表板ABS故障灯点亮后使用故障诊断仪读取故障码,相关故障码及含义见表15-1。

故 障 码 及 含 义   表15-1

序号	故障码	可能故障范围	可能故障原因
1	C0035	左前轮速传感器电路	传感器物理损坏、轮速传感器上有碎屑、车轮轴承松动或磨损、传感器松动或安装不正确、轮速传感器和齿圈环之间的气隙过大、线束进水、安装了错误的轮速传感器零件、轮速传感器安装左右侧错误
2	C0036	左前轮速传感器范围性能	
3	C0040	右前轮速传感器电路	
4	C0041	右前轮速传感器范围性能	
5	C0045	左后轮速传感器电路	
6	C0046	左后轮速传感器范围性能	
7	C0050	右后轮速传感器电路	
	C0051	右后轮速传感器范围性能	

轮速传感器系统检验流程：沿着直线，以高于40km/h的速度驾驶车辆。使用故障诊断仪读取所有"Wheel Speed Sensor（轮速传感器）"参数彼此相差应在1.6km/h内。如果任何参数彼此相差不在1.6km/h内，则需要对电路进行检查。

轮速传感器电路检测流程（以C0035左前轮速传感器电路故障为例）如下。

(1)检查相应的B5LF轮速传感器(图15-19)和齿圈环是否有污物、金属颗粒、物理损坏、错误安装和错误部件。

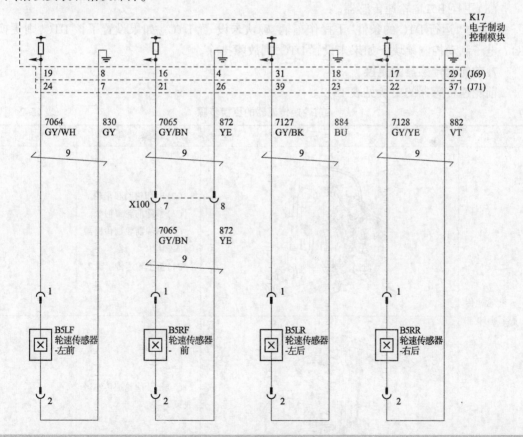

图15-19　别克威朗轿车轮速传感器电路

(2)将点火开关置于"OFF（关闭）"位置，并关闭所有车辆系统，断开相应B5LF轮速传感器的线束连接器及 K17 电子制动控制模块的线束连接器,然后将点火开关置于"ON(打开)"位置。

(3)测试下列 K17 电子制动控制模块线束连接器端子和搭铁之间的电压是否小于 1 V：B5LF 轮速传感器 – 左前 – 端子 7 和端子 24(图 15-19),如果等于或大于 1 V 修理电路上对电压短路故障。

(4)将点火开关置于"OFF(关闭)"位置。

(5)测试下列 K17 电子制动控制模块线束连接器端子和搭铁之间的电阻是否为无穷大：B5LF 左前轮速传感器 – 端子 7 和端子 24(图 15-19),如果电阻不为无穷大,则修理电路上对搭铁短路故障。

(6)测试 B5 轮速传感器束连接器端子 1 和下列 K17 电子制动控制模块线束连接器端子之间的电阻是否小于 2Ω：B5LF 轮速传感器 – 左前 – 端子 24(图 15-19),如果等于或大于 2 Ω,则修理电路中开路/电阻过大故障。

(7)测试 B5 轮速传感器线束连接器端子 2 和下列 K17 电子制动控制模块线束连接器端子之间的电阻是否小于 2Ω：B5LF 轮速传感器 – 端子 7(图 15-19),如果等于或大于 2Ω,则修理电路中开路/电阻过大故障。

(8)更换 B5LF 轮速传感器。

(9)在"运行 DTC 的条件"下操作车辆,确认未设置 DTC。如果设置了该 DTC,则更换 K17 电子制动控制模块。如果未设置 DTC,则故障排除。

7. 前轮速传感器的更换

前轮速传感器的更换见表 15-2。

前轮速传感器的更换步骤　　　　　　　　表 15-2

检修内容	图　示	检修步骤	工作记录
前轮速传感器拆卸		(1)拆卸轮胎和车轮。 (2)移除前轮罩衬板。 (3)移除前轮速传感器紧固螺栓1。 (4)拆下轮速传感器2。	
		(5)松开前轮速传感器线束1~3。	

学习任务十五　ABS的检修

续上表

检修内容	图　示	检修步骤	工作记录
前轮转速传感器拆卸	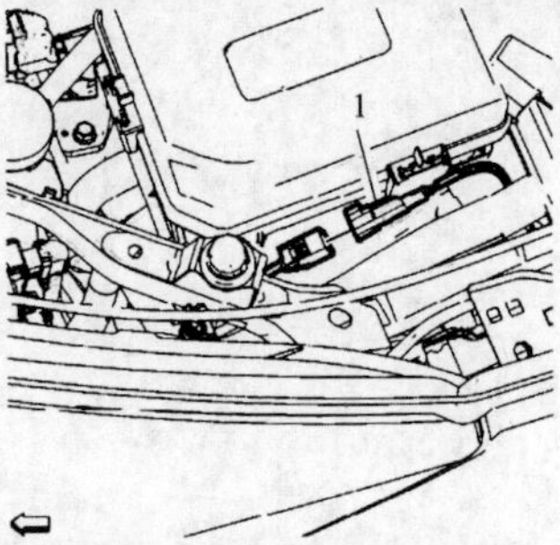	(6)断开前轮传感器连接器1	
	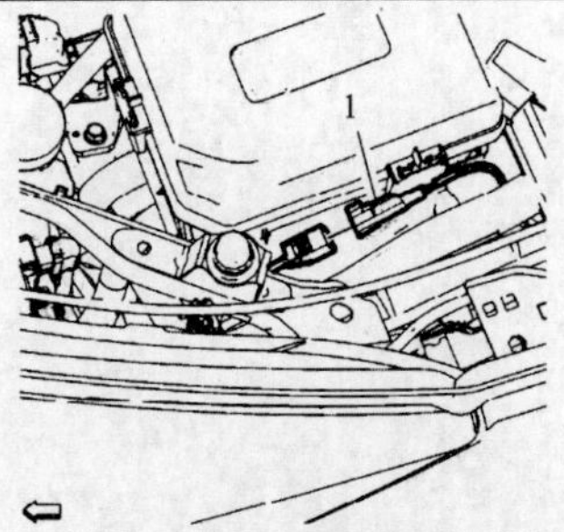	(1)连接前轮传感器连接器1。	
前轮速传感器安装	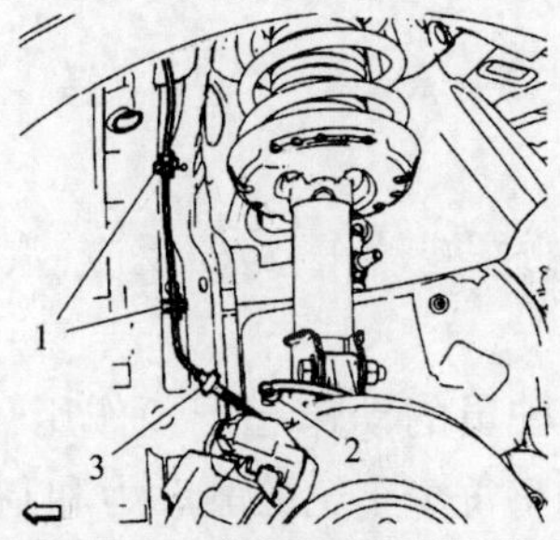	(2)安装线束1~3。	
	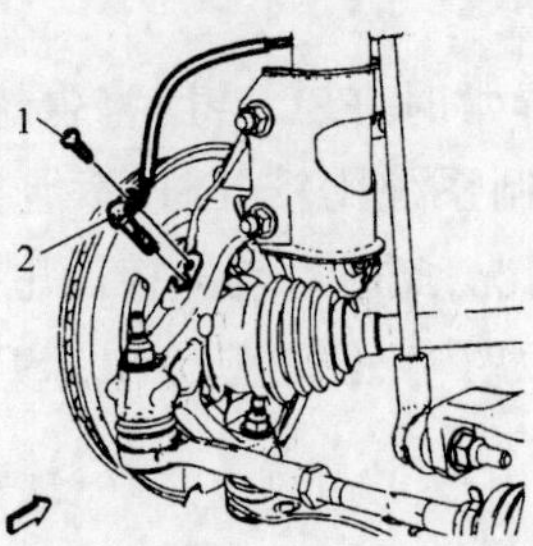	(3)安装前轮速传感器2。 (4)安装并紧固前轮速传感器紧固螺栓1,力矩为6N·m。 (5)安装前轮罩衬板。 (6)安装轮胎和车轮	

三、学习拓展

汽车电子稳定程序(Electronic Stability Program,ESP)是车辆新型的主动安全系统,是汽车防抱死制动系统(ABS)和牵引力控制系统(ASR)功能的进一步扩展,并在此基础上,增加了车辆转向行驶时横摆率传感器、侧向加速度传感器和转向盘转角传感器,通过ECU控制前后、左右车轮的驱动力和制动力,确保车辆行驶的侧向稳定性,如图15-20所示。

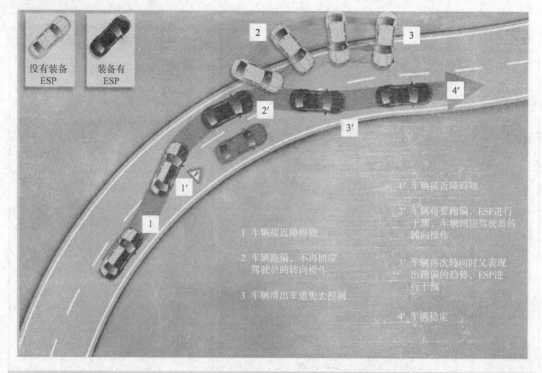

图 15-20　紧急情况下,装备与未装备 ESP 车辆的避让情况

1. ESP 的功能

(1)实时监控:ESP 能够实时监控驾驶者的操控动作、路面反应、汽车运动状态,并不断向发动机和制动系统发出指令。

(2)主动干预:ABS 等安全技术主要对驾驶员的动作起干预作用,但不能调控发动机。ESP 则可以通过主动调控发动机的转速,并调整每个车轮的驱动力和制动力,来修正汽车的过度转向和不足转向。

(3)事先提醒:当驾驶员操作不当或路面异常时,ESP 会用警告灯提示驾驶员。ESP 实际上是一种牵引力控制系统,与其他牵引力控制系统比较,ESP 不但控制驱动轮,而且可控制从动轮。如后轮驱动汽车常出现转向过多情况,此时后轮失控而甩尾,ESP 便会使外侧的前轮制动减速,用来稳定车轴;在转向过少时,为了校正循迹方向,ESP 则会使内后轮制动减速,从而校正行驶方向。

2. ESP 的组成

ESP 由传感器、电子控制单元(ECU)和执行器 3 部分组成,在 ECU 实时监控汽车运行状态的前提下,对发动机及制动系统进行干预和调控。典型的汽车 ESP 包括传统制动系统(真空助力器、管路和制动器)、传感器(4 个轮速传感器、转向盘转角传感器、侧向加速度传感器、横摆角速度传感器、制动主缸压力传感器)、液压调节器、汽车稳定性控制 ECU 和辅助系统(发动机管理系统 EMS),如图 15-21 所示。

(1)轮速传感器用于检测轮速信号。目前采用的轮速传感器有电磁感应式和霍尔式 2 种。

学习任务十五　ABS 的检修

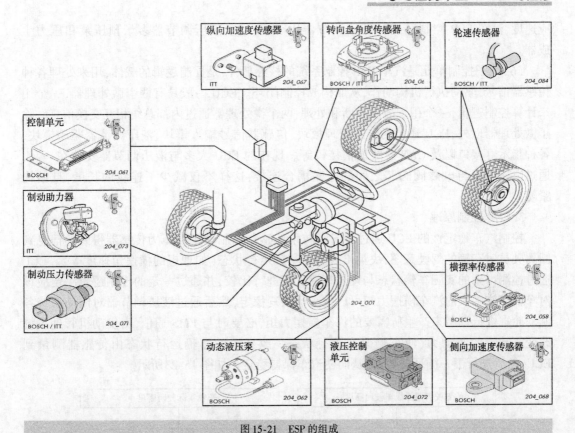

图 15-21　ESP 的组成

（2）转向盘转角传感器用于测量转向盘的转角。转向盘转角传感器位于转向盘下面，内部结构如图 15-22 所示，转向盘转角传感器提供表示转向盘旋转角度的输出信号，由于 2 只测量齿轮的齿数不同，故产生不同相位的两个转角信号。电子控制单元利用转向盘旋转角度的输出信号计算出驾驶员所要求的行驶方向。控制单元通过转向盘转角传感器与横向偏摆率传感器信号的比较，确定车辆实际行驶轨迹与驾驶要求是否一致，从而确定控制目标。

（3）侧向加速度传感器用于测量汽车行驶时的侧向加速度。侧向加速度传感器主要有两种：一种采用压电石英进行加速度的测量；一种使用衰减弹簧质量系统进行加速度测量。

（4）横摆角速度传感器根据陀螺原理进行测量，一般采用微机械系统结构。随着以硅原料为基础的微机械测量系统的发展，近期出现了能同时测量侧向加速度和横摆角速度的高精度传感器。

（5）液压调节器是汽车 ESP 控制系统的执行机构，基本结构与 ABS/ASR 液压调节器相似，只是为了提高响

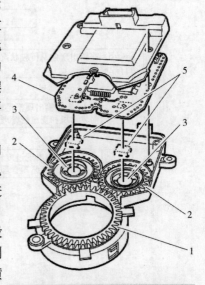

图 15-22　转向盘转角传感器
1-齿轮；2-测量齿轮；3-磁铁；4-判断电路；
5-各向异性磁阻（AMR）集成电路

应速度,汽车 ESP 控制系统的液压调节器比 ABS/ASR 液压调节器多了预压泵和压力生成器。

(6)电子控制单元是汽车 ESP 控制系统的核心部件,是控制逻辑的载体,用来处理各种传感器信号,驱动执行机构动作,从而构成控制闭环。ECU 一般具有两个微处理器,一个用来计算控制逻辑,一个用于故障诊断和处理,两个微处理器通过内部总线相互交换信息。除了微处理器以外,ECU 还包括电源管理模块、传感器信号输入模块、液压调节器驱动模块、各种指示灯接口以及 CAN 总线通信接口等。现在的 ECU 大多与液压调节器安装在一起,通过电磁线圈与电磁阀阀芯之间的电磁耦合连接,这样不仅减少了连线的长度,且结构紧凑。

3. ESP 控制原理

控制汽车稳定性的 ECU 通过转向盘转角传感器和制动主缸压力传感器得到的信息判断驾驶员对车辆的驾驶意图,决策出理想的车辆运行状态(如理想的横摆角速度等)。ECU 通过检测得到的实际车辆状态与理想车辆状态进行比较,并通过一定的控制逻辑决定应该对车辆实施多大的汽车横摆力矩可以使车辆恢复稳定,然后通过液压调节器对制动系统各制动轮缸进行调节来产生所需要的汽车横摆力矩,必要时与 EMS 通信,由发动机管理系统改变驱动轮的驱动力,使车辆改变运行状态。改变后的车辆运行状态由传感器测量到 ECU,然后进行下一循环的控制,从而使汽车保持稳定。如图 15-23 所示。

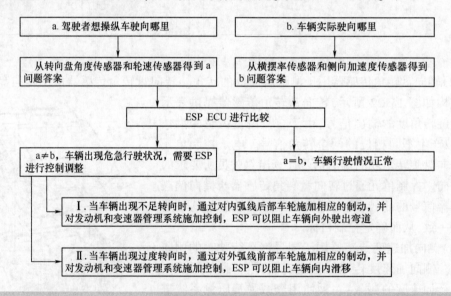

图 15-23 ESP 的工作原理图

四、评价与反馈

1. 自我评价与反馈

(1)你知道 ABS 系统的基本组成吗?(　　)

　　A. 知道　　　　　　B. 不知道

(2)你能够完成 ABS 系统的基本检查吗？（　　）

  A. 能够完成　　　　B. 在小组协作下能够完成　　　　C. 不能完成

(3)你能够完成轮速传感器的检修吗？（　　）

  A. 能够完成　　　　B. 在小组协作下能够完成　　　　C. 不能完成

(4)完成了本学习任务后，你感觉困难的部分是哪些？

_____

_____

        签名：_____　_____年_____月_____日

2. 小组评价与反馈

(1)你们小组在接到任务之后分工明确吗？_____

(2)你们小组每位组员都能轮换操作吗？_____

(3)遇到难题时你们分工协作吗？_____

(4)对于小组其他成员有何建议？_____

    参与评价的同学签名：_____　_____年_____月_____日

3. 教师评价及回复

_____

_____

        教师签名：_____　_____年_____月_____日

五、技能考核标准

技能考核标准见表 15-3。

技能考核标准　　　　　　　　　　　　　　　　　表 15-3

序号	项目	操作内容	规定分	评分标准	得分
1	准备	(1)清点工具、量具； (2)清理工位	5分	酌情扣分	
2	基本检查	初步检查	20分	缺一项扣5分	
3	检测	(1)读取故障码； (2)轮速传感器的检测； (3)ABS泄压	10分 10分 10分	(1)操作不当扣1～10分； (2)操作不当扣1～10分； (3)操作不当扣1～10分	
4	排除故障	ABS指示灯持续点亮，未存储故障码的排除	20分	操作不当扣1～20分	
5	时间	30min	10分	(1)超时1～10 min扣1～10分； (2)超时10 min以上扣10分	
6	安全文明	无安全隐患，无不文明操作	5分	未达标扣1～5分	
7	结束	(1)工具、量具清洁并归位； (2)工作场地清洁	5分 5分	(1)漏一项扣1分，未做扣5分； (2)清洁不彻底扣1～5分，未做扣5分	
	总分		100分		

参考文献

[1] 刘新江. 汽车悬挂、转向与制动系统维修[M]. 北京:高等教育出版社, 2018.

[2] 上汽通用集团. 别克威朗轿车维修手册.

[3] 沈沉. 汽车底盘构造与维修[M]. 3版. 北京:人民交通出版社股份有限公司, 2016.

[4] 陈建宏. 汽车底盘机械系统检修[M]. 2版. 北京:人民交通出版社股份有限公司, 2017.

[5] 中国汽车维修行业协会. 汽车底盘常见维修项目实训教材[M]. 2版. 北京:人民交通出版社股份有限公司, 2018.

[6] 胡胜. 汽车底盘构造与维修[M]. 北京:机械工业出版社, 2017.

[7] 杨永先. 汽车发动机及底盘常见故障的诊断与排除[M]. 北京:人民交通出版社股份有限公司, 2017.

[8] 陈家瑞. 汽车构造[M]. 北京:机械工业出版社, 2009.